TransAustralia

Christian Zimmermann

# TransAustralia

3059 Kilometer zu Fuss mit dem Einkaufswagen
durch Down Under

TransAustralia
3059 Kilometer zu Fuss mit dem Einkaufswagen durch Down Under



Korrektorat: Helen Tinkler, Ursula Wanner, Käthi Zimmermann
Text und Fotos: Christian Zimmermann

Verlag: Tredition GmbH Hamburg

ISBN Hardcover: 978-3-7345-8704-7
ISBN Paperback: 978-3-7345-8703-0
ISBN e-Book: 978-3-7345-8705-4

## Vorwort

Nein, ich habe keine Wette verloren und nein, eine Schnapsidee war es auch nicht! Als ich aber den Plan äusserte zu Fuss durch Australien zu wandern, haben meine Freunde nur den Kopf geschüttelt. Zuerst hat mir niemand geglaubt, dass ich diese Reise wirklich unter die Füsse nehmen würde. Später haben mich alle für verrückt erklärt: «Das geht nicht» oder «das ist doch viel zu weit, zu heiss und zu gefährlich...».

Für mich war die Sache aber schon entschieden. Als Fotograf wollte ich wieder eine etwas speziellere Reise dokumentieren und ein Abenteuer erleben. Ich wollte ganz bewusst meine Komfortzone verlassen. Die Destination Australien stand schon seit langer Zeit weit oben auf meiner Wunschliste, denn die letzte Reise nach Down Under lag schon siebzehn Jahre zurück. Mir war von Anfang an klar, dass ich nicht konventionell mit einem Auto oder einem Allradfahrzeug das Land bereisen wollte. Auch ein Fahrrad kam nicht mehr in Frage, da ich bereits im Jahr 1997 10000 Kilometer auf dem roten Kontinent abgestrampelt habe. Da blieb eigentlich nur noch eine Reise zu Fuss. Wie du siehst hatte ich gar keine andere Wahl!

Nun wusste ich also, dass ich nach Australien reise, vier Monate Zeit habe und zu Fuss unterwegs sein werde. Ich habe dann einfach zu rechnen begonnen und bin zum Schluss gekommen, dass die zu bewältigende Strecke nicht viel länger als 3000 Kilometer sein darf. Ich habe mir einfach mal zugetraut zirka dreissig Kilometer am Tag marschieren zu können. Beim Studium der Landkarte bin ich schnell auf den berühmten Stuart Highway gestossen. Diese Strasse verbindet Darwin im Norden mit Port Augusta respektive Adelaide im Süden des Landes. Sie durchquert den gesamten Kontinent. Mir war bewusst, dass ich meine gesamte Ausrüstung, die ich für ein solches Unterfangen benötige, nicht auf meinem Rücken tragen kann; das wäre viel zu schwer. Ich musste also eine Lösung für dieses Problem finden. Klar war, dass ich ganz alleine, ohne Begleitfahrzeug unterwegs sein wollte. Ich habe viele Ideen gewälzt und wieder verworfen: Schubkarre, Rollbrett oder Pulka konnten mich nicht überzeugen. Plötzlich hatte mein Bruder Andreas einen Geistesblitz. «Nimm doch einen Einkaufswagen. Da hast du genügend Platz und ein solches Gefährt findest du in jedem Supermarkt, zudem kann man diese Lastesel überall für einen Dollar mieten!» Ich war von dieser schrägen Idee so begeistert, dass ich nicht länger überlegen musste. Meine Reise «TransAustralia, 3059 Kilometer zu Fuss mit dem Einkaufswagen durch Down Under» war geboren!

## Erste Probleme

Voller Tatendrang stehe ich am Dienstag, 24. Mai 2016 um 08:34 Uhr in Solothurn am Bahnhof und besteige den ICN nach Zürich Flughafen. Lange habe ich diese Reise geplant und recherchiert und nun ist es soweit. Doch schon in Oerlikon läuft es nicht mehr rund. Der Zug steht fünfzehn Minuten scheinbar ohne Grund im Bahnhof. Plötzlich taucht die gestresste Zugbegleiterin auf und informiert, dass wegen einer technischen Panne der Zug gewendet werden muss. Nun geht es wieder zurück in den Zürcher Hauptbahnhof. Ich werde schon ein bisschen nervös, denn so viel Reservezeit habe ich nicht, um meinen Flieger nach Australien zu kriegen. Diese Reise beginnt ja schon gut, denke ich. Kaum aus der Haustüre und die Probleme fangen an. Ist das ein schlechtes Omen für meinen Höllentrip durch Australien?

Zurück im Hauptbahnhof bin ich erleichtert, dass nur einige Minuten später ein Regionalzug Richtung Flughafen fährt. So erwische in das Flugzeug nach Singapur problemlos. Das Glück hat mich definitiv nicht verlassen, denn die Maschine ist halb leer und ich habe eine gesamte Sitzreihe für mich alleine.

## Ankunft in Darwin

In Singapur habe ich für den Transfer geschlagene drei Stunden Zeit. Der Terminalwechsel verläuft bequem mit dem «Skytrain». Nur gerade vier Stunden dauert der Flug ins australische Darwin das ich am Nachmittag erreiche. Ich quartiere mich im Voraus gebuchten Hotel Cavenagh ein und kriege ein recht grosses Zimmer mit einem «queensize bed». Kurz erkunde ich die nähere Umgebung des Hotels. Das schwülheisse

Klima drückt mir den Schweiss aus allen Poren. Kommt das wohl gut, wenn ich nach einem kurzen Spaziergang schon ausgelaugt bin? Mir kommen die ersten Zweifel. Zumindest habe ich schon einige Ausrüstungsgeschäfte entdeckt, wo ich mich mit allem Nötigen eindecken kann. Aber für heute ist genug und ich gönne mir ein wunderbares «steak and chips» mit einigen kühlen Bierchen zum Runterschwenken.

## Mein Einkaufswagen für die nächsten vier Monate

Am Donnerstag nach dem Frühstück watschle ich los. Die Sonne brennt schon gnadenlos vom Himmel. Das Thermometer zeigt knappe dreissig Grad an. Ich folge dem Brennan Drive Richtung Norden. Bei der «Fisherman's Wharf» fotografiere ich die Skyline von Darwin mit den Booten, die sich im Wasser spiegeln. Mir läuft der Schweiss nur so runter! Ein erster Vorgeschmack auf die nächsten Wochen und Monate. Und da werde ich zusätzlich einen hundert Kilogramm schweren Einkaufswagen vor mich herstossen müssen! Nach einer Stunde bin ich in der Gewerbezone des Stadtteils Winnelie. Hier habe ich mit Mike abgemacht. Über sieben Ecken habe ich mit ihm schon vor einem Monat Kontakt aufgenommen. Auf der Internetseite eines deutschen Herstellers von Rollen und Rädern habe ich dessen Vertretung im australischen Brisbane angeschrieben. Die waren ziemlich begeistert von meiner ungewöhnlichen und verrückten Idee und haben mich eben an Mike in Darwin verwiesen. Er ist, oder besser gesagt, war der Besitzer der Firma «Territory Material Handling». Vor einigen Wochen hat er sein Business an die Firma «Richmond Wheel & Castor CO» verkauft, um sich Mitte Juni in Adelaide pensioniert niederzulassen. Es ist mein grosses Glück, dass Mike noch hier ist.

Er arbeitet die neuen Besitzer ein, aber er hat genügend Zeit für mich. Wie versprochen hat er noch einen Einkaufswagen am Lager. Bei der Auswahl der Räder sind wir uns am Anfang überhaupt nicht einig. Er möchte mir «Spitalräder» montieren, also solche, die normalerweise an den Krankenbetten fixiert sind. Diese hätten zwar prima an die vorhandenen Halterungen gepasst, aber Mike hat dann doch eingesehen, dass der Stuart Highway nicht einen so schönen, flachen und polierten Boden, wie das moderne Darwin Hospital, besitzt! Nun, ich habe mich für den «Offroad-Typ» entschieden; aber der passt hinten und vorne nicht an den Wagen. Nach drei Mal am Kopf kratzen zückt Mike das Telefon und ruft seinen Freund Rod an. Zwanzig Minuten später steht Rod mit seinem Rauschebart ebenfalls vor dem Patienten und schüttelt den Kopf. Nicht etwa, weil er ein Problem sieht, mir meine neuen Räder anzuschweissen, sondern wegen meines ziemlich schrägen Trips! «You are crazy, absolutely crazy. I could give you a lift to Alice Springs next week!» In seinem breiten «Aussie English» will er mir tatsächlich eine Mitfahrgelegenheit anbieten, die ich natürlich dankend ablehne. Aber nun sind alle von meinem «Shopping Trolley Virus» angesteckt. Glen, der neue «Branch Manager», sucht schon mal die Räder und Halterungen raus, währenddessen Mike, Rod und ich vor meinem zukünftigen Gefährt stehen und uns mit Ideen nur so übertrumpfen. Rod verspricht mir, seine Schweissarbeiten bis morgen zu erledigen. Gemeinsam verladen wir das gesamte Material auf seinen weissen «ute». Als «ute» bezeichnen die Australier übrigens ihre kleinen Pickups, also Autos mit einer offenen Ladefläche. «Ute» steht für «utility vehicle». Glen nimmt mich freundlicherweise in die Stadt mit, so kann ich mir einen einstündigen Rückmarsch ersparen.

Am Nachmittag ist ein Besuch im Outdoor Shop fällig. Den grössten Teil meiner Ausrüstung habe ich aus der Schweiz mitgenommen. Doch einige Sachen muss ich mir noch hier besorgen: Gaskartusche für den Kocher, Hut mit Fliegennetz, Zwanzigliter-Wasserbehälter und noch etwas sehr Luxuriöses: einen faltbaren Campingstuhl mit Lehne. Oh, was Wichtiges habe ich fast vergessen: ein extrem starkes Klebeband, dem die Australier den treffenden Namen «100 mile tape» gegeben haben. Sie meinen, dass man mit diesem Klebeband fast alles flicken kann und wenn das auch nicht mehr geht, gehört das kaputte Teil in den Müll!

Zurück im Hotelzimmer mache ich mir beim Anblick meiner Ausrüstung langsam aber sicher ein bisschen Sorgen. Wie in Gottes Namen bringe ich diese Menge Equipment auf meinen 145 Liter fassenden Einkaufswagen? Ok, im Moment liegt alles ziemlich chaotisch verstreut auf dem Boden und dem Bett. Geschickt verpackt muss einfach alles Platz haben! Und das Wichtigste fehlt noch – mein Proviant! Ich benötige Lebensmittel und Wasser für mindestens vier Tage. Bei vierunddreissig Grad im Schatten bedeutet das, zirka dreissig Liter Wasser zu bunkern. Essbares kann ich nur mitnehmen, was bei dieser Hitze nicht sofort schlecht wird!

Mein Besuch im Supermarkt fällt dementsprechend kurz aus, da ich die leckeren Sachen in den Kühlregalen ignorieren muss! Fürs Frühstück gibt es «instant» Porridge, das ich mit getrockneten Früchten und Nüssen aufmotzen werde und Pulverkaffee von einem sehr grossen Schweizer Unternehmen – tja, da drückt doch mein Schweizer Patriotismus durch! Für unterwegs gibt es Getreideriegel, die nicht schmelzen und den leckeren, schweren Früchtekuchen, den ich noch von meinem Australien-Fahrradtrip aus dem Jahr 1997 her kenne. Da freue ich mich schon darauf! Zum Start werde ich auch einige Äpfel, Bananen und Karotten dabeihaben. Zum Abendessen gibt es nach getaner Arbeit «two minute noodle soup» in verschiedenen Variationen, «Chili con carne» aus der Büchse oder Fertigreis auch von einem sehr grossen internationalen Unternehmen, das irgendwie so einem ollen Onkel gehört...

Am Abend mache ich einen Abstecher zum «Mindil Beach Sunset Market». Jeden Donnerstag- und Sonntagabend findet an der Strandpromenade dieser berühmte Markt statt. Touristen wie Einheimische geniessen zu Tausenden die Essensstände aus allen Herren Länder. Sie sitzen mit einem leckeren Curry aus Bangladesch oder einem frischen Sushi am Strand und beobachten die Sonne, wie sie als riesiger Feuerball in der Timorsee versinkt.

Zurück im klimatisierten Hotelzimmer erwartet mich eine schlaflose Nacht. Schwere Gedanken schwirren mir durch den Kopf: Habe ich betreffend Einkaufswagen die richtigen Entscheide getroffen? Stimmt die Radauswahl? War es ein kluger Schachzug, die zwei drehenden Räder hinten und nicht vorne zu montieren? Habe ich genügend Platz? Ist das Gefährt stabil genug? Sollte ich mich verspekuliert haben, werde ich das die nächsten vier Monate büssen müssen. An Schlaf ist nicht zu denken!

## Zweimal sprachlos

Erst gegen Morgen werde ich von einem unruhigen Schlaf von meinen Gedanken erlöst. Wie gerädert stehe ich erst um 10 Uhr auf. Ich mache mir einen ziemlich lockeren Tag. Ich warte eigentlich nur auf einen Telefonanruf von Mike. Um 15 Uhr ist meine Geduld zu Ende und ich rufe ihn an. Am Draht habe ich Glen, der mir verspricht, nachzufragen, ob das Objekt meiner Begierde schon geschweisst ist. Um die Zeit zu überbrücken fahre ich in das East Point Nature Reserve nicht weit vom Stadtzentrum entfernt. Von hier aus habe ich eine wunderbare Sicht auf die Skyline von Darwin. Die Felsen haben eine wunderschöne Marmorierung, die einen unglaublichen Kontrast zum blauen Meer bildet.

Kurz vor Sonnenuntergang kommt der sehnlichst erwartete Telefonanruf! Es ist Mike! «How are you and where are you?» sind seine ersten Worte und ja, der Einkaufswagen sei fertig. Zwanzig Minuten später holt er mich mit dem Auto ab und gemeinsam fahren wir zu seiner Firma. Ich bin völlig sprachlos, als er mir mein Gefährt für die nächsten vier Monate präsentiert! Rod, der Schweisser, hat einen einmaligen Job abgeliefert! Die Achsen sind verbreitert, damit das Ganze an Stabilität gewinnt. Die grossen Räder sind absolut professionell montiert. Auf der unteren Ebene hat er mir, auf meinen Wunsch, noch ein Gitter angebracht. So habe ich einiges mehr an Platz zur Verfügung. Und als i-Tüpfelchen hat er einen passenden, schwarzen Deckel konstruiert. Einfach genial! Auch die Halterungen für meine GoPro-Kamera hat er nicht vergessen! Als ich die Rechnung begleichen will, sagt Mike nur trocken: «Du kannst deine Brieftasche wieder wegstecken. Wir schenken dir das Ganze und wünschen dir eine sichere und erlebnisreiche Reise.» Jetzt bin ich zum zweiten Mal am heutigen Tag sprachlos!

Die Verabschiedung ist kurz aber herzlich. Das Schöne ist,

ich werde Mike und seine Partnerin Dolores in knapp vier Monaten wiedersehen. Sie werden in zwei Wochen nach Adelaide umziehen. Mike gibt mir seine Telefonnummer und sagt, sie freuten sich schon jetzt, von meinen Abenteuern zu hören. Die Freude wird ganz auf meiner Seite sein und ich hoffe, mich dann revanchieren zu können. Es ist schon am Eindunkeln. Da Mikes Wagen für mein Gefährt zu klein ist, bleibt mir nichts Anderes übrig, als die sechs Kilometer zurück nach Darwin zu Fuss zu gehen. Immerhin habe ich so bereits die Möglichkeit meinen Einkaufswagen ein bisschen zu testen. Klar, er ist noch leer und leicht, aber es rollt sich wirklich gut damit. Was für ein Gefährt! Stolz wie ein Pfau spaziere ich Richtung Downtown. So muss sich ein Besitzer eines «Rolls Royce» fühlen! Aber mein rollender Untersatz ist wohl eher ein «Rolls Noise» oder vielleicht ein «Rolls Nice»?

## Einkaufsmöglichkeiten mit Kilometerangaben von Darwin bis Adelaide

| | |
|---|---|
| Darwin | 0 |
| Palmerston | 20 |
| Noonamah | 42 |
| Adelaide River | 113 |
| Hayes Creek | 165 |
| EmeraldSprings | 190 |
| Pine Creek | 226 |
| Katherine | 316 |
| Mataranka | 422 |
| Larrimah | 498 |
| Hiway Inn Rh. | 593 |
| Dunmarra | 633 |
| Elliot | 736 |
| Renner Springs | 827 |
| Banka Banka | 886 |
| Three Ways Rh. | 964 |
| Tennant Creek | 989 |
| Wycliffe Well | 1121 |
| Barrow Creek | 1212 |
| Ti Tree | 1301 |
| Aileron Rh. | 1362 |
| Alice Springs | 1497 |
| Stuarts Well Rh. | 1588 |
| Erldunda | 1694 |
| Kulgera | 1775 |
| Marla | 1950 |
| Coober Pedy | 2184 |
| Glendambo | 2436 |
| Pimba | 2551 |
| Port Augusta | 2725 |
| Wilmington | 2767 |
| Melrose | 2790 |
| Murray Town | 2807 |
| Wirrabara | 2820 |
| Laura | 2833 |
| Georgetown | 2860 |
| Yacka | 2893 |
| Clare | 2927 |
| Auburn | 2949 |
| Tarlee | 2979 |
| Gawler | 3016 |
| Adelaide | 3059 |

## Packliste

**Wohnen**
• Einmannzelt Marmot Force IP, inklusive Reparatur-Kit
• Schlafsack Exped bis -10 Grad inklusive Seideninlet
• Liegematte Therm-a-Rest inklusive Reparatur-Kit
• Campingstuhl mit Rückenlehne, kleines Kopfkissen

**Kochen/Reparatur**
• Gaskocher mit 660 ml Kartusche
• 2 Pfannen, je 1 Löffel, Gabel, Plastiktasse
• Schweizer Taschenmesser, Nähset, Geschirrtuch
• 2 Wasserbeutel mit je 2 Liter Inhalt
• 14 PET-Flaschen mit je 1.5 Liter Inhalt, PET-Flaschenhalter
• Feuerzeug, Kabelbinder, Schnur, Duct Tape
• 6 Spannseile, Fahrrad-Kettenschloss
• 4 Ersatzräder zu Einkaufswagen inklusive Schrauben
• 3 wasserdichte Packsäcke, Tupperware für Kleinmaterial

**Bekleidung**
• 2 Paar lange Trekkinghosen zum Zippen, Jeans zum Reisen
• 4 T-Shirts, langärmliges Shirt Odlo, Kapuzenpullover
• Softshelljacke Mammut
• 3 Paar Wandersocken, 3 Paar Unterhosen
• Gore-Tex Regenhose, Gore-Tex Regenjacke Adidas
• Sonnenhut inklusive Fliegennetz, Bandana, Sonnenbrille
• Trekkingschuhe Salomon, Trekkingsandalen Teva

**Toilettensachen**
• Zahnbürste, Zahnpaste, Sonnencreme, Bodylotion, Deo
• Antiseptische Creme, Schmerzmittel, Imodium
• Nagelschere, diverse Pflaster, Waschlappen, Duschgel
• Wattestäbchen, kleines Frotteetuch

**Foto/Film**

- 2 Gehäuse Fujifilm XT-1 inkl. 6 Akkus
- Objektive zu Fujifilm: 10-24mm, 16-55mm, 50-140mm, 60mm Macro
- kleiner Aufsteckblitz, Funkfernauslöser, Reinigungsset
- Sony Videokamera mit zwei Akkus
- GoPro Hero3 black mit diversen Halterungen und zwei Akkus
- Stativ Manfrotto mit Kugelkopf
- ASUS SSD Notebook, 2 Samsung Portable SSD mit je 500GB
- Fotorucksack Lowepro, diverse Ladegeräte, Petzl Stirnlampe
- GoalZero Nomad 13 Solarmodul, Smartphone

## Proviantliste

**Frühstück**

- Kaffeepulver, Teebeutel, Zucker
- Instant Porridge mit verschiedenen Geschmacksrichtungen
- Nüsse, getrocknete Früchte, Brot, Peanut Butter, Marmelade

**Unterwegs**

- Äpfel, Orangen, Bananen, Früchtekuchen, Kekse
- gesalzene Nüsse, gesalzene Kartoffelchips
- diverse Schokoladen- und Getreideriegel

**Mittagessen**

- Nudelsuppe, Brot, Käse, Salami, Karotten

**Abendessen**

- Büchsen: Chili con carne, Gulasch, Curryeintopf mit Poulet Baked beans, Spaghetti, Gemüseeintopf, Thunfisch
- Nudelsuppen mit diversen Geschmacksrichtungen

## Tag 1: Samstag, 28. Mai 2016, Kilometer 24 (24)
# Mörderische Hitze und extreme Luftfeuchtigkeit

Ich habe wieder nicht sonderlich viel geschlafen. Jetlag kombiniert mit einem gewissen Reisefieber, das war der Cocktail der mich die meiste Zeit wachgehalten hat. Nach einem schnellen Frühstück schleppe ich mein gesamtes Gepäck vom Hotelzimmer ins Erdgeschoss runter.
Meinen Prototyp hatte ich über Nacht am Zaun des Schwimmbeckens angekettet. Ich versuchte zwar den Wagen im Lagerraum einzuschliessen, doch wegen der verbreiterten Achse war die Türe einfach zu schmal. So bin ich erleichtert, dass mein Einkaufswagen noch genau da ist, wo ich ihn am Abend zuvor geparkt hatte. Die gesamte Ausrüstung hat gerade so Platz: Zelt, Schlafsack, Isomatte, Kocher mit Gaskartusche, Hygieneartikel, Kleider, Regenschutz, dreissig Liter Wasser, Proviant für sechs Tage und der prallgefüllte Fotorucksack. Dazu noch das Fotostativ und ein klappbarer Campingstuhl mit Lehne. Nicht zu vergessen die vier Reserveräder inklusive Schrauben und Unterlegscheiben, die mir Mike mitgegeben hat.

Ich mache noch einen kurzen Stopp im Ausrüstungsladen, um einige zusätzliche Spannseile zu kaufen. Auch das Fahrradgeschäft beehre ich. Da besorge ich mir einen PET-Flaschenhalter. Diesen montiere ich mit zwei Kabelbindern aussen an den Einkaufswagen. Auf diese Weise habe ich schnellen und bequemen Zugriff zum Trinkwasser. Auch ein paar Reflektoren leiste ich mir, die ich später an meinem Gefährt anbringen werde.

Um 10 Uhr kann das Abenteuer definitiv losgehen. Die ersten zwanzig Kilometer bis Palmerston führt ein komfortabler Fahrradweg parallel zum Stuart Highway Richtung Süden. Diese berühmte Strasse wird für die nächsten drei Monate sozusagen mein Zuhause sein. Sie ist nach dem schottischen Geometer und Entdeckungsreisenden John McDouall Stuart benannt. Nach verschiedenen vorausgegangenen erfolglosen Versuchen, hatte er im Jahre 1862, die Süd-Nord-Durchquerung des australischen Kontinents geschafft. Neun Monate benötigte Stuart und sein Expeditionsteam, um die knapp dreitausend Kilometer lange Stecke durch unerforschtes Gebiet als erste Weisse zu meistern. Ich werde für dieselbe Strecke voraussichtlich nur einen Drittel der Zeit benötigen.

Es ist brütend heiss, vierunddreissig Grad im Schatten. Kombiniert mit einer sehr hohen Luftfeuchtigkeit macht es das Marschieren fast unerträglich! Der Schweiss rinnt mir nur so runter. Er tropft im Sekundentakt von meinem Gesicht vor mir auf den Asphalt. Nach zehn Minuten bin ich klitschnass. Die kurzen Hosen und das T-Shirt kleben an meinem Körper! Immerhin habe ich den Weg praktisch für mich alleine – wer ausser mir verlässt schon freiwillig sein vollklimatisiertes Auto oder Haus, um sich sportlich zu betätigen? Zum Glück hat es recht viele Wolken und so komme ich ab und zu in den Genuss von «kühlem» Schatten. Ansonsten brennt die Sonnen gnadenlos herunter – ich schätze so um die fünfundvierzig Grad! Auch der Asphalt ist extrem aufgeheizt und gibt zusätzliche Hitze von unten ab. Nach rund drei Stunden Marsch entdecke ich das erste Stuart Highway-Schild mit den Kilometerangaben: Tatsächlich nur noch 1492 Kilometer bis Alice Springs und das wird erst Halbzeit sein! Ich weiss wirklich nicht, ob ich lachen oder weinen soll. In der Hitze schleppe ich mich recht gut voran. Ich schütte fortlaufend Flüssigkeit in mich hinein. Trotz den sechs Litern lauwarmen Wassers, das ich heute trinke, muss ich nur ein einziges Mal pinkeln! Der Rest der Flüssigkeit verflüchtigt sich mit meinem wasserfallartigen Schwitzen.

Südlich von Palmerston habe ich genug für heute und richte mein Camp hinter einer Kuppe, fünfzig Meter vom Stuart Highway entfernt, auf. Um 19 Uhr ist es schon dunkel und ich bin froh, dass ich meine Suppe noch bei Tageslicht zubereitet habe. Ich verziehe mich ins Zelt. Ich liege nackt auf meinem Schlafsack und schwitze, ohne mich zu bewegen. Die Temperatur während der Nacht fällt nicht tiefer als sechsundzwanzig Grad. Ich bin feucht und klebrig, wälze mich schwitzend im Zelt umher und fühle mich ausgelaugt, schlapp und alleine. Manchmal habe ich das Gefühl, dass die röhrenden Roadtrains mitten durch mein Schlafgemach brausen. Erst am frühen Morgen kann ich für ein paar Stunden Ruhe finden.

### Tag 2: Sonntag, 29. Mai 2016, Kilometer 53 (29)

## Was ein Hutbändel mit einem Roadtrain zu tun hat

Schon um halb fünf verlasse ich mein Zelt. Dank dem Mond ist es nicht stockdunkel. Nach meinem Porridge und dem heissen Kaffee packe ich meine Ausrüstung zusammen. Eine Stunde vergeht vom Aufstehen bis zum Abmarsch. Ich habe beim Beladen noch einige Änderungen vorgenommen. Jetzt passt alles perfekt. Um halb sechs starte ich in den recht kühlen Morgen, wenn man sechsundzwanzig Grad kühl nennen kann! Ich wandere immer auf der rechten Strassenseite, so dass ich den entgegenkommenden Verkehr im Auge habe. Der Stuart Highway ist hier oben noch vierspurig und hat getrennte Fahrbahnen. So habe ich zumindest genügend Platz neben all den Autos und Lastwagen. Bis in die Dämmerung verwende ich meine blinkende Stirnlampe, damit mich die Autofahrer gut sehen. Nun weiss ich auch, warum mir die Verkäuferin im Ausrüstungsladen unbedingt ein Hutmodell mit Kinnbändel empfohlen hat. Nicht wegen dem Wind, sondern viel eher wegen den, mit hundert Stundenkilometern vorbeibrausenden, Roadtrains! Fünfzig Meter lange Lastzüge, mit bis zu einundzwanzig Achsen erzeugen eine so starke Windböe, dass ich ohne Bändel meinen Hut auf Nimmerwiedersehen verlieren würde. Ich senke immer meinen Kopf, so dass die Druckwelle meine Hutkrempe über mein Gesicht drückt. So bin ich auch ein bisschen geschützt, sollten winzige Steinchen aufgewirbelt werden.

Da es bewölkt ist, sind die ersten Stunden recht angenehm. Ab 10 Uhr brennt die Sonne aber wieder runter und verlangsamt mein Tempo merklich. Kurz vor dem Mittag treffe ich nach zwanzig absolvierten Kilometern in Noonamah ein. Schon von weitem sehe ich das Schild: «Rodeo Steakhouse». Ich quetsche meinen Wagen durch die Tür. Das ist nicht ganz so einfach, denn mein Gefährt ist ja bekanntlich ein bisschen «oversized» zumindest, wenn man es mit den Standardeinkaufswagen aus dem Supermarkt vergleicht. Ich latsche quer durch die Gaststube ins klimatisierte Restaurant und mache es mir dort für drei Stunden bequem. Wie es sich gehört, bestelle ich einen riesigen Rodeo-Burger und ein eiskaltes Bier! Was für ein Leben! Ich falle mit meinem nicht gerade gesprächigen Begleiter ziemlich auf. Oder ist es eine Begleiterin? Darüber habe ich mir noch gar keine Gedanken gemacht. Ist es ein Er, Sie oder vielleicht doch ein Es? Zum Glück wird das Essen serviert und ich lasse diese Gedankenspiele sein.

Immer wieder kommen neugierige Leute zu mir an den Tisch und möchten gerne wissen, was es mit mir und dem Einkaufswagen auf sich hat. Meine Standardantwort ist meistens: «I'm going shopping in Adelaide.» Den meisten kann ich so ein Lachen oder zumindest ein Schmunzeln auf die Lippen zaubern. Es gibt aber auch einige wenige, die nur komisch gucken und die Welt nicht verstehen. Vielleicht haben sie auch das Gefühl, ich wolle sie veräppeln. Klar, man hat schon vor langer Zeit das Automobil erfunden und eigentlich gibt es überhaupt keinen Grund, so etwas Verrücktes zu Fuss zu machen. Ehrlich gesagt, dieser Gedanke ist mir auch schon gekommen...

Um 15 Uhr geht es nochmals auf die Piste. Die Hitze ist jetzt wieder einigermassen erträglich. Nach zweieinhalb Stunden fühlt es sich an, als sei mein Tageswerk vollbracht. Ganz einfach ist es nicht, ein romantisches Nachtlager zu finden. Ich habe wieder Glück und stelle mein Zelt, von neugierigen Blicken geschützt, neben der Bahnstrecke des berühmten «Ghan» auf. Noch schnell den Reis aufwärmen, eine Karotte (wegen den Vitaminen) einwerfen und der Sonne zuschauen, wie sie schon vor 19 Uhr untergeht.

### Tag 3: Montag, 30. Mai 2016, Kilometer 83 (30)
## Lauwarmes Wasser und eiskaltes Bier

Um die kühlen Morgenstunden auszunützen, starte ich wieder um 6 Uhr. So sind die ersten zwei Stunden fast gratis absolviert. Um 9 Uhr bin ich schon beim Arcacia Hills Roadhouse und gönne mir ein kühles Cola. Im Schatten geniesse ich die halbstündige Pause. Es hat sich mittlerweile schon herumgesprochen, dass so ein komischer Kauz mit einem futuristischen Gefährt auf der Strasse unterwegs ist. Zwei Personen fahren mir extra nach, um ein Foto zu machen. Sie halten auf einen kurzen Schwatz, drehen dann wieder um und fahren in die Richtung zurück aus der sie gekommen sind.

Um die Mittagszeit wird es mir definitiv zu heiss. Ich ziehe meine «lunchtime» auf einem Roadtrain-Parkplatz ein. Ich habe es mir gerade auf meinem Stuhl bequem gemacht, als ein kleiner Campingbus anhält. Der junge Malaie, der mehrheitlich in Neuseeland wohnt, bietet mir ein eiskaltes «Cooper Pale Ale» an! Da kann ich selbstverständlich nicht Nein sagen, denn das ist zufälligerweise mein australisches Lieblingsbier. Was für ein genialer Service! Ich liege bis kurz vor 15 Uhr im Schatten. So kann ich der grössten Hitze aus dem Weg gehen. Doch es ist noch nicht viel kühler. Der einzige Vorteil besteht darin, dass die Sonne schon auf die rechte Seite der Strasse gewandert ist. So habe ich ein bisschen Schattenwurf der Bäume auf dem Highway. Es ist immer noch so heiss, dass ich spätestens nach einer halben Stunde für zehn Minuten im Schatten pausieren muss. Ich bin so erschöpft, dass ich einfach abliege. Fünf Minuten hechle und ventiliere ich, bis sich mein Puls einigermassen normalisiert. Erst dann geht mein Griff zur Wasserflasche. Trinken und noch einmal trinken! Über einen Liter Wasser benötige ich pro Stunde – ich komme mir vor wie ein Durchlauferhitzer! Das Wasser scheint einfach ungebremst durch meine Poren zu fliessen. So quäle ich mich noch zweieinhalb Stunden gegen Süden.

**Tag 4: Dienstag, 31. Mai 2016, Kilometer 113 (30)**

## Nudelsuppe zum Frühstück

Nach einer schlaflosen Nacht stehe ich um 3 Uhr auf. Mein Frühstück besteht aus einer Nudelsuppe! Mein Körper lechzt nach Kohlenhydraten. Hauptsache salzig! Vor allem rutscht es ohne viel Aufwand hervorragend hinunter. Nach fünfundvierzig Minuten bin ich abfahrbereit und zurück auf dem Stuart Highway. Meine blinkende Stirnlampe habe ich wieder vorne am Wagen montiert, damit mich die wenigen, entgegenkommenden Fahrzeuge sehen. So ist das Marschieren relativ bequem und ich komme sehr gut voran. Mein Ziel ist Adelaide River, das dreissig Kilometer entfernt liegt. Ich erlebe einen schönen Sonnenaufgang. Ich bin recht zügig unterwegs, denn ich weiss, dass es ab 10 Uhr wieder mörderisch heiss wird. Die Hitze hat einen enormen Einfluss auf mein Marschtempo. Ich muss einfach zu viele Pausen einlegen und habe das Gefühl, nicht vom Fleck zu kommen! Die letzten vier Stunden bis zu meinem Zielort sind nur noch eine Qual: Zwanzig Minuten gehen, zehn Minuten im Schatten herunterkühlen.

Bei solchen Stopps treffe ich heute einige Leute: zuerst Wayne, ein Rinderfarmer (hier in Australien nennt man sie «stockmen»), der neugierig auf einen Schwatz zu mir rüberkommt. Besorgt erkundigt er sich, ob bei mir alles in Ordnung sei. Etwas später begegne ich dem ersten Velofahrer. Es ist Matt, der von Brisbane an der Ostküste zurück nach Darwin, seiner Heimatstadt, radelt. Anschliessend geht es für ihn per Fahrrad durch Asien und Europa. Ein ganzes Jahr hat der sympathische «Aussie» für seine Weltreise eingeplant oder einfach so lange wie das Geld reicht.

Nur noch vier Kilometer bis Adelaide River! Aber ich habe mich zu früh gefreut. Das «pièce de résistance» wartet in Form einer Baustelle auf mich. Der Verkehr wird nur noch einspurig geführt. Da es gleichzeitig für mich und die Roadtrains keinen Platz auf der Strasse hat, schickt mich der Arbeiter kurzerhand über die Kiesstrecke, an der noch gebaut wird. Fast einen Kilometer mühe ich mich über diesen holprigen Weg. Teilweise muss ich mein Gefährt durch loses Material ziehen, weil es mit Schieben beim besten Willen nicht mehr weitergeht. Fluchend und völlig schlapp schaffe ich es wieder auf das rettende, schwarze Asphaltband. Ziemlich ausgelaugt komme ich in Adelaide River an und statte dem Dorfladen, der gleichzeitig auch Postoffice ist, einen Besuch ab. Ich decke mich mit einigen Sachen ein und frage die nette Lady, wo der Campingplatz sei: «Just four minutes down the road», meint sie. Beim genaueren Nachfragen ist das natürlich die Zeit, die man mit dem Auto benötigt. Zirka einen Kilometer den Stuart Highway runter, rechts abbiegen und nochmals einen Kilometer geradeaus, das ist mir für heute wirklich zu weit. So gönne ich mir einen Bungalow im Adelaide River Inn, das übrigens ein legendäres Pub sein soll.

Es ist nicht immer möglich ein öffentliches Internet zu finden.

WiFi ist hier offensichtlich noch nicht sehr verbreitet. Über meinen Schweizer Anbieter zu surfen würde mich pro Minute über vier Franken kosten! Ich habe also die geniale Idee, in der Tankstelle drüben eine australische SIM-Karte zu besorgen. Der junge, indischstämmige Angestellte ist sehr hilfsbereit und erklärt mir ganz genau, wie das Registrieren funktioniert. Er bietet mir sogar an, über sein Smartphone das ganze Prozedere zu erledigen. Virtuos und flink fliegen seine Finger über die Tastatur und schon bald kommen wir dem Ziel näher. Was die alles wissen wollen! Neben den allgemeinen Angaben wie Name und Passnummer, möchte die Telefongesellschaft auch wissen, ob ich ein Terrorist sei oder mit Drogen handle. Wir kämpfen uns durch alle Fragen und drücken auf «Abschliessen». Als Resultat leuchtet folgende Meldung auf: «Ihr Name ist nicht mit einem gültigen Visum verbunden». Wir versuchen es einige Male, immer mit demselben negativen Resultat. Bin ich illegal in Australien eingereist? Was läuft hier schief? Ein letztes Mal versuchen wir, mich zu registrieren, aber ohne Erfolg. Ziemlich enttäuscht bedanke ich mich beim hilfsbereiten Mann und ziehe von dannen. Zurück im Bungalow wechsle ich bei meinem Smartphone wieder die SIM-Karte aus. Und hier mache ich einen folgenschweren Fehler! Höchstwahrscheinlich habe ich die Karte herausgezogen, bevor das Telefon ganz ausgeschaltet war. Auf alle Fälle geht nun gar nichts mehr! Das Display zeigt fortwährend nur noch ein Schraubenschlüsselsymbol an. Ich kann die On/Off-Taste so lange und so viele Male drücken wie ich will, da passiert gar nichts mehr. Habe ich wegen dem Scheissinternet mein Gerät zerstört? Ich könnte mich ohrfeigen! Nun kann ich nicht mehr mit zu Hause kommunizieren. Was soll ich nur machen? Für heute auf alle Fälle nicht mehr viel, ausser ins Bett zu gehen. Aber der Schlaf will nicht kommen. Mein Blick geht immer wieder zum Nachttisch, aber da leuchtet in der Dunkelheit nur fröhlich der blöde Schraubenschlüssel! Irgendwann in der

Nacht komme ich zum Entschluss, morgen früh per Autostopp zurück nach Darwin zu fahren, um mein Gerät flicken zu lassen. Allenfalls muss ich mir auch ein Neues besorgen. Nach weiteren zwei Stunden leuchtet das Ding immer noch! Plötzlich habe ich einen Geistesblitz: Spätestens wenn der Akku leer ist schaltet sich das Gerät aus. Eventuell erledigt sich das riesige Problem beim erneuten Laden des Telefons. Um 4 Uhr früh ist es soweit. Das Display ist erloschen, der Schraubenschlüssel verschwunden. Mit einem Stossgebet schliesse ich das Sorgenkind ans Ladegerät und stecke es in die Steckdose. Im ersten Moment tut sich gar nichts. Doch plötzlich erfüllt sich das Display mit Leben, als wenn gar nichts gewesen wäre. Halleluja!!! Wie sagt man so schön: «Ein neuer Boot tut immer gut»!

## Tag 5: Mittwoch, 1. Juni 2016, Ruhetag

## Die Polizei, dein Freund und Helfer

Nach meiner nächtlichen Odyssee habe ich mich entschlossen, hier einen Ruhetag einzulegen. Es ist 9 Uhr und ich sitze noch immer mit einem Kaffee gemütlich auf meiner Veranda. Ganz entspannt beobachte ich den Gärtner, der mit seinem lauten Laubgebläse die Umgebung reinigt. Andere Arbeiter montieren die Bewässerungsanlage, damit diese Oase auch so grün bleibt! Es ist richtig entspannend dem «tschig-tschig-tschig» der Rasensprenger zu lauschen. Die ältere Dame, mit der ich die Veranda teile, kommt mit einem grossen Koffer aus ihrem Zimmer. Sie macht sich daran, die sechs Treppenstufen zu ihrem fetten SUV hinunter zu meistern. Aber irgendwie will das einfach nicht gelingen. Schnell stelle ich mich als Kofferträger zur Verfügung und helfe ihr die Stufen runter. Eigentlich sei sie schon fit genug, um das selber zu machen, aber die gestrige, lange Autofahrt habe ihrem Rücken ziemlich zugesetzt. Umständlich verstaut sie ihre Siebensachen im Kofferraum, quetscht sich mühsam auf den Fahrersitz und braust davon. Ich wusste gar nicht, dass Autofahren so anstrengend sein kann...

Normalerweise bin ich um diese Zeit schon fünf Stunden auf der Strasse. Aber ich will meine Reise nicht zu schnell starten, denn einige Blasen und Schürfungen haben sich an meinen Füssen bemerkbar gemacht. Sie stören mich beim Marschieren kaum. Ich will lieber auf der sicheren Seite sein und meine wertvollen Füsse nicht am Anfang der Reise ruinieren. Die Blasen steche ich auf, drücke die Flüssigkeit raus, so dass der Druck nachlässt. Anschliessend behandle ich jede Einzelne mit antiseptischer Creme. Auch das barfussgehen schätzen meine ramponierten Füsse ungemein.

Ich möchte mir eine grelle Sicherheitsweste für meine Nachtfahrten besorgen. Die beiden Tankstellen im Dorf führen keine im Sortiment und auch im «general store» werde ich nicht fündig. Auf dem Rückweg komme ich an der Polizeistation vorbei. Vielleicht haben ja unsere «Freunde und Helfer» eine extra Weste für mich. Ein uniformierter Gesetzeshüter sitzt mit einer dunkelhäutigen «Kundin» im Schatten vor der Polizeistation und nimmt ein Protokoll auf. Ich trage freundlich mein Anliegen vor. Er will natürlich wissen für welchen Zweck ich die Weste benötige. Als ich ihm erzähle was ich vorhabe, schüttelt er nur lachend den Kopf. Er hätte schon Leuchtwesten, aber bei denen stehe überall riesengross «POLICE» darauf und die könne er mir beim besten Willen nicht aushändigen! Also ich hätte kein Problem mit diesen paar Buchstaben gehabt...

Habe ich schon erwähnt, dass es auf dem Gelände meiner Unterkunft einen herrlichen Pool hat? Der ist recht gross und einfach das Richtige, um den brütend heissen Nachmittag darin zu verbringen! Ein grosser Teil der Anlage ist mit einem schattenwerfenden Tuch überdeckt, so dass es darunter doch ein bisschen weniger heiss ist. Wir sitzen zu zehnt im Wasser. Die meisten Schwimmer, die sich eine Abkühlung gönnen, sind Australier im Pensionsalter. Jeder erzählt von seinen Reiseerlebnissen und die Zeit vergeht wie im Fluge. Ich werfe spontan in die Runde, ob jemand so eine grelle Weste besässe, die nicht mehr gebraucht wird. Tatsächlich, eine nette Lady aus dem Hunter Valley nördlich von Sydney, hat so ein Exemplar irgendwo in ihrem riesigen Wohnwagen versteckt. «No worries» meint sie. Gerne schenke sie mir diese! Sie habe früher, als sie noch bei der Traubenernte geholfen habe, immer diese Weste getragen. Aber für so einen guten Zweck, wie die Sicherheit des «Trolley Man», gebe sie diese gerne her! Etwas später bringt mir die freundliche Frau das besagte Teil vorbei. Leider habe ich vergessen zu fragen, warum in Gottes Namen, sie diese Weste zur Traubenernte getragen hat. Ist diese Arbeit in Australien so gefährlich? Kann man sich in den riesigen Weinbergen des Hunter Valley verlaufen? Hilft die grelle Farbe dem Suchtrupp beim Finden des verschollenen Pflückers? Spielt keine grosse Rolle, denn ich werde diese knallgelbe Textilie in allen Ehren tragen und jedes Mal an die nette und grosszügige Lady aus dem Hunter Valley denken!

Im Pool war neben dem «Trolley Man» vor allem ein Thema Trumpf: Das heutige Footballspiel zwischen den «Blues» aus New South Wales und dem Team aus Queensland. Die Australier sind ziemlich fanatisch, wenn es um den Sport mit diesem komischen, unförmigen Ei geht.

Um 19 Uhr sitze auch ich im Garten des Adelaide River Inn und mache es mir vor der Glotze mit einem eiskalten Coopers Bier gemütlich. Dazu gibt es kostenlose Grillwürstchen vom «barbie» (Grill), die vom Pub offeriert werden. Dieter und Kerstin aus Berlin leisten mir ein bisschen Gesellschaft. Obschon sie schon einige Male in Down Under waren, haben sie bis heute auch nicht herausgefunden wie die Regeln des «Aussie Rules Football» genau funktionieren. Kein Problem, wir heulen einfach dann, wenn es die anderen tun und so haben alle ihren Spass daran!

**Tag 6: Donnerstag, 2. Juni 2016, Kilometer 142 (29)**

## 35 Grad von oben, 70 Grad von unten

Der freie Tag hat Wunder gewirkt! Frisch gestärkt und in meine neue, leuchtende Weste eingekleidet, starte ich in aller Herrgottsfrühe. Bis zum Sonnenaufgang bin ich bereits fünfzehn Kilometer vorangekommen. Mein Ziel ist es, die halbe Strecke bis nach Hayes Creek hinter mich zu bringen. Das sind sechsundzwanzig Kilometer. Ich treffe zwei Strassenarbeiter, die gerade ihre Pause geniessen und komme mit ihnen ins Gespräch. Sie scheinen eine ziemlich ruhige Kugel zu schieben. Auch als ihr Boss mit seinem Pickup vorbeikommt, bleiben sie ganz entspannt. Ich habe mich die letzten Tage einige Male gefragt, wie stark sich der Asphalt während des Tages aufheizt. Nun stehen zwei Experten, was dieses Thema angeht, vor mir. Die zwei ziehen genüsslich an ihren Glimmstängeln. Sie erklären mir, dass der Strassenbelag an einem Tag wie heute zwischen siebzig und achtzig Grad heiss werden kann! Wow, ich habe schon gemerkt, dass der Asphalt fast kocht, aber eine so hohe Temperatur hätte ich nicht erwartet. Das heizt also auch ganz mächtig von unten!

Eine Stunde vor Mittag finde ich einen schattigen Platz und mache meine obligaten drei Stunden Siesta. Zuallererst raus aus den Schuhen – was für eine Wohltat! Dann Stuhl aufstellen, trinken und essen. Gemütlich beobachte ich den Verkehr und stelle mir vor, was ich wohl für ein Bild für die Autofahrer abgebe.

Mitten im Outback, keine zehn Meter von der Strasse entfernt, sitzt ein nun schon bärtiger Kauz, mehr oder weniger entspannt, auf einem klapprigen Campingstuhl. Neben ihm, unter einem Baum im Schatten, steht ein aufgemotzter Einkaufswagen! Zumindest für ein paar Minuten werden die Leute auf ihrer eintönigen Fahrt ziemlich sicher ein neues Gesprächsthema haben. Ein Mäuschen möchte ich jetzt sein, um diese Diskussionen mitverfolgen zu können.

Die fünf Kilometer bis zur nächsten «rest area» will ich heute noch schaffen. Auf diesen offiziellen Rastplätzen darf jedermann frei campieren. Häufig sind diese Plätze recht schön gelegen und haben auch eine Toilette. Bei meiner Ankunft sind schon ein gutes Dutzend Wohnmobile geparkt. Die Besitzer sitzen gemütlich vor ihren luxuriösen, fahrbaren Behausungen. Wie immer bin ich ungewollt die Attraktion, wenn ich zu Fuss mit meinem Einkaufswagen auftauche. Keine zehn Minuten später habe ich bereits eine kühle Büchse Bier in der Hand. Ich stelle immer wieder fest, dass die Australier extrem offen, hilfsbereit und grosszügig sind! Ich geniesse die Gastfreundschaft von Alena und Paul, die ursprünglich aus der Tschechei stammen. Sie leben aber schon Jahrzehnte in Australien. Paul erzählt mir, dass er zwölf Jahre vor dem Mauerfall aus der ehemaligen Tschechoslowakei zuerst nach Österreich geflohen sei. In seiner Abwesenheit sei er umgehend zu zwei Jahren Knast verurteilt worden! Ich stelle mir vor, wie das sein muss, im Alter von dreiundzwanzig Jahren für immer seine Familie und Freunde zu verlassen. Er konnte damals noch nicht wissen, dass der Ostblock zusammenbrechen wird und er ab 1989 wieder problemlos in seine alte Heimat reisen darf, was er heute auch regelmässig macht. Das herzliche Paar ist nun pensioniert und sie leben in Queensland an der Ostküste. Gemeinsam haben sie sich in den letzten vier Jahren ein neues, 350 Quadratmeter grosses Haus aus dem Boden gestampft! Bei den meisten Arbeiten haben sie selber Hand angelegt, aber ganz fertig sei ihr Traumhaus noch nicht. Als die Stechmücken ein bisschen zu aggressiv werden, verabschieden wir uns. Ich verziehe mich in mein insektenfreies Nachtlager.

**Tag 7: Freitag, 3. Juni 2016, Kilometer 165 (23)**

## Hübsche Schmetterlinge und faustgrosse Spinnen

Da ich heute nur dreiundzwanzig Kilometer bis Hayes Creek vor mir habe, schlafe ich bis um 4 Uhr aus. In der Kühle der Nacht zu spazieren ist fast Erholung! Ganz locker spule ich die Kilometer nur so runter und erreiche das Hayes Creek Wayside Inn schon um 10 Uhr. Ich parke mein Gefährt an der Tankstelle vor dem Eingang zum Pub und lasse meinen Puls ein wenig herunterkommen. Ein, mit einer Schulklasse Aborigines beladener, Toyota Landcruiser fährt an die Zapfsäule. Der Fahrer füllt seine beiden Tanks mit rund 120 Litern Diesel. Die Kinder stürmen aufgeregt den Pub, um sich mit Eis und Süssigkeiten einzudecken. Gavin, der weisse Fahrer arbeitet für die «Douglas Daly Aboriginal Community» ganz in der Nähe und will unbedingt ein Gruppenfoto mit Einkaufswagen und den Kindern machen. Es ergibt sich eine ziemlich aufwändige Fotosession, bis alle eine Aufnahme auf ihrem Telefon haben. Die Schulklasse wird in zehn Tagen auch ans Barunga Festival reisen und hoffentlich werde ich sie da wieder treffen. Um zu einem der grössten Aborigines Festivals im Northern Territory zu kommen, liegen aber noch harte 227 Marschkilometer vor mir.

Habe ich eigentlich schon erwähnt, warum ich von Norden nach Süden marschiere und nicht umgekehrt? Nein? Es gibt fünf verschiedene Gründe. Erstens: Mein Minimalziel ist Port Augusta, der Endpunkt des Stuart Highway, zirka 2725 Kilometer von Darwin entfernt. Sollte ich aber besser vorankommen, werde ich auch noch die restlichen dreihundert Kilometer bis Adelaide unter die Füsse nehmen. Von Adelaide aus habe ich Mitte September schon meinen Rückflug in die Schweiz gebucht. So habe ich also einen Puffer von dreihundert Kilometern. Zweitens: Der Verlauf der Sonne ist für mich viel angenehmer, sie geht im Osten, also links der Strasse auf, wandert in meinem Rücken nach rechts und geht im Westen unter. So habe ich die Sonne nie im Gesicht. Drittens: Ich wollte den klimatisch härtesten Teil, die Hitze, am Anfang meiner Reise haben. Es fühlt sich gut an, mit jedem Schritt dem kühleren Süden näherzukommen. Auf den ersten hundertfünfzig Streckenkilometern ist die Luftfeuchtigkeit schon deutlich gesunken und macht das Vorwärtskommen schon ein bisschen einfacher – die Hitze allerdings ist immer noch dieselbe! Punkt vier: Im Süden gibt es zweimal Strecken, wo die Distanz zwischen einem Roadhouse zum anderen über zweihundert Kilometer beträgt. Zu diesem Zeitpunkt werde ich aber schon gut trainiert sein. Ich werde auch wissen, wie viel Wasser und Proviant ich für diese Strecken benötigen werde. Zu guter Letzt Punkt Nummer fünf: Von Norden nach Süden geht es alles den Berg runter, zumindest, wenn man sich die Landkarte anguckt, oder?

Ich schlage also mein Camp schon vor dem Mittag auf, strecke die Beine und geniesse den herrlich schattigen Platz unter den Bäumen. Am späten Nachmittag besuche ich den anderthalb Kilometer entfernten «Butterfly Gap». Die Chefin des Pubs hat mir angeraten, diese kleine Schlucht nur bei Tageslicht zu besuchen. In der Dämmerung und der Nacht kämen die grossen Spinnen raus und machten Jagd auf die Schmetterlinge. Ich war mir nicht ganz sicher, ob sie mich nur ein bisschen auf den Arm nehmen wollte. Dieser «gap» ist ein kleiner Felseinschnitt dicht mit

Pflanzen bewachsen und angenehm kühl. Unten fliesst der Hayes Creek gemütlich vor sich hin. Einige aufgestaute Pools laden zum Baden ein. Das sei hier kein Problem, bin ich informiert worden. Sie hätten keine «salties», das sind die riesigen Salzwasserkrokodile, die in manchen Gegenden auch das Schwimmen in Süsswassergewässern verunmöglichen. Ich wandere langsam in die enge Schlucht. Hunderte schwarzweisser Schmetterlinge fliegen um mich herum. Ich werde vom Anblick dieser wunderschönen Falter richtig verzaubert. Sie scheinen schwerelos durch die Luft zu flattern. Staunend spaziere ich hin und her und versuche diese graziösen Tiere zu fotografieren. Ich drehe mich um, mache einen Schritt nach rechts und spüre irgendetwas an meinem Kopf! Ich bleibe wie angewurzelt stehen! Ich realisiere, dass ich fast in ein grosses Spinnennetz hineingestolpert bin. Nur einen halben Meter von mir entfernt, perfekt auf Augenhöhe, sitzt die Chefin im Netz und wartet auf fette Beute! Inklusive der Beine ist das Insekt handtellergross! Ihr olivgrüner Körper ist zirka vier Zentimeter lang. Der Kopf ist schwarz und ihre Greifzangen sind feuerrot. Nachdem ich den ersten Schreck verdaut habe, entdecke ich noch weitere dieser faszinierenden Tiere. Jetzt weiss ich, warum man mich gewarnt hatte, nicht bei Nacht hierherzukommen!

Zurück im Camp muss ich vor dem Sonnenuntergang noch einiges erledigen. Gestern ist mir mein Zwanzig-Liter-Wassersack endgültig kaputtgegangen. Das heisst, er hatte schon am dritten Tag ein kleines Leck. Genau dort, wo die zwei grünen Handgriffe an den Beutel geschweisst sind, hat das Malheur seinen Anfang genommen. Ich hatte das Problem glücklicherweise früh entdeckt und konnte fast die gesamte Menge des kostbaren Nasses retten. Da das Roadhouse keine leeren Behälter hat, muss ich volle PET-Wasserflaschen mit anderthalb Litern Inhalt besorgen. Vier Stück kaufe ich und muss sage und schreibe fünfzehn australische Dollar auf den Tresen blättern! Unglaublich, wenn ich bedenke, dass ich für dieselbe Menge Benzin weniger als die Hälfte zu bezahlen hätte! Nun bin ich zumindest wieder mit Gebinden eingedeckt und diese kann ich, wie bis anhin kostenlos am Wasserhahn auffüllen.

**Tag 8: Samstag, 4. Juni 2016, Kilometer 199 (34)**

## Fast Rauswurf

Da der Zeltplatz etwas unterhalb des Highways liegt, komme ich schon um 5 Uhr früh ins Keuchen und Schwitzen! Gestern beim Runterfahren ist natürlich alles viel einfacher gegangen. Ich musste voll dagegenhalten, damit ich nicht viel zu schnell die steile Rampe hinuntersauste! Da habe ich schon an den heutigen Morgen gedacht. Mit der letzten Kraft stemme ich mich gegen mein träges Gefährt und hechelnd schaffe ich es zurück auf die Hauptstrasse. Viel steiler darf es für mich und mein rollendes Zuhause definitiv nicht werden!

Bis jetzt war die Strecke ziemlich flach mit den üblichen leichten Steigungen dann und wann. Meistens sehe ich nicht sehr weit, da mir die bis zu acht Meter hohen Eukalyptusbäume die Sicht verdecken. Seit zwei Tagen sind nun auch sehr viele Termitenhügel in den verschiedensten Farben aufgetaucht. Bis zu drei Meter hoch sind die Bauten der Insekten. Es ist erstaunlich. Innerhalb von wenigen hundert Metern sehe ich Termitenhügel in den Farben grau, beige, gelb und in allen möglichen Schattierungen von braun bis tief ockerrot. Auch die Formen sind sehr unterschiedlich. Je nach Termitenart, von steil und zackig bis zu sehr weiblichen, runden Formen. Weil sie dem Holz wie ein Terminator den Garaus machen, wurden sie schon von den Römern als «Termes» bezeichnet. Sie sind der wichtigste Verwerter von totem Holz und tragen entsprechend zur Humusbildung bei. Immer wieder treffe ich auf Exemplare, die mit T-Shirt, Hut und Sonnenbrille verkleidet sind. Scheint für ein paar Spassvögel ein beliebter Zeitvertreib zu sein!

Heute wird es ein bisschen hügliger und die Landschaft so auch ein wenig offener. Meine Körperhaltung hinter dem Wagen verändert sich mit jedem Neigungsprozent der Strasse: Geradeaus und talwärts stosse ich in aufrechter Haltung und angewinkelten Armen. Je steiler es wird, desto gekrümmter wird mein Körper und die Arme sind voll ausgestreckt. Ich verändere auch immer wieder meine Handposition am Griff. Mal ein bisschen seitlich oder mehr zur Mitte hin, auch stossen mit den Ellbogen ist eine Option. Ich habe dieselben Probleme, wie im Frühling, wenn ich die erste längere Tour mit dem Velo absolviere. Taube Hände, schmerzende Handgelenke und den Rücken und Nacken spüre ich bei dieser Gelegenheit auch immer. Nur der Hintern tut mir hier in Australien nicht weh!

Schon kurz nach 10 Uhr erreiche ich das Emerald Springs Roadhouse und ich beschliesse, hier meine Mittagspause einzulegen. Ich gönne mir eine Cola und später eine Portion Pommes Frites. Das Pub bietet eine riesige, luftige und überdachte Holzterrasse. Ich mache es mir auf der Polstergruppe gemütlich. Für ein paar Minuten schliesse ich meine müden Augen und entspanne mich. Plötzlich höre ich eine Stimme neben mir: «Schläfst du?» Ich öffne die Augen und neben mir steht ein Kasten von einem Mann in dreckigen Arbeitsklamotten und einem Softdrink in der Hand. Der grimmige Kerl mit der Kurzhaarfrisur scheint nicht gut gelaunt zu sein! Langsam antworte ich: «Nein, aber fast...» und grinse dazu. «You can't sleep on my premises, or I will have to kick you out!» In seinem Pub darf nicht geschlafen werden, ansonsten muss er mich rauswerfen! Ohne auf eine Reaktion meinerseits zu warten, verschwindet der Wirt um die nächste Ecke. Hoppla denke ich, die haben hier im

Emerald Springs Roadhouse ziemlich raue Sitten!

Bis in den späten Nachmittag marschiere ich noch zwei Stunden, als mich plötzlich von hinten ein Radfahrer inklusive Anhänger einholt. Es ist Steve aus Perth, der von Darwin zurück in seine Heimatstadt radeln will. Er ist seit drei Tagen unterwegs. Eigentlich ist er mit seinem Schwager Greg gestartet. Sie haben gemeinsam schon einige längere Fahrradtouren absolviert, aber von diesem Trip hatte Greg schon am zweiten Tag genug. Er konnte die Hitze einfach nicht ertragen und musste sich mehrere Male übergeben. Nicht etwa wegen eines Hitzschlages. Er habe jeweils keuchend viel zu gierig Wasser in sich reingeschüttet und habe sich so verschluckt, dass der gesamte Mageninhalt retour kam! Ausgelaugt und demotiviert ist er aus der gemeinsamen Reise ausgestiegen.

Nach einer kurzen Plauderei verabschieden wir uns. Eine weitere Stunde später finde ich einen schönen, geschützten Platz für mein Nachtlager. Der Vorteil beim «wilden Campieren» ist, dass man total ungestört ist und machen kann, was man will. So kann ich mir alle feuchten und klebrigen Kleider vom Körper reissen und diese an die Sonne legen, damit sie trocknen. Auch habe ich keine lärmenden Nachbarn, die zu jeder noch so unchristlichen Zeit das Gefühl haben, sie müssten noch ein bisschen Party machen! Ich stelle nur mein Innenzelt auf, also nur das Fliegennetz, so dass ich den fantastischen, australischen Sternenhimmel Nacht für Nacht geniessen kann. Ich lege mich nach dem Eindunkeln ins Zelt, beobachte die Weite des Universums und wünsche mir etwas Schönes bei jeder Sternschnuppe, die blitzschnell über den Himmel zischt.

## Tag 9: Sonntag, 5. Juni 2016, Kilometer 226 (27)

## Cooler oder humorloser Aussie

Nach einer Stunde Marsch entdecke ich im Dunkeln das Zelt von Steve. Ich traue meinen Augen nicht. Er hat dieses, sozusagen für alle gut sichtbar, im Strassengraben aufgestellt! Ich kann es natürlich nicht lassen und rufe: «Good morning Steve, how are you this morning?» Nach einem kurzen Grunzen antwortet er, dass er mich schon kommen gehört habe und kriecht langsam aus seinem Zelt.

Ich marschiere weiter, denn einholen wird er mich sehr bald. Anderthalb Stunden später ist es soweit. Steve steigt vom Rad und so trotten wir gemeinsam für zwanzig Minuten durch den kühlen Morgen. Als dann aber die Strasse ein recht schönes Gefälle aufweist, ist es um Steve geschehen. Er schwingt sich auf sein Velo und wir wünschen uns gegenseitig eine tolle und sichere Reise. Innert kurzer Zeit verschwindet er hinter der nächsten Kuppe.

Am Ortseingang von Pine Creek steht eine selbstgebastelte Tafel. Darauf steht: «Sunday Markets». Der Stuart Highway führt hier in einem weiten Bogen um den Ort herum und so biege ich rechts ab, um durch Pine Creek zu kommen. Downtown, sozusagen im Stadtpark, finde ich den angepriesenen Sonntagsmarkt. Dieser besteht nur aus drei Tischen. Beim ersten werden Autoputzlappen verkauft, die zwei anderen betreut Monique. Ihr Angebot ist für mich viel verlockender, nämlich Kaffee und Kuchen. Auch selber gemachtes Chutney in verschiedenen Variationen bietet sie zum Kauf an. Neben ihrem Stand sitzt John, der hier im Ort lebt. Gemeinsam mit der lokalen Polizistin in Zivil geniesst er seinen Kaffee im Schatten der Bäume. Sie alle trauen ihren Augen nicht, als ich auftauche. Fünf Minuten später sitze ich mit einem frisch gebrühten, koffeinhaltigen Getränk in dieser illustren Runde.

Nach der obligaten Fotosession verabschiede ich mich und schiebe meinen Wagen gemütlich zum nahegelegenen «caravan park». Ich schlendere an die Rezeption und bitte um ein «unpowered site», also einen Platz ohne Stromanschluss. Dieser Wunsch stellt für den bärtigen Herrn an der Theke kein Problem dar. Er füllt alle benötigten Papiere aus, als sein Blick suchend nach draussen geht. Da ist mir klar, dass er meinen Wohnwagen oder mein Auto sucht. Normalerweise parken die Touristen direkt vor der Tür. Sein Blick wandert zu mir zurück. Er mustert mich nochmals von oben bis unten und fragt, ob ich ein Auto oder zumindest ein Fahrrad besitze. «Shopping trolley» sage ich ohne mit der Wimper zu zucken. Ohne eine Regung im Gesicht schreibt er auf die Zeile für «registration» einfach «trolley» hin. Als ich meine achtzehn Dollar bezahlt habe, muss ich nach draussen gehen. Ich kann mich vor lauter Lachen fast nicht erholen. Ich hatte das Gefühl, dass ich ziemlich cool reagiert habe. Entweder hat der Typ keinen Humor oder er ist der viel bessere Schauspieler als ich! Genau solche kleinen, ulkigen Sachen machen meinen Trip zu etwas Besonderem.

Ich hatte eigentlich gedacht ich könnte einen faulen Nachmittag einlegen. Aber ich bin schwer beschäftigt mit Duschen, Wäsche von Hand waschen und Einkaufen. Im Laden nebenan konnte ich drei «Granny Smith» Äpfel ergattern. Dem obligaten «iced coffee» aus dem sechshundert Milliliter Getränkekarton konnte ich auch nicht widerstehen. Und hier habe ich ihn wiederentdeckt, den berühmten «Mrs. Mack's beef pie», den ich von meiner letzten Australienreise vor siebzehn Jahren her kenne. Alles verändert sich, aber diese faustgrosse Fleischpastete, zwar mit einer anderen Verpackung, gibt es noch! Ehrlicherweise muss ich gestehen, dass dieses Teil nicht gerade eine Delikatesse ist. Das in Cellophan eingeschweisste Gebäck wird in der Regel vom Besitzer bei Ladenöffnung in die Wärmetheke geworfen und so bleibt es dort stundenlang liegen, bis ein hungriger Bauch sich seiner annimmt. Gourmet hin oder her, mit einem zufriedenen Lächeln auf den Lippen verschwindet die Pastete der liebenswerten Mrs. Mack ruckzuck in meinem Magen!

Viel zu sehen gibt es in diesem ehemaligen Goldgräberstädtchen nicht. 1870 wurde der Ort während der Errichtung der transaustralischen Telegrafenlinie gegründet. Ein Jahr später entdeckten Arbeiter beim Ausheben eines Lochs für einen Mast gelbes Metall, das einen Goldrausch auslöste. Nur noch einige windschiefe Wellblechhäuser verströmen eine gewisse Goldrauschatmosphäre. Eine Tankstelle und drei Hotels mit angehängtem Campingplatz stehen den Besuchern zur Verfügung. Selbstverständlich gehört zu diesen Etablissements auch immer das dazugehörige Pub! Zwei Tante-Emma-Läden, einer mit integriertem «post office, vervollständigen das Bild. Das Highlight ist der «Lookout». Nach nur zehn Minuten Fussweg erreiche ich diesen Aussichtspunkt. Von hier habe ich eine gute Sicht auf die ehemalige Tagebaumine, die bis 1994 in Betrieb war. Über zweiundzwanzig Tonnen Gold wurde über die Jahrzehnte abgebaut. Heute ist das riesige Loch mit Wasser geflutet und der 135 Meter tiefe See glitzert verheissungsvoll in der Nachmittagshitze.

In Pine Creek finde ich übrigens das erste Mal seit Darwin ein funktionierendes, öffentliches Internet und so erledige ich meine kleinen Büroarbeiten.

## Tag 10: Montag, 6. Juni 2016, Kilometer 258 (32)
## Steak, Griechischer Salat und Australischer Merlot

Ich sitze am Strassenrand und esse mein zweites Frühstück. Die ersten fünfzehn Kilometer habe ich locker abgespult. Ich kaue gerade an ein paar Nüssen herum. Ein bulliger Wagen fährt an mir vorbei und als der Fahrer mich sieht, leuchten die Bremslichter auf. Das Fahrzeug hält an, wendet und fährt zu mir zurück. Welcher Bekannte will mir so früh am Morgen einen Besuch abstatten? Neugierig warte ich. Ein Ureinwohner steigt aus dem Wagen und sagt in seiner Sprache «Hallo». Er fragt mich, ob die Richtung in die er gefahren sei, in die Stadt Katherine führt. «Ja klar, das siehst du völlig richtig», antworte ich. Irgendwie habe ich ihn noch nicht überzeugt und er fragt noch einmal. Nach der zweiten Bestätigung meinerseits meint er nur, dass er es nicht gewohnt sei, alleine Auto zu fahren. Er war sich im Dunkeln plötzlich nicht mehr sicher. Um sich ganz bestätigt zu fühlen, fragt er mich tatsächlich noch ein drittes Mal! Ich versichere ihm, wenn ein Mensch auf dieser Strasse weiss, welche Richtung nach Katherine, also gegen Süden führt, dann sei ich es! Er bietet mir an mich mitzunehmen, denn Platz hätte er genügend. Natürlich lehne ich sein Angebot ab. Ich vermute, er hätte sehr gerne einen «ortskundigen» Beifahrer dabeigehabt! Mit einem «thanks brother» klettert er in seinen alten Nissan, wendet wieder und braust Richtung Katherine davon.

Monique, die Lady, die mir gestern in Pine Creek einen Kaffee offeriert hat, habe ich auch schon unterwegs gesehen. Sie hatte mich vorgewarnt, dass sie jeden Tag die Strecke von Pine Creek nach Katherine fahre. So haben wir uns freudig zugewinkt. Das wird wohl für die nächsten drei Tage ein kleines Ritual werden. Heute treffe ich ständig Leute! Also wandern tue ich übrigens auch noch und ich komme recht flott voran. Bei meiner Mittagspause hält schon wieder ein Pickup an, dieses

Mal ein weisser. Ein Mann steigt aus und möchte wissen, ob ich einen Fahrradfahrer mit Anhänger getroffen habe. Da ist mir sofort klar, wer vor mir steht. Das kann nur Greg sein, der kotzende Schwager von Steve! Genauso ist es. Nachdem er aus der gemeinsamen Velotour ausgestiegen ist, hat er sich kurzerhand ein Auto gekauft und versucht nun, Steve wieder einzuholen. Er erkundigt sich, ob bei mir alles in Ordnung sei und ob ich genügend Wasser dabeihabe. Alles paletti bei mir und so endet auch dieser Besuch relativ rasch.

Wie ich schon einige Male feststellen konnte, funktioniert das Buschtelefon hier einwandfrei. Einige Leute, die ich traf, haben mir erklärt, sie hätten schon vor Tagen gehört, dass ein Kerl mit einem «shopping trolley» Richtung Süden unterwegs sei. Auch Greg hat mir dies wieder bestätigt.

Ab 15 Uhr, wenn die Hitze wieder ein kleines bisschen erträglicher wird, bin ich nochmals für gut zwei Stunden auf dem Highway. Heute ist übrigens der erste Tag ohne eine einzige Wolke am Himmel. Bis jetzt haben mich die weissen Farbkleckse immer durch den Tag begleitet. Viele Male habe ich ihnen im Stillen gedankt, wenn sie sich wieder, auch nur für ein paar Sekunden, vor die Sonne geschoben haben!

Plötzlich überholt mich ein Sattelschlepper, bremst hart und hält auf dem seitlichen Kiesstreifen an. Der Trucker kommt zu mir rüber und erkundigt sich, ob bei mir alles im grünen Bereich sei. Natürlich muss ich auch ihm meine ganze Geschichte erzählen. Er fragt mich, ob ich Lust habe heute Abend in Katherine mit ihm ein paar Bierchen zu trinken. Und ob ich Lust hätte! Es seien nur noch sechzig Kilometer bis zum Pub. Ich erkläre John, dass ich nicht so schnell unterwegs sei. Zwar sei ich ziemlich fit, aber so fit dann auch nicht! Ich werde erst in anderthalb Tagen dort eintreffen. Ja, Mittwoch um die Mittagszeit würde es auch passen, meint er lachend und drückt mir seine Visitenkarte in die

Hand. Er steigt in seinen Truck und fährt seinem verdienten Feierabend entgegen.

Nach einer weiteren Wanderstunde ist es für mich Zeit ein Nachtlager zu finden. Das ist manchmal gar nicht so einfach. Ich suche immer nach einer kleinen Seitenstrasse oder Piste, damit ich vom Highway wegkomme. Eine solche Schotterstrasse entdecke ich auch heute und biege rechts ab. Nach einer engen Kurve komme ich auf eine grosse, kiesige Fläche, die höchstwahrscheinlich beim Bau des Stuart Highways als Installationsplatz verwendet wurde. Es ist schon fast idyllisch. Unter den recht grossen Eukalyptusbäumen laden schattige Plätze zum Campieren ein. Erst jetzt entdecke ich, dass ich nicht der Erste bin. Carol und Bob aus New South Wales haben es sich mit ihrem Allradfahrzeug inklusive Anhänger schon gemütlich eingerichtet. Sie offerieren mir eine eiskalte Limonade und so kommen wir schnell ins Gespräch. Nach dem Apéro baue ich schnell mein eigenes Camp auf. Ich will gerade meine Büchse «Chili con carne» öffnen, als Carol rüberkommt und mich zum Essen einlädt. Ich kann schlecht Nein sagen zu einem frisch gegrillten Steak mit einem reichhaltigen Salat mit Kichererbsen, Feta, Broccoli und Tomaten. Dazu trinken Bob und ich einen australischen Merlot, Carol hält sich lieber an ihren lieblichen Weisswein.

## Tag 11: Dienstag, 7. Juni 2016, Kilometer 292 (34)

# Cheeseburger menu on the road

Ich geniesse meine Nachtfahrten ungemein. Um diese frühe Uhrzeit bin ich ziemlich allein auf weiter Flur. Über mir spannt sich der übermächtig scheinende australische Sternenhimmel. Auch die Milchstrasse ist sehr gut zu erkennen. Ich fühle mich im Dunkeln immer wie ein Strichjunge – also nicht was du jetzt denkst! Im Schein meiner Stirnlampe, die ich in der Nacht immer an der Kühlerhaube meines «trolley» montiert habe, klebe ich mit einem Rad auf der rechten, weissen Sicherheitsmarkierung. Heute ist es speziell dunkel, denn es ist Neumond. Bei den wenigen Autos und Roadtrains, die mir entgegenkommen, gehe ich kein Risiko ein. Ich verlasse früh genug den Asphalt und weiche auf die seitliche Kiesfläche aus.

Um halb acht, pünktlich wie eine Schweizer Uhr, taucht wieder Monique auf, die auf ihrem Weg zur Arbeit nach Katherine ist. Sie hält kurz an. Sie steckt schon in ihrer Arbeitsmontur, das heisst sie trägt ein grünes T-Shirt mit einem gestickten, runden Emblem. Sie arbeitet für die berühmte «School of the Air», die Schule, die Kinder auf abgelegenen Farmen über Funk unterrichtet. Ich verspreche ihr, sie am Mittwoch an ihrer Arbeitsstelle zu besuchen. Sie meint dann nur noch, dass sie mir nach Feierabend etwas Stärkendes aus der Stadt mitbringen werde.

Ich laufe bis 11 Uhr durch und finde einen schattigen Platz für meine lange Mittagspause. Mein Magen knurrt unüberhörbar und so koche ich mir eine Suppe. Zuerst lege ich mein kleines Solarpanel in die Sonne, denn einige Akkus müssen geladen werden. Auch schlüpfe ich immer aus den Trekkingschuhen, damit meine Füsse ein bisschen frische Luft erhalten. So habe ich immer die Gelegenheit meine Blasen zu kontrollieren und eventuell zu behandeln. Ich setze mich nach dem Essen auf meinen Stuhl, nehme das Notebook auf den Schoss und schreibe mein

Tagebuch. Das Buch, das du jetzt in den Händen hältst, ist also sozusagen über Mittag entstanden! Ich bin in meine Arbeit vertieft, als ein Rennvelofahrer mit leichter Ausrüstung an mir vorbeirast und nur schnell Hallo ruft. Ja, auch Hallo! Nach einem halben Kilometer überlegt es sich der stramme Radler doch anders und kehrt um. Er stellt sich als Steve vor (heissen hier alle Velofahrer Steve?) und will bis Perth radeln. Wo er sein Gepäck habe, will ich wissen, denn so komme er sicher nicht weit. Er sei mit seiner Frau unterwegs, die ihm mit dem Auto folge. Sie sei Malerin und könne sich so den ganzen Tag ihrer Passion widmen, währenddessen er sich auf dem Rad abstrample. So seien beide glücklich und zufrieden, wenn sie sich am Abend am vereinbarten Ort wieder treffen würden.

Ich nehme meine Nachmittagsetappe unter die Füsse. Ein stetig leichtes Auf und Ab begleitet mich. Um 17 Uhr setze ich mich zum wiederholten Male in den Schatten. Ich kann mich kaum hinsetzen, da taucht schon Monique auf. Grinsend steigt sie aus ihrem Wagen und schwenkt genüsslich einen Papiersack mit einem grossen goldenen «M» darauf. Ich kann es kaum fassen! Sie habe es mir doch versprochen, etwas Kalorienhaltiges vorbeizubringen. So schlemme ich, vierundzwanzig Kilometer nördlich von Katherine, sozusagen auf dem Pannenstreifen des Stuart Highways ein Cheeseburger Menu! So gut hat mir ein simpler Burger noch nie geschmeckt! Nicht zu vergessen den halben Liter Cola, den Monique dazu mitgeliefert hat. Einfach himmlisch, wie das eiskalte Getränk meine Kehle runterrinnt! Monique fragt mich schüchtern, ob ich es Morgen bis spätestens 13 Uhr bis nach Katherine schaffen werde. Ich sei schon bei der «School of the Air» angemeldet. Sie habe ihre Kids über den Äther schon vorgewarnt. Morgen nach der Mittagspause soll ich den Unterricht ein bisschen auflockern und von meinem «Shopping Trolley-Abenteuer» erzählen. Mache ich natürlich sehr gerne und ich werde mir alle Mühe geben pünktlich in Katherine einzutreffen.

Nach dem leckeren Essen habe ich keine Lust mehr weiterzumarschieren. Gegenüber dem Platz, wo ich mit Monique stehe und den Burger esse, sehe ich eine kleine Piste verschwinden. Das sei der alte Stuart Highway, der nicht mehr benutzt werde. Für mich der perfekte Ort mein Zelt aufzustellen.

### Tag 12: Mittwoch, 8. Juni 2016, Kilometer 316 (24)

## School of the Air

Ich treffe schon um 10 Uhr in Katherine ein. Die letzten zwei Kilometer werde ich mit einem bequemen Fahrradweg verwöhnt. Dieser überquert auf der alten, ockerroten Eisenbahnbrücke den Katherine River. Die Stadt mit ihren sechstausend Einwohnern gibt optisch nicht sehr viel her. Hier gibt es aber zumindest wieder alles zu kaufen, was das Herz begehrt. Und mein Herz sehnt sich nach dem grossen Supermarkt, den ich schon von weitem erblickt habe. In grossen, grünen Lettern prangt da: «Woolworth». Ich habe mich schon lange auf diesen Augenblick gefreut! Warum? Ich muss keine Münze aus der Brieftasche zaubern, um temporär einen Einkaufswagen zu mieten, damit ich meine Geschäfte erledigen kann. Ich besitze meinen ganz persönlichen «monster trolley»! Es ist ein erhabenes Gefühl in den klimatisierten Markt einzufahren. Ich bemerke die neidischen Blicke der Menschen, die auch genauso ein Modell haben möchten! Gut, ich übertreibe ein bisschen wegen des Neides. Höchstwahrscheinlich haben die einfach noch nie so ein Gefährt zu Gesicht gekriegt. Ich habe das Gefühl, dass mein privater Einkaufswagen auch seine helle Freude in dieser Einkaufsoase hat! Nach fast zwei Wochen kann er auch mal wieder soziale Kontakte pflegen. Dutzende seiner Nullachtfünfzehn-

Kollegen rollen um uns herum. Wenn mein Einkaufswagen reden könnte, hätte er sicherlich sehr viel zu erzählen! Ich werde auch immer wieder in Gespräche verwickelt, so dass dieser Einkauf länger als gewöhnlich dauert.

Nun muss ich mich aber beeilen. Ich habe um 13 Uhr mit Monique in der «School of the Air» abgemacht und da will ich auf alle Fälle pünktlich auftauchen. Diese berühmte Schule, die dieses Jahr ihr fünfzigjähriges Bestehen feiert, unterrichtet vor allem Kinder, die auf abgelegenen Farmen leben. Es kommt aber auch vor, dass Kinder aus schwierigen Verhältnissen, die vielleicht sogar in Katherine wohnen, an dieser Schule eingeschrieben sind. Sie würden sonst schwer in eine reguläre Klasse passen, aber so können auch sie eine gute Schulbildung geniessen. Im Moment sind auch drei Kinder an der Schule, die mit ihren Familien temporär in Indonesien leben. So können sie ganz normal ihren bekannten, australischen Schulstoff lernen. Wenn sie in ein oder zwei Jahren wieder nach Down Under zurückkehren, haben sie nichts verpasst und die Wiedereingliederung ins Schulsystem verläuft problemlos.

Monique begrüsst mich herzlich und gemeinsam stossen wir mein Gefährt direkt ins Studio drei. Die Schule funktioniert natürlich nicht mehr so wie noch vor einigen Jahren. Da sind die Lehrer tatsächlich vor dem Funkgerät gesessen und haben mit ihren Schülern den Schulstoff durchgekaut: «Was ergibt zehn plus fünf, over? Fünfzehn, over. Dreissig minus elf, over? Neunzehn, over.» So in etwa hat sich das wohl angehört! Heute stehen den Lehrern mit modernster Technik ausgestattete Studios zur Verfügung. Drei Kameras und ein ausgeklügeltes Soundsystem sind fix installiert und sogar mit der «Greenbox-Technik» wird gearbeitet! Die Schüler können nun online dem Unterricht folgen, Fragen stellen und interaktiv mitmachen. Ich stelle mich und meinen Einkaufswagen vor und erzähle, was ich schon alles erlebt habe. Die Kids wollen natürlich wissen wie viele Kilometer ich am Tag zurücklegen kann, wie viel Wasser ich dabeihabe und wo ich übernachte. Die zwei Lehrer Mike und Nick, die mit mir auf Sendung sind, moderieren die Unterrichtsstunde. Auch sie haben ihre helle Freude an meinem Gefährt und geniessen sichtlich die Abwechslung zum Schulalltag. Gegen Ende der Stunde erwähne ich, dass mein Gefährt noch keinen Namen habe und ob jemand eine Idee hätte. Der erste Name der fällt ist «Ted». Nun ja, da habe ich mir schon etwas Fantasievolleres vorgestellt. Ich würde meinen Wagen nur als «Ted» bezeichnen, wenn ich nicht zufrieden mit ihm wäre. Nach einer angeregten Diskussion einigen wir uns auf «Mrs. Molly the shopping trolley». Ich habe es doch geahnt, dass mein Lastross weiblich ist...

**Tag 13: Donnerstag, 9. Juni 2016, Kilometer 347 (31)**

## Geheimnisvolle Höhle

Irgendwie bin ich heute Morgen ein bisschen übermütig. Im Schein der Strassenlaternen latsche ich die zwei Kilometer vom Campingplatz ins Zentrum von Kathrine. Da will ich wieder auf den Stuart Highway abbiegen. Die Strasse führt vor meiner Abzweigung durch einen Kreisel und aus reiner Tollerei mache ich eine Extrarunde durch diesen. Und wohlverstanden – rechts herum! So weit hat mich diese Reise schon gebracht. Ich kann mich wirklich an sehr kleinen Dingen freuen!

Ich habe noch fünf Minuten später ein zufriedenes Lächeln auf den Lippen. Weniger lustig ist dann aber der Anblick, der mich im Zentrum des Städtchens erwartet. Ich sehe viele Obdachlose, vor allem Aborigines, die sich in dunklen Hauseingängen verkrochen haben, um ihren Rausch auszuschlafen. Diese Bilder brennen sich in mein Gedächtnis. Ich komme unweigerlich ins Grübeln. Ich bin auf diesem Trip sehr bescheiden unterwegs und schlafe immer draussen. Aber ich könnte mir jederzeit ein schönes Hotelzimmer leisten oder einfach aus dieser verrückten und sehr anstrengenden Reise aussteigen. Es wäre kein Problem wieder in die bequeme Schweiz zu jetten. Diese Möglichkeit haben diese Menschen offensichtlich nicht und das stimmt mich traurig. Keine Perspektive zu haben, muss trostlos sein. Das wenige Geld, das vorhanden ist, wird in Alkohol oder andere Drogen investiert. Ich hoffe, dass ich persönlich nie in eine solch ausweglose Situation gerate! Diese Gedanken begleiten mich auf dem ersten Streckenabschnitt durch die Dunkelheit. Dank des Fahrradweges, der bis ausserhalb der Stadt parallel zum Stuart Highway verläuft, muss ich nicht auf den Verkehr achten.

Die dreissig Kilometer bis zu den Cutta Cutta Caves schaffe ich bis zum Mittag. Ich buche die einstündige Höhlentour um 14

Uhr und mache es mir im Innern des kühlen Kiosks bequem. Selbstverständlich steht Mrs. Molly neben mir am Tisch und ist während den nächsten knapp zwei Stunden die Attraktion! Ein halbes Dutzend Male darf ich meine Story zum Besten geben und genau für so viele Fotos muss ich posieren. Ich bin schon fast erleichtert, dass die Führung nun startet. Vertrauensvoll überlasse ich Mrs. Molly der Angestellten an der Kasse, die mir verspricht, gut auf meine Lady aufzupassen! Eigentlich habe ich mich auf eine kühle Höhle gefreut – doch Pech gehabt. Mit einer sehr hohen Luftfeuchtigkeit ist es in den Cutta Cutta Caves tropisch warm. Der Schweiss fliesst mir in Strömen über das Gesicht, fast heftiger, als wenn ich auf der Strasse am Schieben bin! Mich erwartet aber eine wunderschöne Märchenwelt mit fantastischen Stalagmiten und Stalaktiten. Die Kalksteinhöhle beherbergt auch einige Tiere: fünf Arten Fledermäuse, Frösche und Schlangen. Eine ganz rare Spezies, eine Art Shrimp, findet man hier auch. Diese kommt nur in dieser Höhle und in Madagaskar vor. Man nimmt an, dass diese Lebewesen, als sich die Kontinente vom grossen Gondwanaland getrennt haben, einfach nur an diesen zwei Stellen unserer Erde überlebt haben. Ausser einer Schlange, die es sich auf einer Felsnische bequem gemacht hat, sehen wir nichts Tierisches. Die Fledermäuse sind eher am Morgen aktiv und befinden sich jetzt im hinteren Teil der Höhle, der für uns Touristen nicht zugänglich ist.

## Tag 14: Freitag, 10. Juni 2016, Kilometer 387 (40)
# Verhalten auf dem Stuart Highway

An dieser Stelle möchte ich euch meine frühmorgendlichen Aktivitäten beschreiben. In völliger Dunkelheit (im Moment ist kein Mond in Sicht) stehe ich um 4 Uhr auf. Im Schein meiner LED-Stirnlampe gehe ich auf die Toilette, sprich, ich suche mir einen netten Busch und verrichte mein Geschäft. Anschliessend werfe ich meinen Gaskocher an und koche mir ein Pfännchen Wasser, das ich anschliessend für Porridge und Kaffee benötige. Währenddessen das Wasser aufgewärmt wird, stopfe ich meinen Schlafsack in die blaue Hülle und rolle meine Isomatte ein. Das Wasser dampft nun und ich rühre meinen «instant» Porridge an. Diesen Haferbrei gibt es in handliche Portionen verpackt in verschiedenen Geschmacksrichtungen: «Brown sugar and honey, maple syrup, vanilla oder mixed berries». Ich giesse meinen Kaffee mit zwei gehäuften Teelöffeln Pulver auf. Nun packe ich mein Zelt ein, rolle das Ganze zu einer schönen Wurst, damit es im Sack Platz findet. Zelt und Isomatte schnalle ich bereits aussen an Mrs. Molly. Nun ist der Porridge eingeweicht und ein bisschen abgekühlt, so dass ich ihn essen kann. Ich verfeinere den Haferbrei mit einer Mischung aus getrockneten Früchten und Nüssen. Auf dem Campingstuhl sitzend geniesse ich mein Frühstück unter dem grandiosen Sternenhimmel. Nach dem Abwasch und dem Zähneputzen verstaue ich alles wo es hingehört. Das ist etwas, das ich im Schweizer Militär gelernt habe. Jedes Teil hat seinen Platz und kommt immer in denselben Sack und diesen Sack verstaue ich auch immer am selben Ort auf dem Wagen. Das hört sich ziemlich pedantisch und kleinkariert an. Wenn ich im Dunkeln arbeiten muss, bin ich aber froh, wenn ich weiss, wo was ist! Auch würde mir beim Beladen sofort auffallen, ob was fehlt. So kommt schnell eine Routine auf und ich benötige nur noch fünfundvierzig Minuten vom Aufstehen bis zur Abfahrt. Es tönt jetzt ein bisschen blöd, aber es ist enorm wichtig, mir am Abend vorher zu merken, in welche Richtung ich am Morgen wandern muss. In der Dunkelheit sieht die Landschaft auf beiden Seiten nämlich absolut identisch aus! Zurück auf der Strasse montiere ich meine Stirnlampe am Kühlergrill von Mrs. Molly und auch die Leuchtweste trage ich bis es hell wird. Um diese Zeit ist auf dem Highway noch nicht viel los. In den ersten zwei Stunden kommen mir zirka zehn Fahrzeuge entgegen. Sobald die Scheinwerfer näherkommen verlasse ich immer die Strasse und warte seitlich im Kies. Sicher ist sicher. Die Fahrer kommen mit voll aufgedrehten Scheinwerfern auf mich zu. Sie wollen ganz genau sehen, was da für ein eigenartiges Gefährt schon so früh unterwegs ist! Ich wende mich ab, um nicht geblendet zu werden und warte bis der Spuk vorbei ist. Meistens kann ich aber unbehelligt meinen Trott gehen. Ab 6 Uhr benötige ich keine Lampe mehr, weil langsam die Dämmerung einsetzt. Kurz nach Sonnenaufgang mache ich eine Pause. Ich packe meinen Stuhl aus, setzte mich hin und esse eine Banane oder einen Apfel. Nach einer Viertelstunde bin ich wieder auf der Piste. Mich in der Leuchtweste fortzubewegen wäre jetzt schon viel zu heiss und unangenehm. Ich montiere diese, gut sichtbar für den entgegenkommenden Verkehr, an der Kühlerhaube von Mrs. Molly.

Der Stuart Highway ist die Nord-Süd-Hauptverkehrsachse und ist deshalb gut ausgebaut. Sie ist ziemlich genau acht Meter breit, jede Spur hat vier Meter zur Verfügung. Neben der seitlichen, weissen Sicherheitslinie finde ich meistens noch zusätzlich dreissig Zentimeter Asphalt, mal mehr mal weniger. Anschliessend an die geteerte Fläche kommt noch ein ziemlich grosszügiger Kiesstreifen dazu, auf den ich zur Not ausweichen kann. Meine Mrs. Molly nimmt in der Regel die Sicherheitslinie zwischen ihre Räder. Bei Tageslicht muss ich sehr selten die Strasse verlassen. Der Verkehr ist nicht sehr dicht und meistens geben mir die entgegenkommenden Fahrzeuge reichlich Platz. Wichtig ist es auf der rechten Strassenseite zu marschieren, so kann ich wirklich jedes einzelne Fahrzeug beobachten. Ich erkenne was es macht und ob mich der Fahrer gesehen hat. Falls aus beiden Richtungen Roadtrains oder grosse Wohnwagen heranbrausen, heisst es für mich: Strasse verlassen und zwar schnell! Das Ausweichen auf den Kies zehrt immer ein bisschen an meinen Kräften. Häufig hat es einen kleinen Absatz von der geteerten Strasse in den Kies. Wenn der Verkehr vorüber ist, bugsiere ich meine Lady wieder mühsam auf die Strasse und die Reise kann weitergehen!

Schon früh komme ich zur Abzweigung nach Barunga, dort wo das Aborigines Festival stattfindet. Mittlerweile habe ich mich ein bisschen intensiver über den Event informiert. Dieser findet nicht in Barunga selber, sondern nochmals zehn Kilometer weiter östlich, statt. Das wären für mich über vierzig Kilometer ab dem Stuart Highway. Und wohlgemerkt, diese Distanz hätte ich zweimal zu bewältigen! Dazu kommt, dass der Anlass mit sechstausend zu erwarteten Zuschauern für meinen Geschmack ein bisschen zu gross ist. Ich biege also nicht wie geplant links ab, sondern bleibe auf dem Stuart Highway und wandere weiter Richtung Süden.

Heute Morgen treffe ich ein paar andere Abenteurer: Charles und Robert, die mit dem Fahrrad unterwegs sind und für ein paar Tage zusammen am Pedalen sind. Eine halbe Stunde später kommen mir nochmals zwei Velofahrer entgegen. Das australische Pärchen von der Ostküste, plant ein ganzes Jahr lang rund um Australien zu radeln. Es ist jedes Mal schön, solche Leute zu treffen. Ihre Tipps sind immer besser, als die von Autofahrern, die keine Ahnung haben, was Langsamverkehr bedeutet.

Bei einer weiteren Pause am Nachmittag sitze ich gemütlich auf meinem Stühlchen, esse etwas und beobachte den Verkehr. Ein Wohnwagen kommt langsam auf mich zu und plötzlich sehe ich vier Hände, die wie verrückt winken. Wer kann denn das sein? Sie halten auf meiner Höhe an und nun erkenne ich Alena und Paul, mit denen ich vor gut einer Woche auf einer «rest area» einen unterhaltsamen Abend verbrachte habe! Wir haben wirklich nicht erwartet, uns je wiederzusehen und dementsprechend fröhlich ist die Begrüssung. Alena zerdrückt sogar eine kleine Träne, so gerührt ist sie, mich wiederzutreffen. Paul, ganz Mann, denkt sofort an den praktischen Teil und fischt mir ein eiskaltes Bier aus der Kühlbox. So stelle ich mir meine Nachmittagspause jeden Tag vor! Nun müssen wir uns aber endgültig verabschieden, denn die zwei fahren in langen Etappen zurück an die Ostküste.

Für mich wird es noch ein langer Tag, denn ich finde eine ganze Weile keinen passenden Platz zum Zelten.

## Tag 15: Samstag, 11. Juni 2016, Kilometer 422 (35)
## Stolzer Adler

Um 4:30 Uhr bin ich zurück auf der Strasse und investiere ein wenig Zeit in die Nachtfotografie. Der grandiose, australische Sternenhimmel lädt gerade dazu ein. Schnell habe ich mein Stativ aufgestellt und Mrs. Molly in Position gebracht. Das Ziel ist, mit meiner Stirnlampe meine Lady nur ein bisschen zu beleuchten, aber die Stimmung des Sternenhimmels nicht zu zerstören. Nach ein paar Versuchen klappt es schon ziemlich gut. Mit 3200 ISO, voll geöffneter Blende und zwölf Sekunden Belichtungszeit erziele ich recht gute Resultate. Den Vordergrund beleuchte ich mit der Stirnlampe nur für ein paar Sekunden, so dass dieser nicht zu hell wird. Viel länger darf ich auf keinen Fall belichten, sonst erscheinen die Sterne auf den Bildern eher als Striche. Ich werde in den nächsten Tagen sicherlich noch weitere Versuche wagen, um die Qualität meiner Ausbeute zu erhöhen. So oder so, Spass macht das Experimentieren immer wieder!

Beim Gehen freue ich mich ungemein über jedes freundliche Hupen, Winken oder Daumen nach oben. Ein Roadtrain-Fahrer hat meinen Gruss in der Nacht mit der Warnblinkanlage beantwortet und der Polizist in seinem Dienstwagen hat sich sogar zu einem Aufheulen seiner Sirene verleiten lassen. Das sind nur kleine Gesten, aber in solchen Momenten kriege ich während des Marschierens doch schon ab und zu feuchte Augen.

Seit zwei Tagen habe ich einen moderaten Gegenwind, der mich aber nicht sonderlich stört. Es fühlt sich eher erfrischend an, obschon ich ein bisschen mehr stossen muss. Ich treffe einige Fahrradfahrer, die mir entgegenpedalen und die schwärmen so richtig von diesem tollen Rückenwind. Sie hätten den letzten Monat, von Adelaide kommend, immer nur mit starkem Gegenwind kämpfen müssen!

Mit meinem langsamen Reisetempo, kann ich meine Umgebung sehr genau beobachten. Ich sehe jede kleine Blume am Strassenrand. Ab und zu schreckt ein «wallaby» auf und hüpft erschrocken davon. Viel zu schnell für meine Kamera. Als «wallabies» werden generell alle kleine Arten Kängurus bezeichnet. Auf einem Baum entdecke ich hübsche Tauben. Ganz langsam und leise greife ich zu meinem Fotoapparat, aber Sekunden bevor ich schussbereit bin, fliegen sie davon. Mit einem leisen Fluch auf den Lippen will ich die Kamera wieder sicher verstauen. Aus den Augenwinkeln sehe ich, wie ein grosser Vogel genau auf diesem Platz landet, wo vorher die Tauben sassen. Ich drehe mich um und traue meinen Augen nicht. Ein stolzer Adler hat es sich auf einem kahlen Ast bequem gemacht und schaut neugierig zu mir rüber. Nun habe ich aber die Kamera bereit und der wunderbare Greifvogel posiert einige Male für mich, bevor es ihm zu bunt wird und das Weite sucht. Nun begreife ich auch, dass die Tauben nicht wegen meiner Tollpatschigkeit geflohen sind, was mich doch ein Stück weit beruhigt!

Heute ist eine Strassenmarkierungsequipe unterwegs. Drei Lastwagen fahren im Abstand von fünfhundert Metern mit zirka fünfzehn Stundenkilometern und markieren die weissen Sicherheitslinien neu. Der erste Lastwagen fährt voraus und ist verantwortlich, dass der Streifen einigermassen sauber ist und räumt allenfalls auch totgefahrene Tiere weg. Fahrend hält der Chauffeur einen kurzen Schwatz mit mir. Der zweite Lastwagen spritzt die neue Farbe auf die Strasse. Dieser Fahrer ist ziemlich konzentriert bei der Sache, so dass er mich nicht beachtet. Der dritte Lastwagen wird von einer Frau gesteuert. Sie beschützt sozusagen die frische Farbe, damit nicht schon andere Fahrzeuge diese beschädigen. Sie hält kurz an und fragt mich freundlich, ob ich kaltes Wasser möchte. Ich verneine, denn ich bin noch tadellos mit der kostbaren Flüssigkeit versorgt. Es ist immer ein gutes Gefühl, wenn sich jemand die Mühe macht, sich nach meinem Befinden zu erkundigen. So kommt es, dass meine Mrs. Molly auf einem brandneuen und jungfräulich weissen Streifen Richtung Mataranka fahren kann.

Ich sehe ein braunes Schild das besagt: «Worldwar II, Stirling Mill». Der japanische Luftangriff im Februar 1942 hatte Darwin ziemlich unvorbereitet getroffen. Als Folge dieser Aggression wurden in dieser Gegend viele australische Soldaten stationiert. An dieser Stelle hatte sich eines der vielen Militärcamps befunden. Dazu gehörte auch immer eine Landepiste für Flugzeuge. Ich entdecke nur ein altes, verrostetes Auto, von der Landepiste ist nichts mehr zu sehen. Nach zwei Wochen zu Fuss unterwegs reizt es mich mal wieder in ein Fahrzeug zu steigen. So krieche ich vorsichtig in das Wrack, klemme mich hinter das oxidierte

Steuerrad und stelle mir den tollen Fahrtwind vor, der durch die geöffneten Fenster bläst! Ich glaube, Mrs. Molly ist ein bisschen beleidigt. Sie kann mein komisches Verhalten nicht verstehen. Als Entschuldigung streichle ich sie und sage «good girl.» So nehmen wir die restliche Strecke nach Mataranka unter die Räder, respektive Füsse.

Am Ortseingang empfängt mich die obligate Tankstelle und da stehen im Moment ein halbes Dutzend schwerer Motorräder vor der Zapfsäule. Wow, wie die Motoren klingen! Ich kann es natürlich nicht lassen und reihe mich in die Kolonne aus poliertem Chromstahl ein. Mrs. Molly scheint es auch zu gefallen! Die Rocker gucken ein bisschen irritiert und belustigt, mögen mir den Spass aber gönnen. So poliert wie diese teuren Maschinen ist Molly nicht, dafür ist sie schlicht und einfach einzigartig!

Mataranka mit seinen rund 250 Einwohnern ist bekannt wegen seiner heissen Quellen im nahegelegenen Elsey Nationalpark. Leider befinden sich die Campingplätze, die direkt bei den Quellen liegen, mindestens drei Kilometer ausserhalb des Ortes. So begnüge ich mich mit dem Territory Manor Caravanpark, der nur dreihundert Meter abseits des Stuart Highways liegt. Am Abend lasse ich meinen Gaumen von einem herrlich gegrillten Barramundi-Fisch verwöhnen. Die Delikatesse wird mit Kartoffeln und Tartarsauce serviert. Zusätzlich kann ich mich an der Salat- und Gemüsebar reichlich bedienen!

## Tag 16: Sonntag, 12. Juni 2016, Ruhetag
# Muskelkater und blaue Zehennägel

Ich beschliesse einen Ruhetag einzuziehen. Die letzten zehn Tage bin ich ohne Pause durchmarschiert und so sehnen sich meine Beine und Füsse nach einem faulen Tag im Pool. Körperlich geht es mir sehr gut, doch die Dauerbelastung geht nicht ganz spurlos an mir vorbei. In den Beinen spüre ich permanent einen leichten Muskelkater und mein Nacken ist ziemlich verspannt. Die Schiebeposition hinter meinem Einkaufswagen ist zwar unerwartet bequem, aber nach spätestens sechs Marschstunden fängt mein Nacken zu schmerzen. Es fühlt sich an, wie wenn jemand dort Nadeln reinstechen würde! Eine Massage wäre genau das Richtige, aber das bleibt leider nur eine schöne Vorstellung. Die zwei Zehennägel neben den grossen Zehen verfärben sich langsam blau. Dort bildete sich auf beiden Seiten je eine Blase, die bis unter die Nägel gingen und diesen den Garaus machten. Beim Wandern behindern mich diese kleinen Blessuren glücklicherweise nicht stark. Aber eben, ich bin mir bewusst, was ich meinem Körper zumute und so will ich ihm die eine oder andere Ruhepause gönnen.

So ganz ohne Bewegung geht es bei mir dann doch nicht. Nach dem Frühstück nehme ich meine Kamera und gehe auf dem grossen Gelände des Campingplatzes auf Fotopirsch. Es schwirren viele Vögel herum. Der wunderschöne «blue-faced honeyeater» ist ziemlich frech. Der Blauohr-Honigfresser bedient sich gerne von den Frühstücksresten auf den Tischen. In einer Palme sitzt ein bunter «rainbow lorikeet». Der Allfarblori kommuniziert aufgeregt mit seinen Kollegen. Hoch oben im Himmel segeln einige habichtartige «whistling kites». Diese Keilschwanzweihen werden immer wieder von kleineren Vögeln angegriffen. Mit ihren immer wiederkehrenden Rufen machen sie ihrem Name Ehre.

Den Rest des Tages sitze oder liege ich im Schatten oder schwimme einige Runden im Pool. Das Abendessen ist dann wieder der Höhepunkt des Tages: Ich gönne mir den «tonight's special»: Ein Schweinebraten mit Kartoffeln, Broccoli und viel Sauce. Zusätzlich kann ich mich wieder am Gemüse- und Salatbuffet bedienen, was ich auch ganze dreimal mache!

**Tag 17: Montag, 13. Juni 2016, Kilometer 460 (38)**

## Verhasste Kröten

Als ich den Zeltplatz im Dunkeln verlasse, hüpfen mir einige Aga-Kröten über den Weg. Die importierten und extrem unbeliebten Amphibien haben sich mittlerweile von der Ostküste über grosse Teile des Nordens ausgebreitet. Ursprünglich waren diese Kreaturen vorgesehen, um in den Zuckerrohrplantagen von Queensland die Schadinsekten biologisch zu bekämpfen. Dem «cane toad» war es pudelwohl und sie hat alles andere als die Schädlinge gefressen. Sie ist giftig und gefährlich für andere Tiere. Haustiere, die meinen so eine Kröte sei ein Festmahl, können jämmerlich zu Grunde gehen. Auch einheimische Wildtiere werden so empfindlich dezimiert! Die Artenvielfalt wird durch die importierte Kröte gefährdet. Seit Jahren versuchen Wissenschaftler einen Weg zu finden, um die Ausbreitung zu stoppen. Bisher jedoch ohne Erfolg. Viele Australier sammeln die Kröten von Hand ein und töten diese durch Einfrieren. Es ist der Glückstag für die hüpfenden Tiere, denn vor mir müssen sie sich nicht fürchten.

Heute ist ein ziemlich ereignisloser Tag. Das hat auch sein Gutes, denn ich werde nicht aufgehalten und komme flott voran. So habe ich Zeit, am Strassenrand einige Blumen zu fotografieren. Auch hübsche, orange Schmetterlinge flattern mir vor die

Linse.

Ah ja, das Dreier- Strassenmarkierungsteam ist wieder unterwegs. Wir kennen uns ja schon und winken uns freundlich zu. Die nette Lady im hintersten Lastwagen erkundigt sich wieder, ob ich Wasser benötige. «Nein danke» ist auch dieses Mal meine Antwort und mit einem Lachen fährt sie weiter. Gegen Abend komme ich an einer «rest area» vorbei, die aber von Wohnwagen ziemlich belegt ist. Ich mache nur eine kurze Pause und laufe gemütlich noch ein paar Kilometer gegen Süden. Ich finde genau unter der Telefonleitung einen perfekten Platz und richte mich gemütlich ein.

## Tag 18: Dienstag, 14. Juni 2016, Kilometer 498 (38)
## Unheimliche Begegnung

Heute Morgen investiere ich wieder ein bisschen Zeit in die Nachtfotografie. Der Sternenhimmel ist so fantastisch, dass ich es einfach nicht lassen kann. Langsam habe ich den Dreh raus und ich freue mich über die gelungenen Bilder.

In der Dämmerung erspähe ich von weitem jede Menge Krähen auf der Strasse. Diese machen sich ziemlich sicher über ein überfahrenes «wallaby» oder Känguru her. Ich bin einen halben Kilometer entfernt, als ich plötzlich noch ein anderes Tier wahrnehme: Ist das ein Hund, frage ich mich. Nein, das muss ein Dingo sein, ein australischer Wildhund. Ich mache schon mal meine Kamera bereit. Beim bedauernswerten, plattgewalzten «wallaby» angekommen, sind Krähen und Dingo verschwunden. Die ersten Sonnenstrahlen leuchten bereits durch die Bäume. Ich marschiere weiter, als ich plötzlich den hellbraunen Dingo durch die Büsche erspähe. Nur ganz kurz kriege ich den

Vierbeiner zu Gesicht, bevor er wieder im hohen, trockenen Gras verschwindet. Zehn Minuten später erhasche ich wieder einen Blick von seinem goldenen Fell, das in der Morgensonne hell leuchtet. Kann das sein? Folgt mir der Wildhund wirklich? Ich weiss zwar, dass Dingos für Menschen normalerweise ungefährlich sind, aber ein mulmiges Gefühl kommt trotzdem auf. In Australien kursieren die wildesten Geschichten über Dingos. Sie sollen kleine Kinder und Säuglinge stehlen, was aber definitiv ins Reich der Mythologie gehört! In der nächsten halben Stunde sehe ich den Wildhund noch zweimal. Im dichten Gras folgt er mir, mit einem Sicherheitsabstand von fünfzig Metern, parallel zum Highway. Ein Gespann wie Mrs. Molly und mich hat dieser pelzige Geselle ganz sicher noch nie zu Gesicht bekommen!

Ich begegne auch wieder zwei Radfahrern: einem Japaner, der seinen Trip, wie es sich für einen Mann aus dem Land der aufgehenden Sonne ziemt, ziemlich sportlich nimmt. Der Deutsche, der mit einem Anhänger unterwegs ist, hat andere Gründe für seine Reise. Er ist seit kurzem von seiner Frau geschieden, hat gerade den Job gekündigt, sein Haus verkauft und will mit diesem Veloabenteuer einen Schlussstrich unter sein altes Leben ziehen. Wenn wir Langsamreisende uns auf der Strasse begegnen, halten wir an, geben uns die Hand und stellen uns vor. Zeit für einen Schwatz haben wir immer! Einige haben mir innerhalb Minuten ihre halbe Lebensgeschichte erzählt. Menschen, die wegen besonderer Lebensumstände einen derartigen Trip unternehmen, suchen offensichtlich einen Gesprächspartner, bei dem sie ihre Sorgen und Nöte deponieren können. Auch und vielleicht gerade weil es ein Fremder ist, können sie offen über Vergangenes sprechen. Ich höre immer gerne und geduldig zu. Es ist enorm spannend was diese Persönlichkeiten alles auf dem Herzen haben!

Der Gegenwind, der mich die letzten Tage immer begleitet hat, bläst noch immer mit einer stetigen Konstanz. Zwar muss ich ein bisschen heftiger an meinem Wagen stossen, doch das stört mich nicht sonderlich. Der Wind im Gesicht beschert mir eine gewisse Abkühlung. Die letzte Stunde bis zum Roadhouse in Larrimah will fast nicht enden. Mein linkes Fussgelenk hat vor einer Stunde zu schmerzen begonnen. Ich schleppe mich mehr schlecht als recht bis zum rettenden Pink Panther Pub mit angeschlossenem Campingplatz. Zuerst Zelt aufstellen, duschen und dann ab an die Bar. Ich frage den bulligen, glatzköpfigen und stark tätowierten Wirt, was sein Lieblingsbier sei: «My favorite one is Melbourne Bitter», was ich dann auch bestelle. Der Gerstensaft in der 375ml Flasche heisst in Australien «stubbie» und wird eiskalt und auf Wunsch in einem «stubbie cooler» serviert. Das sind passende Styroporbehälter, die das Bier in dieser Affenhitze nicht zu schnell warm werden lassen, zumindest für Langsamtrinker, wie ich einer bin. Viele Einheimische benötigen diese Isolierungsmöglichkeit nicht, denn sie trinken so schnell, dass das Bier gar keine Chance hat, warm zu werden! Das Pink Panther Pub ist ein typisches urig-australisches Etablissement. Die Einrichtung ist längst in die Jahre gekommen, aber genau das macht den Charme dieses Roadhouse aus.

Ich komme mit Paddy ins Gespräch, der in der Zeit, in der ich mein Bierchen zur Hälfte getrunken habe, schon mindestens zwei weitere bestellt hat. Er ist in den Sechzigerjahren als irischer Einwanderer von der grünen Insel nach Australien gekommen und lebt seit gut fünfzig Jahren in Larrimah. Sein Leben lang hat er als «stockman» auf verschiedenen Rinderfarmen gearbeitet. Er erzählt mir, dass 1929 das ganze Örtchen überschwemmt wurde. Damals stand Larrimah noch acht Kilometer südlich vom jetzigen Standort. Stein für Stein, inklusive des Roadhouse, in dem wir sitzen, wurde das Dorf abgetragen und an der jetzigen Stelle neu aufgebaut. Ich könnte Paddy noch stundenlang zuhören, wie er von den alten Zeiten erzählt. Aber Mack, ein Radler, der auch hier übernachtet und ich sind zum Abendessen eingeladen. Ein pensioniertes Ehepaar, das mit ihrem Wohnwagen unsere Nachbarn sind, hat uns spontan zum «dinner» gebeten. Die Chefin des Hauses serviert Seafood: selbst gefangener Fisch, Languste und Calamares. Dazu Pommes, knackigen Salat und Brot mit Butter! Endlich wieder frische Sachen zwischen den Zähnen! Mack und ich greifen herzhaft zu. Zum Nachtisch gibt es frische Früchte: Papaya, Melone und «custard apple», eine sehr süsse tropische Frucht, die ich zum ersten Mal in meinem Leben geniessen darf.

## Tag 19: Mittwoch, 15. Juni 2016, Kilometer 534 (36)

# Spaghetti aus der Büchse

Kurz nach dem Start stosse ich mit Mrs. Molly auf unsere ersten, gemeinsamen fünfhundert Kilometer an! Leider ist mir der Champagner ausgegangen und deshalb muss ein herzhafter Schluck lauwarmes Wasser ausreichen!

Vielleicht fragt ihr euch, warum ich immer so genau weiss, wo ich bin, respektive wie viele Kilometer ich pro Tag abspule? Natürlich stehen ab und zu Schilder mit den Kilometerangaben an der Strasse. Zusätzlich habe ich auf meinem Smartphone eine Karten-App installiert und mir schon zu Hause die Landkarten vom Northern Territory und South Australia heruntergeladen. Das Ganze funktioniert glücklicherweise «offline», ansonsten würden die Roaming-Kosten schnell mein Bankkonto leeren!

Ich bin froh, dass ich heute mein schmerzendes Fussgelenk nicht mehr spüre. Ich kann es wieder problemlos voll belasten. Der Gegenwind ist immer noch mein treuer Begleiter. Diese Brise aus südöstlicher Richtung bringt in angenehmer Weise trockene und ein wenig kühlere Luft in den Norden. Es ist noch immer zweiunddreissig Grad warm. Doch es fühlt sich kühler an als noch in Darwin, weil die hohe Luftfeuchtigkeit verschwunden ist. Bis um 11 Uhr habe ich in der Regel schon zwanzig bis fünfundzwanzig Kilometer zurückgelegt.

Heute tue ich mich wieder ein bisschen schwer einen geeigneten Schlafplatz zu finden. Wichtig ist, dass ich von der Strasse wegkomme. Aber dazu muss es zumindest einen Trampelpfad haben, auf dem ich Mrs. Molly stossen kann. Loser Kies und Sand liebt meine Dame überhaupt nicht, da sinkt sie schnell ein und verweigert ihren Dienst! Ich finde eine Stunde vor dem Eindunkeln einen passenden Platz. Ich habe einen Riesenhunger! Schnell ist das Zelt aufgestellt und der Kocher bereit. Heute gibt es etwas ganz Spezielles: Spaghetti aus der Dose, die ich mit einer kleinen Büchse Thunfisch zu einer Delikatesse verwandle. Diese zwei Artikel waren mit Abstand das Beste, was ich im letzten Roadhouse in den kärglich gefüllten Regalen gefunden habe. Die Büchsen waren ziemlich verstaubt. Sicherheitshalber habe ich die Verfalldaten nicht überprüft, sonst hätte ich die zwei Dosen eventuell im Regal belassen. Mein Motto lautet: Hauptsache Kalorien! Ich erhitze die ganze Pampe genügend lang, bis alle Keime hundertprozentig abgetötet sind. Ich muss zugeben, dieses Mahl hat mir überraschenderweise wirklich gemundet. Höchstwahrscheinlich sind aber meine Ansprüche in den letzten drei Wochen massiv gesunken!

Spätestens um 19 Uhr verziehe ich mich ins Zelt. Heute habe ich liegend einen herrlichen Ausblick auf das Abendrot. Ich stelle immer nur das Innenzelt auf, das hauptsächlich aus einem Mückennetz besteht. Das Zelt ist meine Rückzugsoase. Hier kann ich abschalten. Keine Fliegen, die mir ums Gesicht schwirren, keine Mücken, die nach meinem Blut lechzen, es ist einfach nur bequem und friedlich. Von wegen friedlich. Das Zirpen der Grillen ist heute Abend fast ohrenbetäubend. Ich übertreibe wirklich nicht, diese kleinen Tierchen geben einfach Vollgas! Und das ist noch nicht alles: Auf dem Baum über mir hat sich eine Schar Vögel versammelt. In regelmässigen Abständen fängt einer an zu Keifen und Kreischen und Sekunden später stimmt die ganze Gruppe in dieses Konzert ein. Leider weiss ich nicht, was für Vögel das sind, aber nach einer Stunde beschliessen auch meine gefiederten Freunde, Feierabend zu machen.

### Tag 20: Donnerstag, 16. Juni 2016, Kilometer 568 (34)

## Ein Obdachloser unterwegs

Ich bin dauernd daran meine Reise bildlich festzuhalten. Heute gibt es mal wieder Filmaufnahmen mit der kleinen GoPro-Kamera. Rod hat mir, auf meinen Wunsch, verschiedene Halterungen für diese Kamera an Mrs. Molly angebracht. So kann ich aus verschiedenen Blickwinkeln filmen. Eine Halterung ist in der Mitte des Haltegriffs montiert, die zweite am vorderen Teil des Deckels. Nummer drei klebt auf der verbreiterten Achse. Bei jeder Position kann ich selbstverständlich in mehrere Richtungen filmen, so ergeben sich für mich viele verschiedene Möglichkeiten. Nun probiere ich noch etwas Neues aus. Ich montiere die Kamera an mein grosses Stativ. Voll ausgezogen ist dieses zwei Meter lang. Ich lege das Stativ vor mir quer über den Deckel, so dass es möglichst weit links auf die Strasse ragt. Nun muss ich es nur noch mit aller Kraft einklemmen, auf «play» drücken und losfahren. Es ist nicht einfach die Konstruktion stabil zu halten. Irgendwie fehlt mir mindestens eine Hand. Nach einigen Versuchen klappt dieses System jedoch ganz gut und die Resultate können sich sehen lassen. Während des Filmens muss ich zusätzlich auf den Verkehr aufpassen, denn ich möchte mir die Kamera nicht von einem heranbrausenden Wohnwagen zerstören lassen. Apropos Wohnwagen: Diese machen sicherlich ein Drittel des gesamten Verkehrs auf dem Stuart Highway aus! Das australische, statistische Amt geht davon aus, dass immer etwa eine Million dieser fahrbaren Häuser im ganzen Land unterwegs sind. Die allermeisten dieser Reisenden sind pensionierte Australier, die ihr Vagabundenleben in vollen Zügen geniessen. Nicht ohne Grund betiteln sie sich selber als «the grey nomads», die grauen Nomaden.

Am Nachmittag hält zur Abwechslung ein Wohnmobil an. Ich muss zweimal hingucken, denn dieses hat tatsächlich Schweizer

Kennzeichen montiert! Aus dem Genfer Wagen steigt eine Frau und fragt mich auf Englisch woher ich komme. «Ou us dr Schwiiz» sage ich mit einem Lachen und hoffe, dass die gute Frau auch Schweizerdeutsch spricht. Mein Französisch ist leider nicht so gut, wie es sein sollte! Ich habe Glück und das Ehepaar stellt sich als mehrsprachig heraus. Sie gondeln schon acht Monate durch Australien und hatten mich schon vor zwei Wochen gesehen. Da konnten sie wegen einer Baustelle nicht stoppen, haben aber gehofft, mich später wiederzutreffen. Sie hatten erst kürzlich andere Schweizer getroffen, die mich unterwegs gesehen hatten. Sie meinten, ich sei wohl ein armer Obdachloser, der ein bisschen durchs Outback spaziert! Sehe ich schon so verwahrlost aus? Rieche ich so streng? Viele Möglichkeiten, mich im Spiegel zu betrachten, habe ich tatsächlich nicht. Ich muss zugeben, dass ich schon besser und frischer ausgesehen habe! Die letzten drei harten Wochen haben doch schon einige Spuren in meinem Gesicht hinterlassen. Nach einem halbstündigen Tratsch am Strassenrand überlässt mir das sympathische Paar einen halben Liter gefrorenes Wasser und viel wichtiger, ein eiskaltes Bier. Ich setze mich also nochmals eine Viertelstunde in den Schatten und geniesse das malzige Getränk in vollen Zügen!

Heute zieht mein Smartphone wieder einmal einen schlechten Tag ein. Alle zwei bis drei Monate hat es dieses Problem. Selbstständig schaltet sich das Teil aus und startet neu. Es zeigt dann jeweils ein Fantasiedatum und eine völlig falsche Uhrzeit an. Heute soll also der sechsundzwanzigste Dezember sein und das mitten in der Nacht. Nun ja, normalerweise löst sich das Ganze innerhalb Minuten von selber auf. Aber nicht heute. Seit drei Tagen habe ich keinen Empfang mehr und mein moderner Kommunikationsapparat scheint mit dieser Situation überhaupt nicht umgehen zu können. Ok, ist ja weiter nicht schlimm, ich sehe am Sonnenstand ungefähr, wann es Zeit ist mein Nachtlager aufzubauen. Doch als ich im Zelt liege, den Wecker des Smartphones einstellen will, habe ich noch immer den Stephanstag darauf. Auch die Uhrzeit stimmt hinten und vorne nicht. Ich passe also die Zeit manuell so Handgelenk mal Pi an und lege mich schlafen.

**21 Tag: Freitag, 17. Juni 2016, Kilometer 601 (33)**

## Sündhaft teurer Einkauf

Um 3 Uhr wache ich von selbst auf. Statt mich noch ruhelos hin- und herzudrehen, entschliesse ich mich, gemütlich aufzustehen und loszumarschieren. Heute will aber die Nacht schier nicht enden! Ich spaziere und spaziere und es ist immer noch stockdunkel. Mein Zeitmesser zeigt 7 Uhr an. Jetzt sollte eigentlich die Sonne am Horizont aufgehen, aber es ist einfach nur dunkel! Da muss ich mich gestern Abend beim Stellen meiner Uhr ziemlich verschätzt haben. Anderthalb Stunden später als erwartet scheinen die ersten Sonnenstrahlen durch die Eukalyptusbäume. Offensichtlich bin ich schon vor 2 Uhr losmarschiert. Das Gute an der ganzen Sache ist, dass ich schon vor 9 Uhr die fünfundzwanzig Kilometer bis zum Hiway Inn Roadhouse zurückgelegt habe. Ich richte mich draussen auf der Terrasse ein und beobachte das Kommen und Gehen an der Tankstelle. Gemütlich vertilge ich einen meiner geliebten «pies», dazu schlürfe ich eine kalte Milch mit Kaffeegeschmack. Ich arbeite vier Stunden intensiv an meinem Tagebuch und lade gleichzeitig die leeren Akkus auf. Nach getaner Arbeit fülle ich meine Wasserflaschen und Wasserbeutel. Ich muss noch einigen Proviant ergänzen. Die Auswahl an diesem Ort ist nicht gerade überwältigend. Mein Einkauf besteht aus sechs Schokoriegeln, zwei kleinen Säckchen gesalzener Nüsse, zwei Portionen Nudelsuppe, einem kleinen Beutel Pommes Chips, einer winzigen Büchse Thunfisch, einer Tube Zahnpaste und einem frischen Brownie zum sofortigen Verzehr. Als der Junge an der Kasse mir den Preis verrät, verschlägt es mir die Sprache: 58 Dollar und 80 Cents! Geschockt bezahle ich mit meiner Kreditkarte, gehe nach draussen und verpacke meine kostbaren Errungenschaften. Ich will gerade aufbrechen, als ein Mitarbeiter mit dem Gabelstapler um die Ecke fährt. Eine volle Palette Energydrink hat er geladen. Von den Büchsen leuchtet mir ein roter Bulle entgegen. Zum Spass meine ich zum Fahrer, dass ich jetzt ein paar Flügel sehr gut gebrauchen könnte und deute auf meine Mrs. Molly. Er schmunzelt und verschwindet mit seiner Fracht hinter dem Gebäude. Keine dreissig Sekunden später kommt er angerannt und drückt mir wortlos eine eiskalte Dose in die Hand. So schnell wie er gekommen ist, verschwindet er wieder! Ein bisschen geschockt, dieses Mal aber im positiven Sinne, verlängere ich meine Pause um fünf Minuten und dope mich mit dem zuckersüssen Getränk. Diesen Kick kann ich wirklich sehr gut gebrauchen. Der Blick auf das Thermometer neben dem Eingang hat mein Gefühl bestätigt. Sage und schreibe 38 Grad Celsius im Schatten zeigt das Quecksilber an! So heiss habe ich die Temperatur gar nicht empfunden. Nun ja, es ist ziemlich erstaunlich, wie schnell sich mein Körper an dieses Klima angepasst hat. So nehme ich frisch gestärkt die letzten zwei Marschstunden unter die Flüg...Füsse. Trotz allem, eine Affenhitze bleibt es!

## Tag 22: Samstag, 18. Juni 2016, Kilometer 640 (39)
# Regen im Outback

Nach dem Mittag erreiche ich das Dunmarra Roadhouse. Meine Tageskilometer habe ich bereits erreicht, aber ich habe nicht im Sinn hier zu übernachten. So mache ich wie üblich eine längere Pause. Ich bestelle mir ein «egg and bacon sandwich» und setze mich nach draussen. Ein älteres Ehepaar geniesst am Nebentisch seine riesige Portion Kartoffelschnitze. Wir kommen ins Gespräch und offensichtlich starre ich so hungrig auf ihr Essen, dass sie mir die Hälfte ihrer Portion schmunzelnd überlassen. Kurz darauf ist mein bestellter Toast fertig und ich mache mich auch über diesen her! Kugelrund erkundige ich mich, ob es hier ein verfügbares Internet habe. In dieser Gegend habe ich mit meinem Telefon kein Netz zur Verfügung. Klar, antwortet der freundliche Barkeeper, aber das koste. Der Spass funktioniert an abgelegenen Orten wie diesem nur über Satellit. Ich kaufe mir für fünf Dollar ein Datenguthaben von mickrigen zehn Megabytes und nach wenigen Minuten ist schon Ende Feuer. Das Login-Prozedere hatte schon einen schönen Teil des Guthabens weggefressen. So belasse ich es bei diesem Versuch.

Plötzlich öffnet sich die Türe des Pubs und eine resolute Dame fragt mich: «Are you the Trolley Man?» Ja, der bin ich, gebe ich zur Antwort. Wenn sie mich wäre, würde sie schleunigst diesen komischen Einkaufswagen an einen geschützten Ort fahren, denn Regen sei im Anmarsch. Regen...? Ich schaue ungläubig nach draussen und da scheint noch immer die Sonne. Doch der Wind hat massiv aufgefrischt und wirbelt den Staub durch die Luft. Ich sehe mir draussen das Ganze ein wenig genauer an und bemerke nun die bedrohlich näherkommenden, schwarzen Wolken. Tatsächlich, kaum habe ich Mrs. Molly unter das Tankstellendach gefahren, fängt es stark zu regnen an. Der Platzregen dauert nur zwanzig Minuten. Die Strasse dampft in der zurückkehrenden Nachmittagssonne. Ich fülle gerade meine Wasserreserven auf, als ein Elektrovehikel Marke Eigenbau mit einem Höllentempo in meine Richtung braust. Der kauzige Fahrer, der den Campingplatz betreut, parkt sein Gefährt neben mir. Er greift zu der Pumpe, um seine Fahrradräder mit Luft zu versorgen. Das ist ein wirklich cooles Gefährt mit fünf Rädern. So ein Zwitter zwischen Moped und Velo, zusätzlich mit einer Ladefläche versehen. Der wortkarge Kerl pumpt seine Pneus, lässt sich aber gerne gemeinsam mit meiner Mrs. Molly ablichten. Er scheint es ziemlich eilig zu haben. Rasant flitzt er schon wieder davon.

Die nächste Überraschung wartet bereits in Form von fünf Buffalos, die um die Ecke trotten. Wie man mir gesagt hat, schleichen diese wilden Wasserbüffel immer ein bisschen in dieser Gegend herum. Nicht weit vom Roadhouse habe es einen grossen «billabong», also einen Tümpel, in dem es fast ganzjährig Wasser habe. Auch gewarnt hat man mich! «Gehe nicht zu nahe ran, denn die können, wenn sie schlecht gelaunt sind, ziemlich aggressiv werden!» So mache ich meine Aufnahmen aus sicherer Distanz und lasse die gehörnten Viecher nach kurzer Zeit in Frieden. Die Einfuhr der Büffel zur Fleischproduktion in der Mitte des neunzehnten Jahrhunderts ist ein weiteres Beispiel, wie eine nicht heimische Tierart das ökologische Gleichgewicht nachhaltig beeinflussen kann. Verwilderte Tiere haben sich rasant vermehrt. Sie verstärkten durch ihre Trampelpfade und ihr Suhlen die Bodenerosion. Hunderttausende von Büffeln veränderten durch ihr Fressverhalten auch die Zusammensetzung der lokalen Flora. Durch rigorosen Abschuss hat man die Population heute wieder unter Kontrolle.

Am Abend verwende ich bei meiner Behausung auch das Aussenzelt, denn es ist noch immer stark bewölkt. Ich will nicht mitten in der Nacht von einem neuerlichen Regenguss überrascht werden! Im kiesigen Boden halten meine Heringe nur schlecht, aus diesem Grund beschwere ich sie zusätzlich mit grossen Steinen.

## Tag 23: Sonntag, 19. Juni 2016, Kilometer 678 (38)

## Charles Todd und die Telegrafenlinie

Meine Sorgen betreffend Wetter waren unbegründet. Ein sternenklarer, aber kühler Morgen erwartet mich. Kurz vor Sonnenaufgang tauchen wie aus dem Nichts tiefhängende, nebelartige Wolken auf und überziehen den Himmel innert Minuten mit einem grauen Schleier. Grau in Grau präsentiert sich mir nun dieser frühe Morgen. Zwei Stunden später verzieht sich die Suppe so schnell wie sie gekommen ist.

Am Strassenrand steht ein Schild auf dem steht: «historic marker 500m». Da lasse ich mich doch gerne überraschen. Zu sehen gibt es ein Gedenkstein für Charles Todd. Der Brite war verantwortlich für die Planung und den Bau der Überlandtelegrafenlinie von Adelaide nach Darwin. Sie führt auf den Spuren von John McDouall Stuart durch das rote Zentrum. An diesem geografischen Punkt trafen sich die beiden Arbeiterkolonnen am 28. August 1872. Nach nur zwei Jahren Bauzeit wurden hier die zwei Endstücke verbunden und das moderne Kommunikationszeitalter hatte auch in Australien begonnen. Gleichzeitig wurde auch das Unterwasserkabel nach Java fertiggestellt und so war der fünfte Kontinent nun auch mit dem Rest der Welt verbunden. Ich empfinde immensen Respekt für diese Pioniere und ihrer Leistung! Vor fast hundertfünfzig Jahren war das noch pure, menschenfeindliche Wildnis. Der Bau der Leitung war alles andere als ein Zuckerschlecken. Da erscheint meine eigene Reise ziemlich banal und belanglos. Noch heute ist links und rechts neben dem Stuart Highway alles Wildnis. Aber ich weiss immer, wo ich wieder einkaufen kann oder eine erfrischende Dusche finde. Kein Vergleich zu damals! Neben dem Gedenkstein und einer anschaulichen Infotafel sind nur noch drei originale Telegrafenmaste zu sehen.

Nach dieser Reise in die Vergangenheit holt mich die Gegenwart schnell wieder ein. Ich spule meine Kilometer bei angenehmen Temperaturen ab. Was mich recht erstaunt, links und rechts der Strasse ist es erstaunlich sauber. Klar findet man immer wieder die obligate Alubüchse oder Bierflasche, die achtlos aus einem fahrenden Wagen geworfen wurde. Doch im Allgemeinen scheinen auch die Autofahrer ihre Abfälle brav einzupacken.

Heute erregt eine orange Farbe, die aus dem Dickicht leuchtet, meine Aufmerksamkeit. Zuerst will ich vorbeifahren, aber eine innere Stimme sagt mir: «Mach eine kurze Pause und schau dir das mysteriöse Teil genauer an.» So mache ich einen Break, trinke Wasser aus der Flasche und verschlinge einen süssen Getreideriegel. Mit dem letzten Mundvoll Schokolade gehe ich auf die Suche. Wo war das Teil nun schon wieder? Ah ja, dort drüben liegt es halb verdeckt unter dürrem Gras. Die grelle Farbe leuchtet mir einladend entgegen. Beim Näherkommen sieht das Ganze wie ein altes Schild aus. Vorsichtig wende ich das Metallteil mit meinem Schuh. Man weiss nie was in Australien im Unterholz herumkrabbelt! Ich traue meinen Augen nicht. Es ist wirklich ein altes Autonummernschild. Das ist ja noch nicht sonderlich aufregend. Aber was da darauf steht ist einfach der Hammer! «SV – 3485» und in kleineren Lettern unten durch: «N.T. SPECIAL PURPOSE VEHICLE». Das muss eine Fügung des Schicksals sein! Dieses Schild ist wie gemacht für meine Mrs. Molly! Das Teil hat offensichtlich eine Baumaschine oder ein Kommunalfahrzeug verloren. Ab heute sind Molly und ich die stolzen und neuen Besitzer dieser Plakette. Liebevoll montiere ich sie, mit vier kurzen Stücken meiner Zeltschnur an der Kühlerhaube meiner Lady. Jetzt sind wir hoch offiziell und legal auf dem Stuart Highway unterwegs – eben als Vehikel mit speziellen Aufgaben!

Am Nachmittag hält zur Abwechslung mal wieder ein Wohnmobil am Strassenrand an. Der Typ mit dem speziellen Hut auf dem Kopf kommt mir irgendwie bekannt vor. Ja genau, mit ihm habe ich gestern beim Dunmarra Roadhouse ein paar Worte gewechselt. Er flippt fast aus, mich wiederzusehen und will nun alles ganz genau wissen. Er stellt sich als Fulvio, ein Heimwehitaliener aus der Lombardei vor, der aber sein halbes Leben auf dem fünften Kontinent verbracht hat. «You are fuck'n crazy, you are fuck'n unbelievable!» Er schmeisst mit Superlativen nur so um sich, was meinem Ego ehrlicherweise schon ein bisschen gut tut. «You should be in the bloody fuck'n news!» Er erzählt mir, dass er seit zwei Jahren in seinem Wohnmobil herumreist, aber er habe noch fuck'n nie jemand zu Fuss unterwegs gesehen!

Einfach fuck'n incredible! Schlussendlich meint er noch: «You are mad, but you really have big balls!» Ich sei verrückt, habe aber ziemlich grosse Eier, um dieses Unterfangen knallhart durchzuziehen! Zum Abschied klopft er mir kräftig auf die Schultern, schüttelt mir wie verrückt die Hand und benutzt noch ein halbes Dutzend Mal das F-Wort!

### Tag 24: Montag, 20. Juni 2016, Kilometer 716 (38)

## Dramatischer Landschaftswechsel

Der Temperatursturz ist frappant! Ich habe ihn schon in der Nacht bemerkt, denn zum ersten Mal musste ich mich ganz in den warmen Schlafsack kuscheln. Beim Frühstück bin ich nur in kurzer Hose, T-Shirt und Sandalen gekleidet. Ich bin zu faul, um die warmen Sachen tief unten in meinem Gepäck rauszuholen. Doch nach fünf Minuten friere ich dermassen, dass ich mich auf die Suche nach meiner dicken, braunen Jacke mache. Den Reissverschluss bis zum Hals geschlossen, kann ich meinen Kaffee doch noch geniessen. Mit dem Sonnenaufgang fängt auch immer der Wind zu blasen und heute ist er wirklich kühl! Bis 9 Uhr bin ich langärmlig unterwegs. Ein ganz neues Wandergefühl! Normalerweise bin ich um diese Zeit schon klebrig und verschwitzt. Ich bin ja mal gespannt, ob diese angenehmen Temperaturen anhalten werden. Der Sache traue ich nicht so ganz. Auch als die Sonne schon recht hochsteht, bleibt die Hitze aus. Knappe dreissig Grad wird es schon noch, aber kein Vergleich zu den vergangenen Wochen!

Der Newcastle Creek führt zwar kein Wasser mehr, aber unter der Brücke konnte sich ein anschaulicher See in die Trockenzeit retten. Ich bin sehr überrascht zwei Pelikane und eine Gruppe Kormorane beobachten zu können. Anscheinend gibt es für sie auch mitten in der Wüste genügend zu futtern. Die Landschaft verändert sich ab hier dramatisch. Die mit Eukalyptusbäumen und Büschen dicht bewachsene Savanne, wo ich meistens nicht sehr weit in die Ferne sehen konnte, bleibt hinter mir. Hier hört das tropische Top End Australiens auf und das rote Zentrum beginnt. Die Landschaft wird offen, die Vegetation kleinwüchsiger und spärlicher. Zum ersten Mal schweift mein Blick über riesige Landflächen und schwach kann ich die immense Grösse Australiens erahnen. Mit dem abrupten Wechsel wachsen plötzlich viel mehr Wildblumen am Strassenrand. In den letzten drei Wochen konnte ich höchstens sechs verschiedene Blütenstauden bewundern. Nun habe ich innerhalb einer Stunde wohl über ein Dutzend herrlich blühender Pflanzen ablichten können.

Kurz vor Feierabend komme ich an einer «rest area» vorbei. Sie ist hoffnungslos überfüllt! Auto an Auto, Wohnwagen an Wohnwagen stehen an der prallen Sonne. Nur weil es ein paar Tische, Bänke und ein stinkendes Plumpsklo hat, würde ich hier nie und nimmer übernachten. Der Mensch ist wohl ein Herdentier oder vielleicht haben diese «grey nomads» einfach Angst, alleine zu campieren. Auch für Fahrzeuge gibt es genügend hübsche und einsame Plätze zum gratis Übernachten. Ich mache also nur einen kurzen Stopp und finde tatsächlich nur einige Kilometer später den perfekten Platz, um mein Zelt aufzustellen. Ein staubiger, roter Track geht links weg und nach fünfzig Metern befinde ich mich auf einem riesigen Gelände. Wunderbar grün und mit Büschen bewachsen, könnte ich diesen Ort fast als idyllisch betiteln. Tatsächlich bin ich nicht der Einzige. Einige Reisende mit ihren grossen Wohnwagen haben diesen schönen und ruhigen Platz auch entdeckt.

## Tag 25: Dienstag, 21. Juni 2016, Kilometer 736 (20)
# Triathlon mit Fabian Cancellara

Mit den kühlen Nächten kann ich endlich wieder gut schlafen. Dafür träume ich wie verrückt! Diese Nacht habe ich an einem Triathlon teilgenommen. Als Zweiter habe ich die Schwimmstrecke beendet und befinde mich nun auf der Laufstrecke. Vor mir sehe ich Fabian Cancellara, den Profiradrennfahrer. Ich schliesse zu ihm auf, überhole ihn und schaue zurück. Auf seiner Brust trägt er ein Kleinkind, aber das scheint mich nicht sonderlich zu überraschen. Mich irritiert mehr, dass er zum Laufen seinen Fahrradhelm trägt. Die Strasse ist voller Menschen und plötzlich werde ich auf den Bürgersteig gedrängt. Auf diesem komme ich noch schlechter vorwärts. Auf der Bordsteinkante sitzen Schweizer Soldaten eng nebeneinander und lassen mich partout nicht mehr auf die Strasse zurück. Ich will mich durchdrängeln, aber ein blutjunger, schlaksiger Soldat presst mir den Ellbogen in den Bauch. Nun werde ich aber sauer! Ich sage ihm so richtig meine Meinung und benütze auch ein paar Male das F-Wort (Fulvio lässt grüssen). Nun komme ich zurück auf die Strasse, befinde mich aber komischerweise plötzlich auf dem Berner Bundesplatz. Ich möchte das prunkvolle Hotel Bellevue verlassen, aber der Eingang ist mit Plastikstühlen und Sonnenschirmen verbarrikadiert. Ohne Übergang schiesse ich bei einem Plauschturnier barfuss den 1:1-Ausgleich für Borussia Dortmund. Warum in Gottes Namen kann ich nicht von einem exotischen Sandstrand mit Palmen und Hängematte träumen?

Die zwanzig Kilometer bis Elliot habe ich bis 10 Uhr geschafft. In der Ortsmitte befindet sich ein öffentlicher Park mit mächtigen Bäumen. In der Baumkrone wimmelt es von «flying foxes». Tausende dieser Flughunde hängen kopfüber in schwindelerregender Höhe. Wie Trauben baumeln die Tiere an den Ästen. Die einzelnen Flughunde kann ich teilweise fast nicht auseinanderhalten. Eine beeindruckende Masse kreischender, zappelnder und flatternder Körper!

Da ich schon früh auf dem Campingplatz eingerichtet bin, fühlt sich der heutige Dienstag fast wie ein freier Tag an. Wie so oft werde ich von den älteren Herrschaften ausgiebig ausgefragt, was mich nicht stört. Es macht immer Spass ein bisschen Smalltalk zu betreiben. Die Leute sind immer sehr beeindruckt ob meiner Leistung. Ich versuche ihnen immer zu erklären, dass eine Reise, wie die meine, jedermann machen könnte. Klar, genug Zeit benötigt man schon, um diese Strecke statt mit dem Auto zu Fuss zu bewältigen. Und gesund sollte man auch sein. Eine ältere, übergewichtige Dame will mir das nicht glauben, aber erzählt mir im gleichen Atemzug, dass sie in den letzten Monaten über fünfundzwanzig Kilogramm abgespeckt habe. «Siehst du Jen, das ist doch genau dasselbe! Du und ich haben ein Ziel. Wir verfolgen dieses mit viel Hartnäckigkeit, Willenskraft und grosser Motivation.» Ich sage ihr auch, dass ich vor ihrer Leistung genauso meinen Hut ziehe!

Eine andere Nachbarin bringt mir später ein riesiges Zimt- und Rosinengebäck vorbei. Sie selber sei dick genug und ich könne diese Kalorienbombe sicherlich besser gebrauchen. Nach meinem «chicken curry takeaway» verdrücke ich dieses fette und leckere Teil noch mit Leichtigkeit!

## Tag 26: Mittwoch, 22. Juni 2016, Kilometer 769 (33)
## Bockende Molly

Nach fünf Minuten auf der Strasse sehe ich schon das gelbe Schild auf dem steht: «Grid». Nicht schon wieder, ein solches Hindernis hatte ich schon gestern beim Ortseingang! «Grid» ist ein Viehrost, der von den freigrasenden Rindern nicht passiert werden kann. Bahnschienenähnliche Metallträger sind im Abstand von zehn Zentimetern zueinander quer zur Strasse über einer Grube montiert. Normale Fahrzeuge können da bequem ohne abzubremsen darüberfahren. Aber wie ihr wisst, ist meine Mrs. Molly ein «Special Purpose Vehicle» und da geht mit Tempo nicht viel! Zum Glück sind die Abstände der Träger ein bisschen kleiner als Mollys Raddurchmesser. Mit Schieben läuft hier gar nichts mehr. Mühsam muss ich Molly ruckweise über die Metallträger reissen. Dabei muss ich selber extrem aufpassen, damit ich mit meinen Füssen nicht in die Zwischenräume falle. Nicht auszudenken, sollte ich ausrutschen, den Fuss einklemmen und umfallen. Meine Reise könnte hier zu Ende sein. Ist sie glücklicherweise nicht! Ganz langsam und vorsichtig bewegt sich mein bockender Einkaufswagen über das drei Meter breite Hindernis. Geschafft!

Am Nachmittag hält ein «ute» mit zwei älteren Herren, mitten auf der Strasse, neben mir an. Freundlich fragen sie, ob alles in Ordnung sei. «Kein Problem» erwidere ich und muss ihnen gebetsmühlenartig natürlich noch das «Wieso, woher, wohin, wieviel und überhaupt» erklären. Die zwei lassen sich auch nicht aus der Ruhe bringen, als ein Auto von hinten aufschliesst. Nach einem weiteren Nachfragen, ob wirklich alles mit mir in Ordnung sei, fahren sie beruhigt weiter. Der Jeep, der geduldig gewartet hat, rückt nach und das Prozedere wiederholt sich aufs Neue. Hier gebe ich nur noch meine Kurzversion ab. Der Australier, der mit seinem Sohn unterwegs ist, steigt aus und fragt mich, ob ich Lust auf ein kühles Getränk habe. Na klar, und ob! Ich wähle eine eiskalte, koffeinhaltige Limonade und schlürfe diese genüsslich am Strassenrand.

Heute scheint mein Glückstag zu sein, denn ich finde einen perfekten Platz zum Übernachten. Was heisst perfekt für mich? Wichtig ist, dass er vom Stuart Highway weg ist und von diesem nicht einsehbar ist. Das sind manchmal nur zwanzig Meter, aber wenn genügend Büsche und Bäume dazwischenstehen, ist meine Privatsphäre gesichert! Zusätzlich muss es für Mrs. Molly befahrbar sein. Zu steinig oder zu sandig geht gar nicht. Einem schattenspendenden Busch oder Baum bin ich natürlich nicht abgeneigt. Letztendlich sollte es eine ebene Fläche haben, die gross genug ist, um mein Zelt aufzustellen. Als Pluspunkt kommt heute eine bereits vorhandene Feuerstelle dazu. Ich bereite alles für einen gemütlichen Abend vor. Nach dem Aufstellen des Zeltes suche ich genügend trockenes Holz, damit ich zumindest für eine Stunde ein bisschen Romantik geniessen kann. Zwischen den Bäumen durch sehe ich schwach auf den Stuart Highway und beobachte, wie zwei Radfahrer Richtung Norden pedalen. Schon seit Tagen habe ich keine sportlichen Leute getroffen und so winke und rufe ich. Auch sie bemerken mich und kommen auf einen Schwatz zu mir. Lisa aus der Ostschweiz und Brian aus Kalifornien haben schon einige Kilometer in den Beinen. Von Melbourne über Adelaide haben die zwei viele ungeteerte Strassen bewältigt und einige Abenteuer erlebt. Es sind die ersten Fahrradfahrer die ich treffe, die wenn möglich die Hauptstrassen meiden. Auch sie suchen das Spezielle und nehmen ohne zu murren grosse Anstrengungen in Kauf. Sie sind sich beide nicht schlüssig, ob sie hier campieren sollen. So wirft Brian eine Münze und diese entscheidet zum Weiterfahren. So geniesse ich alleine den Sonnenuntergang. Mein kleines Lagerfeuer lässt mich länger draussen sitzen als üblich. Erst um 20 Uhr ist das Holz aufgebraucht und ich verziehe mich ins Zelt.

## Tag 27: Donnerstag, 23. Juni 2016, Kilometer 804 (35)
## Missionare

Kurz nach Sonnenaufgang kommt mir ein Wohnmobil entgegen. Wie so oft starrt mich die Beifahrerin mit offenem Mund ungläubig an und bedient gleichzeitig eine Kamera. Sehr langsam fahren sie an mir vorbei. Einige Minuten später kommt das Fahrzeug zurück, fährt nochmals an mir vorbei und wendet wieder! Offensichtlich ist die Frau eine schlechte Fotografin und benötigt einen zweiten Versuch. Kein Problem für mich, sogar für ein freundliches Winken kann ich mich motivieren! Nun hält das Fahrzeug tatsächlich auf meiner Höhe an. Das ältere Ehepaar möchte das Übliche wissen. Routiniert fasse ich mich kurz. Als Dankeschön überlassen sie mir, in grosszügiger Weise, ein kleines Faltblatt, das ich unbedingt durchlesen müsse. Auch ihre Internetseite sei sehr informativ! Ich führe mir also das Blatt Papier zu Gemüte: «Wer kontrolliert die Welt» steht da in fetten Lettern geschrieben. «Glaubst du, es sei Gott oder die Menschen oder etwas Anderes»? Es werden drei Bibelsprüche zitiert, die beweisen sollen, dass die Bibel nie lügt. Sehr interessant und einleuchtend, denke ich! Auf der zweiten Seite ist ein «multiple choice» abgedruckt: Durch das erste Feld, das ich ankreuzen könnte, würde ich mit einer ausführlichen Broschüre kostenlos per Post beliefert. Das zweite Kreuzchen, das ich setzten könnte, ist für mich aber viel verlockender: «Bitte schicken sie mir jemanden vorbei, der mich zu Hause besucht». Ich kugle mich vor Lachen und stelle mir die Situation bildlich vor! Was soll ich für eine Adresse angeben? Irgendwo auf dem Stuart Highway? Zugegeben, die Zeugen Jehovas machen ihre Arbeit tadellos und haben sogar den einzigen Fussgänger zwischen Darwin und Adelaide zum Bekehren erwischt! Zum Leidwesen dieser «Jehovah's Witnesses» werde ich keine Kreuzchen setzen und auf Broschüre und Besuch verzichten.

Am Nachmittag hält wieder ein in die Jahre gekommenes Wohnmobil. Ein mir Unbekannter steigt aus und begrüsst mich mit «good day Christian.» Ein bisschen verdutzt sage ich «hi, how are you?» Es stellt sich heraus, dass der Mann, die besorgte Jen, die ich in Elliot getroffen habe, auch kennengelernt hat. Sie scheint ihm erfolgreich eingetrichtert zu haben, unbedingt anzuhalten. Was er auch brav macht! Er lebt mit seiner Frau in Tasmanien und tourt nun ein bisschen durchs Land. Mit einem kühlen Softdrink in der Hand lässt sich gut schwatzen. Es stellt sich heraus, dass er jahrelang für «Fujifilm Australia» gearbeitet hat, genau die Marke, die mich auf diesem Trip mit Kameras ausgerüstet hat. Welch ein Zufall! Nach diesem kleinen Intermezzo heisst es für mich noch einige Kilometer hinter mich zu bringen.

### Tag 28: Freitag, 24. Juni 2016, Kilometer 835 (31)

## Sonntagsfahrer am Freitag

Nach dem Sonnenaufgang fängt wie so oft ein stetiger Gegenwind zu blasen an. Auch die Temperatur scheint mir einiges höher zu sein als die letzten Tage. Das stellt aber kein grosses Problem dar. So werde ich eben ein bisschen länger benötigen, um das Renner Springs Roadhouse zu erreichen. Ich nerve mich mal wieder wegen zwei Idioten in motorisierten Untersätzen. Die Deppen sind stolze Besitzer eines kleinen Campers und eines Jeeps mit Anhänger. Der Letztere fährt ziemlich dicht hinter dem Van. Von hinten nähert sich ein Sattelschlepper und mir ist klar, dass es ziemlich eng werden wird. Ich selber kann aber auf die Schnelle schlecht von der Strasse, weil ich einen ziemlich hohen Absatz ins Kies runter hätte. Also beschliesse ich auf der Strasse zu bleiben. Die zwei

Könige des Stuart Highways bremsen kaum ab und quetschen sich zwischen mir und dem Lastwagen durch. Geschickte Fahrer sind sie, denn beide fuchteln wie verrückt mit ihren Händen, um mir deutlich zu zeigen, wer auf dieser Strasse etwas zu suchen hat! Ich fluche und zeige ihnen den Stinkefinger, in der Hoffnung, dass sie wenigstens noch kurz in den Rückspiegel schauen. Denen möchte ich nur zu gerne klipp und klar meine Meinung sagen! Es sollte eigentlich selbstverständlich sein, dass sie zumindest ihre Fahrt ein bisschen verlangsamen und sehr vorsichtig vorbeifahren. Wie zuhause, wenn ein Fahrradfahrer auf meiner Seite fährt und Gegenverkehr ist. Da fahre ich auch im Tempo des Velofahrers bis Platz zum Überholen ist! Und abgesehen davon, habe ich, wie alle anderen Verkehrsteilnehmer, dasselbe Recht, diesen Highway zu benutzen. Auch wenn ich der einzige Fussgänger weit und breit bin. Ich benutze alle möglichen Kraftausdrücke und lasse so richtig Dampf ab! Ich male mir bildlich aus, wie ich diese zwei Herren in die Mangel nehmen würde! Zum Glück sind solche Situationen wirklich die Ausnahme. Es hat ja nicht so viel Verkehr und die meisten wechseln schon sehr früh die Strassenseite und geben mir viel Platz. Ein freundliches Winken, ein kurzes Hupen, das obligate Foto aus dem fahrenden Wagen und alle sind glücklich.

Meine Mittagspause geniesse ich wie geplant im Renner Springs Roadhouse. Wie so viele dieser Etablissements ist es ganz speziell eingerichtet. Dieses hier ist offensichtlich auf Hüte und «baseball caps» spezialisiert. Hunderte, wenn nicht sogar Tausende hängen an der Decke, die man vor lauter Kopfbedeckungen fast nicht mehr sieht! Jeder und Jede kann sich hier mit seinem signierten «Käppi» verewigen. Meinen Hut werde ich ganz sicher nicht an die Decke tuckern, denn auf meinen Schattenspender kann ich beim besten Willen nicht verzichten!

Ich entscheide mich für einen «chicken schnitzel burger with salad». Zum Runterschwenken gönne ich mir ein kühles Blondes. Seit Tagen habe ich keinen Telefonempfang und freue mich deshalb über ein einigermassen funktionierendes WiFi. So kann ich mal wieder mit zu Hause Kontakt aufnehmen und ein Lebenszeichen von mir geben.

Bevor ich aufbreche frage ich den Chef, ob ich meine Flaschen mit Wasser auffüllen darf. Kein Problem meint er und zeigt mir draussen den Wasserhahn. Stolz meint er noch, dass dies Quellwasser sei, also sehr gutes Trinkwasser. Normalerweise kriege ich sonst nur das sogenannte «borewater». Dieses ist sehr mineralhaltig und wird nicht von allen Menschen gut vertragen. Dieses Grundwasser wird vor allem zur Tränkung des Viehs verwendet. Mein Saumagen hatte glücklicherweise bis anhin aber keine Probleme damit!

Mittlerweile hat der Wind aufgefrischt und bläst in Böen aus Südwest. Dazu wird es ziemlich hügelig. Mit dem Gegenwind kämpfend schleiche ich die recht steilen Rampen nur im Schneckentempo empor. Nach zwei Stunden habe ich die Schnauze voll und lasse es für heute gut sein.

**Tag 29: Samstag, 25. Juni 2016, Kilometer 865 (30)**

## Wind und Fliegen

Der Wind hatte am Abend, so wie immer mit dem Sonnenuntergang, aufgehört zu blasen. Doch nur kurze Zeit später sind die starken Böen zurückgekehrt. Die ganze Nacht haben diese an meinem Zelt gerüttelt. Der Camp-Abbau wird so nicht einfacher. Ich muss aufpassen, dass mir nichts auf Nimmerwiedersehen davonfliegt. Auch das Kochen des Wassers stellt sich schwieriger dar. Mrs. Mollys Deckel muss als Windschutz dienen. In einem kurzen Augenblick, als ich den Kocher aus den Augen lasse, fegt ein Windstoss den Deckel samt Kocher und Wasser über den Haufen. Alles Fluchen hilft nichts. Glücklicherweise ist nichts beschädigt worden. So beginnt das Prozedere von vorne. Dieses Mal halte ich aber den Windschutz mit den Händen fest und passe auf, dass nichts mehr schiefgeht. Nach Porridge und Kaffee bin ich zurück auf der Strasse. Der Wind ist wirklich sehr kräftig! Auch wenn es leicht bergab geht, bin ich flott am Stossen. Die Strasse bleibt kurvig und hügelig, was zumindest optisch recht hübsch ist. Aber die ruppigen Anstiege lassen meinen Puls in die Höhe schnellen. Die Dämmerung setzt langsam ein und ich befürchte, dass mir heute kein Meter geschenkt wird! Bei dem Wind trage ich meinen Hut nicht mehr, denn es nervt fürchterlich, wenn dieser in meinem Gesicht herumflattert. Jetzt schütze ich meinen Kopf mit einem orangefarbigen Bandana vor der brennenden Sonne.

Von weitem sehe ich einen Fahrradfahrer, der mir langsam entgegenkommt. Schon seit Tagen ist mir niemand mehr begegnet, der mit eigener Muskelkraft unterwegs ist. So freue ich mich auf ein hübsches Kaffeekränzchen am Strassenrand. Der Typ macht aber keine Anstalten anzuhalten. Ich sage noch «good morning», aber der Kerl brummelt nur unfreundlich was von «Spinner» in seinen Bart und fährt weiter! Mir bleibt die Spucke weg. Jetzt stehe ich für einmal mit offenem Mund auf der Strasse und komme nicht mehr aus dem Staunen raus. Bin ich im falschen Film? Was soll denn das? Ich schüttle nur den Kopf. Höchstwahrscheinlich hat die Mutter dieses, nicht gerade freundlichen Gentleman ihm als Kind eingetrichtert, ja nie mit einem Fremden zu sprechen!

Bis zur Mittagspause quäle ich mich gegen die steife Brise. Danach hat der Wind, den ich wirklich nicht als «Himmlisches Kind» bezeichnen würde, ein Einsehen mit mir. Er flacht ab und streichelt nur noch ganz sanft über mein Gesicht. Perfekt! Aber nicht für lange! Der Wind bleibt harmlos, doch eine neue Plage wartet in Form von Hunderten von Fliegen auf mich! Bis jetzt blieb ich von diesen nervigen, schwarzen Fluggeräten mehrheitlich verschont. Doch nun fallen sie über mich her! Ich benötige meine Arme zum Stossen von Mrs. Molly und kann mit ihnen nicht alle Attacken abwehren. Überall versuchen diese Plagegeister reinzukriechen. Ohren, Nase, Mund und sogar unter die Sonnenbrille versuchen sie zu kommen, um meine Augen zu malträtieren! Ich flippe fast aus! Atmen geht nur noch mit geschlossenem Mund. Jetzt ist Schluss! Ich greife zu meiner Geheimwaffe, die natürlich so geheim auch nicht ist. Ich weiss genau, wo ich diese verstaut habe. Ein Griff in meinen Fotorucksack, der zuoberst im Wagen liegt und ich halte das Fliegennetz triumphierend in den Händen. Schnell über Hut und Kopf stülpen und um den Hals satt festziehen. Natürlich nicht zu fest; Spätestens wenn ich blau anlaufen würde, wäre das zu viel des Guten gewesen! Welch eine Erlösung. Nun kann ich bei den Anstiegen wieder getrost tief durch den Mund einatmen, ohne Angst zu haben, einige der Fliegen mit einzusaugen. Gewöhnungsbedürftig ist das Fliegennetz schon. Ich fühle mich wie hinter Gittern. Nun hängen die Fliegen einfach aussen am Netz und irritieren mich ein bisschen. Was ich auch bedenken muss: Einfach mal Ausspucken geht nicht mehr. Das ist mir nur einmal passiert, dass die Spucke von Innen am Netz kleben blieb, igittigitt! Auch das Trinken wird aufwändiger. Ich probiere mich durchs Netz hindurch zu bewässern, doch das kann nicht die Lösung sein. So öffne ich am Hals ein bisschen das Netz, schiebe die Flasche zum Mund und nehme schnell ein paar herzhafte Schlucke. Auch beim Camp-Aufbau nerven die Tiere noch immer gewaltig. Ich bin extrem vorsichtig, damit sich keine Exemplare in mein Zelt verirren. Erst mit dem Sonnenuntergang werde ich die Biester los.

## Tag 30: Sonntag, 26. Juni 2016, Kilometer 895 (30)
# Tricky Dicky und eine perfide Todesfalle

In diesen Tagen benötige ich meine Stirnlampe kaum mehr. Der Mond scheint hell genug, um alle Arbeiten ohne künstliches Licht verrichten zu können. Auf der Strasse gibt es heute Morgen mal wieder Besuch. Ein kleines, in die Jahre gekommenes Wohnmobil hält an und ein rüstiger Rentner mit Bierbauch steigt aus. Er fragt, ob alle in Ordnung sei und stellt sich als «Tricky Dicky» vor. Er muss mir natürlich erklären, wie er zu diesem Namen gekommen ist, denn in Wirklichkeit heisst er Richard. Nun ja, er sei Jahrzehnte durchs Land gereist und habe mal dies und mal das verkauft. Einfach alles was ein bisschen Geld gebracht habe. Schmunzelnd meint er noch, dass er zu seinen besten Zeiten sogar einem Eskimo einen Kühlschrank angedreht hätte! Der Siebzigjährige kann es noch immer nicht lassen. Jedes Jahr packe ihn das Fernweh und dann setze er sich in sein Gefährt, um wieder einmal «on the road» zu sein. Seine Frau lasse er dann für ein paar Wochen alleine in Perth in Westaustralien. Dieses Jahr sei Darwin sein Ziel. Am 1. Juli steige dort ein grosses Feuerwerk. Das sei die Gelegenheit, sich auch privat mit Feuerwerkskörpern einzudecken. Im Northern Territory sei das offiziell erlaubt, nicht aber in Westaustralien. So hat der clevere und trickreiche Rentner eine kleine Marktlücke entdeckt. Viele seiner Freunde in Perth hätten Bestellungen bei ihm aufgegeben. Tausend Dollar Cash habe er in der Tasche und mit diesem nicht ganz legalen Geschäft werde er sich seinen Trip mitfinanzieren. Zusätzlich verschachere er auch noch grosse Jagdmesser. Mir ist dieser lustige Lebenskünstler sehr sympathisch und zum Abschied wünsche ich ihm von Herzen gute Geschäfte und frohes Gelingen.

Schon vor 10 Uhr erreiche ich die Banka Banka Station. Auf dieser Rinderfarm mit angehängtem Campingplatz frage ich den

Chef, ob ich meine Mittagspause hier verbringen darf. Kein Problem, ich könne die «campers kitchen», die Campingküche frei benützen. Und wenn ich eine Dusche nötig habe, gibt es auch diese kostenlos! Dann reicht er mir noch zwei Liter eiskaltes Wasser, die er in eine gebrauchte Orangensaftflasche abgefüllt hat und wünscht mir einen schönen Aufenthalt! Was für ein sympathischer Empfang! Ich mache mich also in der grosszügigen Freiluftküche breit und geniesse meine Pause. Es gibt auf dieser «cattle station» viel Interessantes zu entdecken. Überall liegt altes Gerät, gebrauchte Motoren und Relikte aus lang vergangenen Zeiten herum. Zur grossen Freunde von Mrs. Molly entdecke ich in einem Schuppen sogar einen uralten, verrosteten Einkaufswagen Marke «Vorkriegsmodell»!

Ein bisschen abseits kauen zwei Kamele genüsslich an ihrem schmackhaften Heu und lassen sich von meiner Kamera in keiner Weise irritieren. Später gesellt sich Ann aus London zu mir an den Tisch. Sie ist mit dem Fahrrad unterwegs und hat sich auch sehr über die tolle Gastfreundschaft und das kühle Wasser gefreut. Anscheinend werden hier alle Biker und Fussgänger so begrüsst. Sie ist seit sieben Wochen alleine auf der Piste und will es noch bis nach Perth schaffen. Es tut immer gut mit Gleichgesinnten zu diskutieren. Wir machen uns auch ein bisschen über die ängstlichen Rentner in ihren Wohnwagen lustig. Ann hat ähnliche Beobachtungen wie ich gemacht und wir amüsieren uns köstlich. Nach meiner obligaten Portion Nudeln packe ich zusammen und verabschiede mich von der jungen Britin.

Wow, der Wind hat über Mittag gedreht! Nun habe ich einen leichten Rückenwind aus Nordwest. Dafür ist es wieder recht heiss. Ich fahre gemütlich vor mich hin, als ich plötzlich ein schepperndes Geräusch höre. Ich schaue mich um, finde aber den Ursprung des Lärms nicht. Und da, schon wieder und ganz nahe! Plötzlich sehe ich eine Aluminiumdose, die sich bewegt.

Ah, der Wind hat mir einen kleinen Streich gespielt. Aber urplötzlich läuft die Dose mit einem klappernden Geräusch davon. Ich kriege einen Riesenschreck. Was ist denn das? Jetzt sehe ich einen Schwanz aus der Büchse ragen und frage mich, ob das eine Schlange sein könnte. Vorsichtig nähere ich mich dem Ding und entdecke, dass sich eine wunderschöne Echse in die Büchse verirrt hat. Die Amphibie hat irgendwie Kopf und Vorderbeine durch das kleine Loch gezwängt und kommt nun nicht mehr raus. Ich sehe mir das Ganze vorsichtig aus der Nähe an. Ich glaube zu wissen, dass es in Australien keine giftigen Echsen in dieser Grösse gibt. Sicher bin ich mir aber nicht. Zuerst versuche ich mit zwei Ästen dem Tier zu helfen. Funktioniert nicht. Ich beträufle die arme Kreatur mit Wasser und schiebe sie in den Schatten. Das muss ja höllisch heiss werden mit so einem Alu-Helm auf dem Kopf! Ich falte meine Leuchtweste ein paar Mal und nehme meinen ganzen Mut zusammen. Mit der Weste halte ich das Hinterteil des Tieres mit einer Hand und ziehe mit der anderen ganz vorsichtig an der Dose. Nicht einen Millimeter gibt das Blechteil nach. Wie angewachsen sitzt die Alu-Dose auf dem Kopf der Echse. Dieses Prozedere führe ich einige Male durch, aber das bemitleidenswerte Geschöpf wehrt sich nach Kräften und steht ziemlich sicher Todesängste aus! Ich überlege mir, ob ich mit meinem Büchsenöffner etwas ausrichten könnte, komme aber zum Schluss, dass dies nicht funktionieren würde. Noch ein letzter Versuch mit der Leuchtweste, aber eigentlich weiss ich, dass ich dem Tier eher den Kopf abreisse, als es lebend aus seiner Falle befreien zu können. Nach einer Stunde gebe ich auf. Ein letztes Mal befeuchte ich das todgeweihte Tier mit Wasser und sage Adieu. Ganz still laufen mir die Tränen über die Wangen. Wie ein Versager komme ich mir vor. Ich hätte dieses Tier retten sollen! Ich rede mir ein, dass sicherlich Millionen dieser Echsen putzmunter den Outback bevölkern. Vom Aussterben bedroht scheint diese Art auch nicht zu sein. Aber trotzdem, ich habe versagt und bin sehr traurig. Zu diesem Gefühl mischt sich eine unbändige Wut. Eine Wut auf solch gedankenlose Menschen, die ihren Müll einfach aus dem Wagen werfen. Was gibt es Einfacheres als seine Abfälle zu sammeln und beim nächsten Roadhouse sauber zu entsorgen!

## Tag 31: Montag, 27. Juni 2016, Kilometer 936 (41)

## Selbstgespräche?

Die ganze Nacht hat der Wind sehr stark geblasen und an meinem Zelt gerüttelt. Wieder diese steife Brise aus Südost. Der Gegenwind peitscht in mein Gesicht und bringt meine Augen zum Tränen. Die Sonnenbrille kann ich leider noch nicht aufsetzen, sonst sehe ich in der Dunkelheit wirklich nichts mehr! Schon nach einer Stunde schmerzt mein Nacken wieder. Dieser hatte mich in den letzten beiden Wochen nicht mehr geplagt. Aber das kräftige Stossen gegen den Wind hat alte Wunden wieder aufgerissen. Zum böigen Wind kommen kilometerlange Anstiege dazu. Nur ein paar Grad Neigung lassen die Rampen nicht enden! Es wird ein langer und extrem mühsamer Wandertag. Kein Besuch. Niemand, der Erbarmen mit mir hat. Niemand, der anhält. Keine Abwechslung. Nichts! Langsam schlucke ich die Kilometer. Immer wenn ein kleines grünes Schild am Strassenrand steht, weiss ich, dass ich weitere zehn Kilometer abgespult habe. Und wieder ein Strassenabschnitt wie mit dem Lineal gezogen. Lang, länger, bis zum Horizont.

Ob ich mit mir selber rede? Selbstgespräche? Nein – ich doch nicht! Ich spreche immer zu Mrs. Molly. Sie ist eine gute und sehr geduldige Zuhörerin. Sie fällt mir nie ins Wort. Sie erträgt stoisch alle meine Tiraden über Gott und die Welt. Es gibt wohl kein Thema, das ich nicht mit ihr bespreche. Sie ist sehr verständnisvoll, begreift was ich sagen will. Versteht meine Ängste und Bedenken. Ihr kann ich wirklich alles anvertrauen und ich weiss, dass es unter uns bleibt. Sie kann Geheimnisse hüten und sie ist sehr verschwiegen. Das schätze ich sehr an ihr. Und sie widerspricht mir nie! Sehr praktisch. Also du siehst selber, Selbstgespräche, ich doch nicht!

Der Tag will einfach nicht enden. Ich habe mich schon fünfunddreissig Kilometer gegen den Wind gestemmt. Mein Fussgelenk hat wieder zu schmerzen begonnen und behindert mich zusätzlich. Ich bin nur noch müde! Ich hoffe, dass ich nächstens einen geeigneten Platz zum Übernachten finden werde. Doch ich muss noch eine volle Stunde latschen bis ich fündig werde. Wie ein Roboter stelle ich mein Zelt auf, öffne lustlos meine letzte Dose «baked beans» und erhitze die Pampe. Einfach runter damit, Pfanne ausspülen und Zähneputzen. Um 18 Uhr liege ich schon im Schlafsack und rufe nur noch «good night Mrs. Molly.»

### Tag 32: Dienstag, 28. Juni 2016, Kilometer 964 (28)

## Besuch aus der Tschechischen Republik

Nur noch leichter Gegenwind begleitet mich durch den Morgen. Nun bin ich endgültig in einer anderen Klimazone angelangt. Es ist kühl, wohl keine fünfzehn Grad und ich laufe in meiner langärmligen Jacke. Zwar noch mit kurzer Hose, aber dies ist kältetechnisch auch am Limit. Um 8 Uhr beobachte ich von weitem, wie zwei Radfahrer aus dem Gebüsch gekrochen kommen. Sie verlassen offensichtlich ihr Nachtlager. Auch sie sehen mich und warten bis ich zu ihnen stosse. Mit einem grossen Hallo werde ich wie ein Star empfangen. Seit Wochen haben sie immer wieder von dem Mann mit dem Einkaufswagen gehört. Sie sind überglücklich, dass sie mich nun in Fleisch und Blut treffen. Das Paar stammt aus der Tschechischen Republik und ist von Sydney über Melbourne und Adelaide bereits eine ganze Weile unterwegs. In gebrochenem Deutsch und ein bisschen Englisch erklären sie mir, dass sie erst gestern Abend über mich gesprochen hätten. Und nun treffen sie mich wirklich! Sie sind von Mrs. Molly hell begeistert und wollen beide einmal probeschieben. Sie kommen aus dem Schwärmen gar nicht heraus und behandeln mich wie einen Promi. Ich freue mich selbstverständlich über die Aufmerksamkeit, aber das ist selbst für mich ein bisschen zu viel! Nach weiteren Lobeshymnen und Schulterklopfen verabschiede ich mich von den zwei Lustigen und bin ehrlich gesagt froh, wieder in aller Ruhe Richtung Süden wandern zu können.

Kurz nach Mittag erreiche ich das Three Ways Roadhouse. Three Ways darum, weil sich hier die Abzweigung Richtung Osten befindet. Auf dem Barkly Highway erreicht man, über Mount Isa, Queensland. Proviantmässig komme ich auf dem letzten Zacken hier an. Ich habe noch genau zwei Portionen Porridge, genügend Kaffeepulver, eine Nudelsuppe und zwei Schokoriegel übrig. Auch der Inhalt der Gaskartusche neigt sich langsam aber sicher dem Ende entgegen. Morgen kann ich glücklicherweise, im fünfundzwanzig Kilometer entfernten Tennant Creek, wieder so richtig shoppen gehen! Ich beschliesse hier zu übernachten. Noch vor dem Duschen werfe ich einen riesigen «burger with the lot» ein. In diesem Burger ist wirklich viel drin: Zwei getoastete Brote, Zwiebeln, Tomaten, Salat, rote Bete, Speck, Spiegelei und ein riesiges Stück Fleisch! Den gröbsten Hunger kann ich so stillen. Mit dickem Bauch kapere ich die Duschanlage. Nach zehn Tagen wieder einmal den Körper unter fliessendes, warmes Wasser zu stellen ist einfach herrlich. Bei dieser Gelegenheit wasche ich gleichzeitig auch meine kurze Hose, T-Shirt, Unterwäsche und Socken aus. Geht alles gleichzeitig. Nach dieser Anstrengung ist nur noch Relaxen angesagt. Nach einem kühlen Bier werfe ich wieder einen Blick auf die grosse, schwarze Kreidetafel, die an der Wand über dem Tresen hängt. Als «tonight's special» wird ein Rindergulasch mit Kartoffelpüree und Gemüse angepriesen. Das ist genau das

Richtige für mich. Schon nach fünfzehn Minuten steht die stolze Portion dampfend vor mir. Die Küche im Threeways Roadhouse kann ich wirklich sehr empfehlen! Kein Krümel bleibt auf dem Teller und seit langem fühle ich mich mal wieder so richtig vollgefressen.

**Tag 33: Mittwoch, 29. Juni 2016, Kilometer 999 (35)**

## Gefangen im Supermarkt

Heute Früh ist es mit zwölf Grad wieder sehr frisch. Ich zippe meine langen Hosenbeine an die kurze Hose. Am Morgen trage ich jetzt immer meine geschlossenen Schuhe mit Socken. Erst kurz vor Tennant Creek kann ich wieder auf kurzärmlig umstellen. Die Temperatur erreicht knappe fünfundzwanzig Grad und das soll, laut Wetterbericht, die nächsten Tage so bleiben. Tennant Creek ist ein grösserer Ort, wo ich mich wieder mit allem Nötigen eindecken kann. Die Ortschaft zieht sich über zwei Kilometer am Stuart Highway entlang. Nichts Hübsches, einfach funktional.

Die grösste Sorge ist die Gaskartusche. In keinem Roadhouse zwischen Darwin und hier war mein Modell im Angebot. In der ersten Tankstelle am Ortseingang werde ich nicht fündig, aber die Verkäuferin verweist mich an den «hardware store» nur zweihundert Meter die Strasse hinunter. Bingo! Die Eisenwarenhandlung führt meine graue Kartusche mit Gewinde im Sortiment und ich decke mich gleich mit zwei Exemplaren ein. Tricky Dicky, der skurrile Rentner, den ich vor einigen Tagen auf der Strasse getroffen habe, hatte mir ein Thai-Restaurant wärmstens empfohlen. Er habe im «Middle Earth» sehr gut gegessen und da arbeite im Moment auch eine Schweizerin. Ich habe ihm versprochen, vorbeizuschauen und einen Gruss von ihm auszurichten. Leider hängt das Schild «closed» an der Türe. Die Gaststätte scheint nur am Abend geöffnet zu sein. Schade.

Nun gilt meine ganze Aufmerksamkeit dem Supermarkt. Ich habe mir am Abend zuvor einen Einkaufszettel geschrieben, damit ich auf keinen Fall etwas Wichtiges vergesse. Es wird eine ganze Weile dauern bis ich wieder auf eine gute Einkaufsmöglichkeit stossen werde. Das wird nach rund fünfhundert Kilometern in Alice Springs sein. Wie gewohnt fahre ich frech mit meiner Mrs. Molly in das Einkaufsparadies. Ok, Einkaufsparadies ist ein bisschen übertrieben, aber dieser Laden ist recht gut ausgestattet. Ich stosse schon auf ein erstes Hindernis. Die Schleuse, durch die man nur von meiner Seite durchfahren kann, ist sehr eng. Ich kann Molly gerade so durchquetschen. Die, auf jeder Seite befestigten, klappbaren, drei Eisenstangen behindern mich zusätzlich. Sie verhindern, dass niemand mit einem vollen Einkaufswagen, ohne zu bezahlen den Markt auf diesem Weg verlassen kann. Ich arbeite meine Einkaufsliste ab und Molly erhält viele anerkennungsvolle Blicke. Ihrem Herrn und Meister, diesem bärtigen Typen mit dem nicht mehr so frischen grünen T-Shirt, wird nicht so viel Aufmerksamkeit geschenkt. Ich kaufe selbstverständlich auch einige Sachen zum sofortigen Verzehr ein. Ein kühles Erdbeerjoghurt, einen «steak and pepper pie», einen Makkaroni-Salat und drei knusprige Brötchen. Wie immer viel zu viel, aber ich kann mich nach mehrwöchiger Supermarktabstinenz nicht zurückhalten! Hundertfünfzig Dollar blättere ich für meinen Proviant hin, der für gut eine Woche reichen sollte. Bezahlen ist wie immer kein Problem, aber der Kassendurchgang ist für Molly viel zu schmal. «Kasse sieben» meint die Verkäuferin, da sollte ich durchkommen. Dieser Durchgang ist aber nur gefühlte zehn Zentimeter breiter und passt hinten und vorne nicht für meine «oversized lady». Ich wende mich hilflos an eine andere Angestellte und diese sagt nur mürrisch «Kasse sieben.»

Mir bleibt nichts Anderes übrig, als auf demselben Weg rauszugehen wie ich hereingekommen bin. Das stellt sich als sehr schwierig heraus. Da sind diese sechs Stangen, die sich wie Lanzen dem Ritter entgegenstemmen. Mit einem Knie und einer Hand öffne ich die zwei Ersten und ziehe meinen Wagen rückwärts nach. Nun probiere ich die mittleren zu öffnen, muss aber die anderen loslassen. Diese verkeilen sich sofort in meinen Einkaufswagen und ich komme nun weder vor- noch rückwärts! Einzeln öffne ich die Stange, die sich am meisten gegen mein Ansinnen sperrt. Zentimeterweise ziehe ich so meine Molly durch das Hindernis. Mir fehlen mindestens zwei Arme! Ich muss wohl einen ziemlich verzweifelten Eindruck gemacht haben, denn plötzlich kümmern sind sechs zusätzliche Hände um mein Problem. Drei Kunden kämpfen mit den Eisenstangen während ich Molly sorgfältig in die Freiheit ziehe. Ich bedanke mich überschwänglich bei den hilfsbereiten Leuten und nehme mir vor, beim nächsten Supermarktbesuch zuerst die Fluchtwege zu erkunden, damit ich nicht wieder in eine solch peinliche Situation gerate! Draussen mache ich mich stehend über mein Mittagessen her. Nach der fetten Pastete und dem Joghurt bin ich schon vollgefressen und so landen, mit einem Rülpsen, der Teigwarensalat und die Brötchen im Proviantsack. Das wird wohl mein Abendessen werden.

Seit ein paar Tagen gibt das linke Vorderrad meines fahrbaren Untersatzes kratzende Geräusche von sich. Wohl ein bisschen Öl eingeklemmt? Ich mache bei einer Werkstätte einen Zwischenstopp. Höflich frage ich den Mechaniker, ob er mir ein bisschen Kriechfett aus der Spraydose habe. Der Mann in seinem ölverschmierten Overall schmunzelt nur, als ich ihm zeige wofür ich dieses benötige. «No worries mate» meint er nur und reicht mir die Dose. Grosszügig sprühe ich alle Achsen ein. Und siehe da, das Geräusch ist weg und Mrs. Molly läuft wieder wie geschmiert. Cool – kleiner Service in dreissig Sekunden und erst noch kostenlos!

Meine letzte Aufgabe in der Zivilisation ist das Auffinden eines funktionierenden Internets. Gute Möglichkeiten sind immer Tourist-Info oder die Bücherei. Die habe ich bereits beide verpasst. Der hilfsbereite Mann im «hardware store» hat mir einen kleinen Situationsplan von Tennant Creek auf den Weg gegeben. Der Ort beschreibt sich selbst als «modern town», aber neben den zwei oben genannten WiFi-Stationen finde ich nur noch zwei Motels mit öffentlichem Zugang zum Word Wide Web. Am südlichen Ende der Stadt steht das Bluestone Motor Inn, das sich mit WiFi anpreist. Die nette Rezeptionistin meint sie habe keinen kostenlosen Zugang für mich. Ich könne mich aber gerne auf die Gartenterrasse setzen und mich in das «Nomadnet» einloggen. Tatsächlich kann ich über meine Kreditkarte für vier Dollar und neunundneunzig Cents eine Stunde flottes Internet einkaufen. Ziemlich zufrieden mit mir selbst, alles mir vorgenommene erledigt zu haben, mache ich mich wieder auf die Socken.

## Tag 34: Donnerstag, 30. Juni 2016, Kilometer 1035 (36)
## Langeweile

Den heutigen Tag kann ich mit zwei Stichworten beschreiben: langweilig und öde. Der Wind bläst wieder mässig von Südost. Den ganzen Tag in derselben Stärke. Die Strasse ist bis an den Horizont schnurgerade. Keine Steigung, keine Abfahrt, keine Kurve. Langweilig. Immer dieselben paar Bäume und Büsche am Strassenrand. Die Termitenhügel scheinen sich auch aufs Haar zu gleichen. Schritt für Schritt läuft der Asphalt wie ein Förderband unter meinen Beinen durch. Als Highlight wechselt ab und zu der Bodenbelag. Meistens wird dieser von körnig zu noch körniger. Niemand hält auf einen Schwatz an. Einfach niemand. Keine Sau interessiert sich für mich. Ich fühle mich in der Einsamkeit gefangen. Keine Wolke am Himmel, die ein bisschen Abwechslung bringt. Das Pfeifen der Vögel scheint auch verschwunden zu sein. So muss es sich kurz vor der Apokalypse anfühlen! Nicht einmal meine kurzen Essenspausen können mein Gemüt aufhellen. Runter mit dem Zeug und zurück auf die Strasse. Die Monotonie hat auch mein Gehirn in Beschlag genommen. Wirre, zusammenhangslose und dunkle Gedanken geistern durch meinen Kopf. Diese Gedanken wandern still durch meine Gehirnstränge. Ich habe nicht einmal Lust, sie Mrs. Molly anzuvertrauen! Meter für Meter gegen Süden. Ein Bein vors andere. Stundenlang. Bis ich einen Platz zum Übernachten gefunden habe vergeht noch eine zusätzliche Stunde. Rechts biegt eine kleine Piste ab, die nach zwanzig Metern an einem Gatter endet. Dieses ist nur mit einer Kette gesichert, die ich leicht öffnen kann. Hinter mir wieder schliessen und zum ersten Mal am heutigen Tag empfinde ich eine gewisse Zufriedenheit. Der Platz, den ich vorfinde, kann ich schon fast als idyllisch bezeichnen. Eine Gruppe von Eukalyptusbäumen bildet eine schöne Kulisse für mein Nachtlager. Einige Büsche machen das Ganze Richtung Highway blickdicht. Und das Beste ist: Ich befinde mich inmitten Hunderter roter Termitenhügeln! In jeder Grösse stehen sie da – von zehn Zentimetern Höhe bis zu stolzen, mannshohen Exemplaren. Mit den letzten Sonnenstrahlen gelingen mir tolle Aufnahmen und so bleibt mir dieser harte Tag doch noch einigermassen positiv in Erinnerung.

### Tag 35: Freitag, 1. Juli 2016, Kilometer 1069 (34)

## Tollwütiger Autofahrer

Um 4 Uhr treiben mich meine volle Blase und der rumorende Darm aus dem Zelt. Das Schöne an einer Freilufttoilette ist, ich kann während dem Verrichten meines Geschäftes den Sternenhimmel bestaunen. Tönt nicht gerade romantisch. Aber in einer bequemen Hocke nehme ich mir dafür immer reichlich Zeit. Anstatt zurück ins Zelt zu kriechen, packe ich Fotorucksack und Stativ, um wieder einmal einige Nachtaufnahmen zu machen. Im Schein der Stirnlampe montiere ich den Funkauslöser auf den Blitzschuh und verbinde das Kabel mit der Kamera. An meiner Fujifilm X-T1wähle die Funktion «bulb» für Langzeitaufnahmen und pushe die ISO-Zahl wie immer auf 3200. Ich habe vor, die Termitenhügel mit der Stirnlampe leicht zu beleuchten. Der Sternenhimmel wird als grandioser Hintergrund dienen. Ab Stativ belichte ich für zehn bis zwölf Sekunden und erziele fantastische Resultate. Nicht ganz einfach ist das Fokussieren in der Nacht. Ich beleuchte ein Objekt in zirka zehn Metern Distanz, so dass der Autofokus einen Anhaltspunkt hat. Einmal scharfgestellt, kippe ich den Autofokusschalter auf «Manuell». So kann ich an dieser Location immer mit der gleichen

Einstellung arbeiten. Wenn ich einen neuen Standort wähle, fängt das Spielchen mit dem Fokussieren wieder von vorne an.

Unterwegs treffe ich dieselbe Strasse, denselben Wind und die genau gleichen äusseren Bedingungen an, wie gestern. Aber heute ist alles anders. Nach meiner reichen Fotoausbeute bin ich gut gelaunt und schon fast beschwingt unterwegs. Der Wind fühlt sich angenehm an, die Landschaft ist hübsch und interessant und das Vogelgezwitscher begleitet mich durch die ersten Morgenstunden! Diese Idylle wird aber jäh unterbrochen! Ich bemerke nicht, dass sich von hinten ein weisser Toyota Landcruiser nähert. Auf meiner Seite braust zusätzlich ein schwarzer Pickup heran. Um die Strasse zu verlassen ist es zu spät und ich bleibe am Strassenrand kleben. Normalerweise nehmen die Autos bei einer solchen Situation Tempo weg, was der Landcruiser auch macht. Nicht aber das schwarze Geschoss. Mit voller Geschwindigkeit rast es an mir vorbei und der Fahrer gestikuliert wie wild mit seinen Händen! Es ist klar, was er mir damit sagen will. «Du hast auf dieser Strasse nichts verloren, du gehörst in den Strassengraben!» Verärgert drehe ich mich um und schüttle heftig meine Faust in seine Richtung. Dann sehe ich nur noch Bremslichter. Der Typ macht eine Vollbremsung, fährt links ran und wendet. Für solch ein Manöver scheinen seine Bremsen sehr gut zu funktionieren! Nun kommt er in einem Affentempo zurück und bremst auf meiner Höhe scharf ab. Was jetzt folgt, ist eine aggressive Hasstirade auf mich und Molly. Ich habe hier nichts verloren und der schmeichelhafteste Ausdruck, den er mir an den Kopf wirft ist «dickhead»! Der Kerl flippt fast aus! Seine Beifahrerin hockt verängstigt in ihrem Sitz und weiss auch nicht, wie ihr geschieht. Ich überlege nur kurz, ob ich in dieses Wortgefecht einstimmen soll, entschliesse mich aber dagegen. Mein englisches Vokabular wäre reichlich mit bösen Wörtern gefüllt. Unbeirrt und ohne den, kurz vor einem Herzinfarkt stehenden, wütenden Fahrer zu beachten, spaziere ich gemächlich weiter.

Nach fünfzig Metern wird es dem Psychopathen zu blöd und er wendet wieder. Mit Vollgas entschwindet er kurze Zeit später am Horizont. So cool wie ich mich gegeben habe, war ich natürlich nicht. Ich hatte mir auch schon einen Plan zurechtgelegt, wäre der Raser ausgestiegen und handgreiflich geworden. Mein schweres Stativ wäre für einen solchen Fall innert Sekunden einsatzbereit gewesen. Der schwere Kugelkopf am Ende des Dreibeins hätte diesen tollwütigen Mann mit Sicherheit zur Räson gebracht – nehme ich zumindest an. Jetzt erst bemerke ich, dass das andere involvierte Fahrzeug, zirka zweihundert Meter entfernt, am Strassenrand angehalten hat. Der Fahrer des Landcruisers hat die Situation sofort erkannt. Offensichtlich hat er bemerkt, dass sich für mich etwas zusammenbraut. Aus sicherer Entfernung hat er als Augenzeuge dem Schauspiel beigewohnt und seine Anwesenheit hat ziemlich sicher geholfen, dass es nicht eskaliert ist. Leider ist der umsichtige Mann gleich wieder losgefahren. Ich hätte mich sehr gerne persönlich bei ihm bedankt! Nach ein paar Minuten ist mein Puls wieder auf einer normalen Frequenz. Ich erwische mich aber immer wieder, wie ich ängstliche Blicke über meine Schulter werfe. Kommt der Typ zurück? Ich hoffe nicht!

Jetzt kommt schon wieder ein Fahrzeug sehr langsam auf mich zu. Schon wieder Gegenverkehr? Ich gucke zurück. Alles frei. Riecht das wieder nach Ärger? Glücklicherweise nicht. Die zwei Arbeiter haben mich vor zehn Tagen in der Region Elliott auf der Strasse gesehen. Nun kommen sie von einem erledigten Job zurück. Sie halten neben mir an und fragen mich ein wenig aus. Der Beifahrer fragt mich plötzlich, ob ich Toilettenpapier benötige und streckt mir eine ganze Rolle aus dem offenen Fenster entgegen. Ein bisschen verdutzt ob der Frage, schüttle ich den Kopf und sage, dass ich mindestens noch zwanzig Meter auf Vorrat habe. Sehe ich so verschissen aus? Oder ist mein Laufstiel so verkrampft, als wenn ich verzweifelt ein stilles Örtchen suchen würde? Ein Bier hätte ich nicht abgelehnt, aber Toilettenpapier? Nun ja, sie bitten mich noch um ein Erinnerungsfoto mit mir und Molly und das dürfen sie sehr gerne machen!

## Tag 36: Samstag, 2. Juli 2016, Kilometer 1094 (25)
## Devils Marbles

Auf einem Parkplatz, bei dem ich eine kurze Pause einlege, treffe ich zwei junge Italiener. Flavio und Dario sind mit einem «working/holiday visa» ein Jahr lang in Australien unterwegs. Dieses Visum kann man bis zu einem Alter von dreissig Jahren beantragen. Sie reisen mit ihrem Offroad-Fahrzeug gemeinsam durchs Land. Wenn das Geld zur Neige geht, bemühen sie sich um einen temporären Job. Diese Art zu reisen finde ich toll, so lernt man Land und Leute nicht nur von der Ferienseite her kennen!

Auf meinen heutigen Zielort habe ich mich schon lange gefreut. Karlu Karlu oder besser bekannt unter dem Namen Devils Marbles ist für mich einer der schönsten Plätze in ganz Australien! Für den weissen Mann sind diese Gesteinsformationen die «Murmeln des Teufels». Die Aborigines sehen in ihnen die Eier der «Rainbow Serpent», der Regenbogenschlange aus der Traumzeit. Dieser Ort ist ihnen heilig. Diese Stätte spielt in den Zeremonien und Legenden der Alyawarre Aborigines eine sehr grosse Rolle. Nicht verwunderlich, denn Karlu Karlu ist einfach mystisch! Riesige runde und ovale Granitbrocken liegen auf einem grossen Gebiet wie von Zauberhand verstreut. Bei manchen scheint es, dass nur ein schwacher Windstoss die Kolosse aus dem Gleichgewicht bringen könnte.

Mitten im Nationalpark lädt ein einfacher Campingplatz zum

Übernachten ein. Ausser einem Plumpsklo, einigen Feuerstellen und Tischen gibt es keine Infrastruktur. Aber Halt! Hier, «in the middle of nowhere» gibt es tatsächlich ein funktionierendes und kostenloses WiFi. Einige Reisende haben mir unterwegs davon erzählt, aber geglaubt habe ich ihnen nicht. Ich habe vermutet, dass es sich um einen «running gag» handle. Früher habe ich nämlich auch die Lehrlinge beauftragt, im Handwerkerladen neue Luftblasen für die Wasserwaage zu besorgen.

Nachdem ich mich häuslich eingerichtet habe, mache ich am frühen Nachmittag einen ersten Erkundungsspaziergang. So weiss ich am Abend, wo ich die besten Positionen zum Fotografieren finden werde. Ein frühes Nachtessen stärkt mich für die lange Fotosession. Ab 17 Uhr wird das Licht langsam intensiver und die Murmeln leuchten in einer intensiven Farbe.

Ich arbeite meine rekognoszierten Orte ab. Als Dessert habe ich mir die «Zwillingskugeln» aufbewahrt. Diese Formation taucht in jedem Prospekt auf und sie ist wirklich die spektakulärste im ganzen Park. Die zwei Murmeln strahlen im letzten Licht des Tages in ihrer ganzen Pracht! Einfach phänomenal! Für die meisten Touristen ist nun Feierabend. Sie denken: ohne Sonne keine Bilder. Für mich geht das Vergnügen aber noch zwei Stunden weiter. Ich wechsle einfach die Seite und benutze die Felsformationen als schwarze Silhouetten gegen den immer farbiger werdenden Nachthimmel. Das Bild perfekt macht eine wunderbare Wolkenformation, die über meinen Kopf hinwegzieht. Diese lädt gerade dazu ein, in Zeitraffer zu filmen. In den letzten zwanzig Jahren habe ich die Teufelsmurmeln drei Mal besucht, aber auch heute komme ich aus dem Staunen nicht heraus. Bewusst nehme ich mir Zeit, einfach im Halbdunkeln zu sitzen und die grandiose Szenerie zu geniessen. Einfach nur mystisch! Glücklicherweise habe ich meine Stirnlampe eingepackt, denn sonst hätte ich den zwei Kilometer langen Heimweg nicht problemlos gefunden.

**Tag 37: Sonntag, 3. Juli 2016, Kilometer 1121 (27)**

## UFO und grüne Männchen

Ich bin um 5 Uhr früh schon wieder auf den Beinen. Ein kühler Wind bläst und ich packe mich in die warmen Sachen ein. Ich will die Felsformationen zusammen mit dem herrlichen Sternenhimmel fotografieren. Vor allem das Fokussieren der Kamera ist recht anspruchsvoll, denn es ist wirklich dunkel. Kein Mond, der die Landschaft ein bisschen erhellt. Auch hier benutze ich ab und zu meine Stirnlampe, um die Granitkugeln ein wenig zu beleuchten. Um halb acht kehre ich zufrieden zum

Zelt zurück. Der Campingplatz erwacht langsam. Ich bereite mir gemütlich mein Frühstück zu und beobachte das emsige Treiben bei einer Tasse Kaffee. Während ich zusammenpacke kommen einige Leute vorbei. Sie möchten noch ein Bild mit Molly und mir knipsen.

Beim Wauchope Roadhouse gönne ich mir die obligate Fleischpastete, die ich mit einem «iced coffee» herunterspüle. Ich benütze Mrs. Molly als Stehbar, denn ich lasse sie nicht gerne unbewacht draussen stehen. Ein kleines, ziemlich lädiertes Auto, vollbeladen mit Aborigines, hält direkt vor mir und parkt. Zwei grauhaarige Ureinwohner steigen aus, um ihre bestellte Portion Pommes abzuholen. Auch sie bewundern Mrs. Molly. «Was, du wanderst bis nach Adelaide? Das ist doch viel zu weit!» Nun wollen sie es genau wissen und fragen mich neugierig aus. Ich gebe gerne Auskunft. Wir unterhalten uns solange, bis ihr bestelltes Essen bereit ist. Sie quetschen sich wieder in die Karre. Ich erkenne mittlerweile die Autos der Ureinwohner schon von weitem. Vor allem deswegen, weil ihre fahrbaren Untersätze sehr tief liegen, da sie mit dem halben Dorf beladen sind. Ein zutreffender Spruch, den sich die weissen Australier erzählen, geht wie folgt: Ein mit Ureinwohnern voll bepackter Personenwagen reicht aus, um ein ganzes Pub zu füllen!

Schon zwanzig Kilometer später taucht das nächste Roadhouse auf: Wycliffe Well. Dieser Ort betitelt sich selber als Zentrum der australischen UFO-Sichtungen. Das gesamte Pub sowie der Campingplatz sind aus diesem Grund unter diesem Motto dekoriert. Überall stehen grüne Männchen herum und E.T. grüsst aus jeder Ecke. Zu diesem Thema sind Dutzende von Zeitungsartikeln an die Wände gepinnt. Auch einen ausserirdischen, kleinen Souvenirshop führt das Haus. Die Infrastruktur ist ziemlich in die Jahre gekommen, doch für mich reicht es alleweil. Der Campingplatz ist gut belegt. Wie immer sind vor allem die «powered sites» sehr beliebt. Die «grey nomads» verzichten nicht gerne auf ihren elektrifizierten Luxus. So können sie wie zu Hause Fernseher, Heissluftfritteuse oder Kaffeemaschine mit Strom versorgen. Zum Zelten finde ich eine riesige Rasenfläche mit vielen schattenspendenden Eukalyptusbäumen. Hoch in den Ästen sitzen Hunderte weisser Kakadus! Die Bäume sind voll von ihnen. Sie veranstalten einen riesigen Lärm und krächzen um die Wette. Ich habe noch nie so viele dieser eleganten Vögel auf einem Fleck gesehen und hoffe nur, dass die gefiederten Freunde auch zeitig Feierabend machen werden.

**Tag 38: Montag, 4. Juli 2016, Kilometer 1155 (34)**

## Road Train Operator

Aus unerklärlichen Gründen hat mein Wecker nicht funktioniert. Hatte ich ihn nicht scharfgemacht? Oder hatten die Ausserirdischen ihre langen, grünen Finger im Spiel? Auf alle Fälle wache ich erst kurz vor sieben auf. Was, schon hell? Gerade jetzt, da ich auf ein genaues Datum im 376 Kilometer entfernten Alice Springs ankommen sollte. Gestern Abend habe ich mir nämlich online einen Mietwagen für vier Tage gebucht. Mit zwölf Marschtagen sollte ich pünktlich am 15. Juli um 12 Uhr mittags beim Vermieter auftauchen. Da ich bis jetzt sehr gut vorangekommen bin, kann ich mir in der Hälfte meiner Reise diesen Luxus gönnen. Ich plane das rote Herz von Australien mit Ayers Rock, Olgas und West MacDonnell Range auf bequeme Art zu erkunden. Gleichzeitig werde ich meinem Körper eine dringend benötigte Ruhepause gönnen können.

Vierzig Minuten nach dem Aufstehen bin ich auf der Strasse. Den Tag erst nach Sonnenaufgang zu beginnen, ist ziemlich ungewohnt für mich. Für einmal ist es windstill. Gegen Mittag mache ich auf einem Lastwagenparkplatz eine Pause. Jemand hat zwei Anhänger eines Tanklastwagens hier abgestellt. Ich habe gerade meine Nudelsuppe gegessen, als das Zugfahrzeug angefahren kommt. Der Fahrer des Sattelschleppers kuppelt die Anhänger wieder an sein Fahrzeug. Er steigt aus und macht gewissenhaft eine Runde um sein Ungetüm, um zu kontrollieren, ob alles in Ordnung sei. Er kommt mit einer kleinen Flasche eiskalten Wassers zu mir und drückt mir diese wortlos in die Hand. «Vielen Dank!» Nick ist seit Jahren ein «road train operator», wie seine Berufsbezeichnung offiziell heisst. Von Darwin aus beliefert seine Firma «Direct Haul» mit über vierzig solcher Lastenzüge den ganzen Norden des Landes. Bis hinunter nach Alice Springs und bis tief nach Westaustralien und Queensland sind er und seine Kollegen mit ihrer explosiven Fracht unterwegs. Pro Tag legt Nick häufig gegen elfhundert Kilometer zurück. Die Fahrzeiten sind streng reguliert. Fünf Stunden fahren, eine halbe Stunde Pause, fünf Stunden fahren, halbe Stunde Pause, vier Stunden fahren, sieben Stunden Pause. Vierzehn Stunden am Tag dürfen die Fahrer also insgesamt auf der Strasse sein. Von Mitternacht bis 4 Uhr früh gilt für die Könige der Strasse ein Fahrverbot. Nicks Roadtrain hat sechzehn Achsen, fünfzehn davon doppelbereift. Macht insgesamt zweiundsechzig Räder! Knappe fünfzig Meter lang ist das Ungetüm. Auf meine Frage, ob der Kauf eines Pneus mein Bankkonto leeren würde, lacht Nick nur. «Nein, nein, die Reifen der Anhänger kosten nur zweihundert Dollar pro Stück. Die müssen qualitativ nicht top sein. Die hinteren Pneus des Zugfahrzeuges kosten dann schon stolze siebenhundert Dollar. Schlappe 2500 Dollar legst du für die Exemplare der Lenkachse hin. Da geht meine Firma keine Kompromisse ein. Wenn ein solcher platzten würde, dann gute Nacht.» Er führe immer sechs Ersatzreifen mit und ein Radwechsel hätte er in fünfzehn Minuten erledigt. Er erzählt mir noch, dass seine Firma erst kürzlich den Besitzer gewechselt habe. Nun seien schwedische Eigentümer am Drücker und die hätten andere Vorstellungen, wie man ein solches Unternehmen leiten würde. Ein junger Manager will nur noch die offizielle 35-Stundenwoche bezahlen. Einfach lachhaft meint Nick, er sei häufig zwischen achtzig und neunzig Stunden unterwegs! Dieses Thema wird wohl noch Einiges an Diskussionsstoff bieten, aber ich bin mir sicher, dass sich die «roadtrain operators» von so einem Wichtigtuer nicht ins Bockshorn jagen lassen.

Der Tag scheint mir länger als sonst, obschon ich ihn später begonnen habe. Um doch auf meine Kilometer zu kommen, habe ich einfach meine Pausen gekürzt. Es fühlt sich an, als wäre ich nur am Marschieren. Ich spüre jeden Muskel in meinen Beinen und auch der Nacken meldet sich zurück. Ich schaffe trotzdem vierunddreissig Kilometer. Ich nehme mir vor, morgen wieder spätestens um 6 Uhr auf der Strasse zu sein.

## Tag 39: Dienstag, 5. Juli 2016, Kilometer 1191 (36)

# Geisterbahn

Mit meinem gewohnten Rhythmus mit Abfahrt vor 6 Uhr fühle ich mich wieder wohl. Es ist absolut windstill und Mrs. Molly gibt ein gutes Tempo vor. Schon bald kommen wir zu einem grossen Schild neben der Strasse. Auf dieses haben Molly und ich schon lange gewartet: «Open speed zone»! Nun müssen wir uns an keinerlei Tempobeschränkungen mehr halten. «Go Molly go» jauchze ich lachend! Doch wir sind keine Raser und so laufen wir unseren gewohnten Trott. Zwei Kilometer später leuchtet uns eine gelbe Tafel entgegen. Diese hat noch gute Tipps für die Raser auf Lager, wie man fahren sollte. Der Titel ist: «Drive to Conditions», also die Fahrweise den äusseren Verhältnissen anpassen. Eine Reihe von Ratschlägen ist aufgelistet: «Fahre entsprechend: deinem Können und Erfahrung, der Leistung deines Fahrzeuges, dem Zustand der Strasse und den Wetterverhältnissen». Dann sollte man genügend Abstand zum vorderen Fahrzeug einhalten, in der Nacht langsamer fahren und auf Menschen und Tiere achten! Der Punkt «auf Menschen achten» steht erstaunlicherweise erst an zweitunterster Stelle auf der Liste – ist wohl nicht so wichtig. Da ist so viel Information auf ein Schild gepackt. Wie soll das ein mit überhöhter Geschwindigkeit kommender Fahrer in Bruchteilen einer Sekunde lesen können? Muss man ja auch nicht, denn die meisten meinen sowieso sie seien perfekte Lenker. Meiner Meinung nach sollte jedermann an diesem Schild anhalten müssen, um es ganz genau durchlesen zu können – vor allem die zweitunterste Zeile!

Aus grosser Distanz bemerke ich irgendetwas auf oder neben der Strasse. Beim Näherkommen sehe ich einen Sattelschlepper und einen kleinen Lastwagen mit Wohnwagen neben der Strasse stehen. Ein Mann liegt unter dem Wohnwagen und werkelt herum. Eine Frau und zwei jüngere Männer schauen gelangweilt zu. Da kommt mein Besuch gerade recht. Zwei Reifen hat es den Pechvögeln am Wohnwagen abgewickelt und auch die Aufhängung wurde in Mitleidenschaft gezogen. Sie sind aber gut ausgestattet und können die Reparatur vor Ort selber vornehmen. Offensichtlich haben sie Übung im Flicken ihrer rollenden Untersätze. Es ist eine sympathische Schaustellerfamilie, die mit ihrer Geisterbahn von Rummelplatz zu Rummelplatz zieht. Dieses Wochenende steht Tennant Creek auf dem Programm. Dann geht es weiter nach Katherine, Mount Isa und Darwin. Wenn ich den äusseren Zustand des Sattelschleppers mit der Geisterbahn begutachte, komme ich schon ein bisschen ins Gruseln. Das Gefährt hat offensichtlich schon einige Jahrzehnte auf dem Buckel. Die aufgemalten Skelette und düsteren Gestalten können mich nicht beeindrucken. Aus dem Fenster des Wohnwagens starrt mich eine mannsgrosse, gelbe Plüschente an. Ein fast surreales Bild hier draussen im Outback. Die Familie ist aber herzlich und wir unterhalten uns eine ganze Weile. Das Oberhaupt des Clans beendet die Reparatur, wirft die kaputten Metallteile achtlos ins Gebüsch und räumt sein Werkzeug weg. Zeit auch für mich, wieder auf die Strasse zu kommen. Ich will schon losfahren, als die Frau mit zwei prallen Orangen in der Hand zu mir kommt. Wow, frische Früchte, das wiege ich hier mit Gold auf! Auch sie strahlt über das gesamte Gesicht, da sie mir mit diesem Geschenk eine wirklich grosse Freude machen konnte.

## Tag 40: Mittwoch, 6. Juli 2016, Kilometer 1220 (29)
# Vorgezogenes Geburtstagsessen

Kurz vor Barrow Creek wird die Landschaft interessant. Die Strasse führt durch eine kleine Hügelkette. Das erste Sonnenlicht lässt die Felsen tiefrot erstrahlen und mit dem hellgelben Gras ergibt sich ein beeindruckender Kontrast. Die zwanzig Kilometer bis zum Barrow Creek Hotel bewältige ich bis 11 Uhr. Ich setze mich vor dem Eingang neben Molly auf eine Bank, um kurz durchzuatmen. Oje, da kommt ein grosser Reisebus angefahren. Ich weiss schon jetzt, was passieren wird. Für eine Viertelstunde bin ich für die älteren Herrschaften die Attraktion und mein Bild wird wieder in Dutzenden von Familienalben landen. Wie Heuschrecken fallen sie über mich und das urige Roadhouse her. Viel Zeit bleibt ihnen nicht. Drei Fotos im Inneren und schnell auf die Toilette. Die ganz Schnellen schaffen es im Laufschritt zur historischen Telegrafenstation, die hundert Meter entfernt liegt. So schnell der Spuk gekommen ist so schnell ist er wieder vorüber. Nun habe ich diesen Ort wieder fast für mich alleine. Das Pub ist ein Unikat und eines der schönsten im ganzen Outback. Die Wände sind mit Fotos und Andenken tapeziert. Hunderte von Geldscheinen aus der ganzen Welt bedecken die restlichen Wände. Das ist garantiert das speziellste Bankinstitut der Welt! Wer einen Geldschein übrig hat, kann seinen Namen darauf schreiben und an die Wand pinnen. Sollte man wieder einmal, auch nach Jahren, vorbeikommen, kann man mit diesem Geld sein eiskaltes Bierchen bezahlen. Leider habe ich nicht herausgefunden, wie hoch die Anlage verzinst wird. Michael, der Barkeeper, zeigt mir stolz die Souvenirs, die ihm Schweizer dagelassen haben: Ragusa, Aromat Dose, Sackmesser, Ricola und verschiedener Kleinkram, der mit einem Schweizer Kreuz versehen ist. Ganz stolz ist er auf die brandneue Fünfziger Banknote, die er mir zum Schluss präsentiert!

Zum Lunch bestelle ich mir den Burger mit Kamelfleisch. Das servierte Teil ist riesig! Vier getoastet Brötchen belegt mit Salat, Tomaten, Zwiebeln und dem hausgemachten Burger. Das Kamelfleisch schmeckt sehr kräftig und trifft genau meinen Geschmack. Ich geniesse dieses Essen doppelt. Morgen ist mein Geburtstag und da werde ich irgendwo im Busch draussen sein und nur eine Suppe schlürfen können. Das nächste Pub ist wieder drei Tagesmärsche entfernt. Meinen Proviant kann ich hier gut ergänzen. Barrow Creek führt auch einen kleinen Laden, wo ich das Nötigste finde. Sogar vier Äpfel wechseln den Besitzer! Der Mann, der hinter der Kasse sitzt ist auch der Koch. Ich lobe seinen Burger in den Himmel, so dass er über das gesamte Gesicht strahlt. Ich erkundige mich nach einem Wasserhahn, um meine Flaschen aufzufüllen. Er meint, das sei nicht gutes Wasser, «borewater» eben. So schenkt er mir kurzerhand eine grosse Flasche Quellwasser aus dem Kühlschrank! Auffüllen muss ich meine Gefässe trotzdem und das Wasser schmeckt ganz passabel. Die Frau des Kochs hat gesehen, dass ich kleine Propangasflaschen für meinen Campingkocher dabeihabe und fragt mich, ob ich noch weitere gebrauchen könnte. Reisende haben Exemplare mit noch wenig Inhalt bei ihnen entsorgt. Sie fand das sei Verschwendung und hat sie wieder aus dem Müll gefischt. Nun hat sie in mir einen dankbaren Abnehmer gefunden. Die drei kleinen Gasbomben werden mir mein Essen für mindestens zwei zusätzliche Wochen aufwärmen.

## Tag 41: Donnerstag, 7. Juli 2016, Kilometer 1254 (34)

# Richtiger Geburtstag

Heute ist mal wieder was los auf der Strasse. Ich beobachte von weitem, wie zwei Farmer ein totgefahrenes Rind an ihren Jeep hängen, es einige hundert Meter über den Stuart Highway ziehen und dann abbiegen. Als ich diese Abzweigung passiere, sehe ich in der Ferne nur noch eine grosse Staubwolke. Eine Stunde später überholt mich derselbe Wagen wieder. Dieses Mal ohne Kadaver, aber mit zwei riesigen Fleischbrocken auf der Ladefläche. Offenbar war das Rind noch nicht lange tot und das Fleisch noch brauchbar. Ich stelle mir bildlich vor wie die Steaks auf dem Grill brutzeln und mir läuft das Wasser im Munde zusammen. Das wäre genau der richtige Festschmaus.

Kurze Zeit später hält ein Auto und das Ehepaar bewundert mich und Mrs. Molly. Er habe wirklich schon viel in seinem Leben gesehen, aber einen Fussgänger, der durch ganz Australien läuft, ganz sicher noch nie, meint der Fahrer. Darum will er unbedingt ein Erinnerungsfoto haben. Kann er. Keine Stunde später wieder Besuch. Es fühlt sich an, als ob ich Geburtstag hätte! Die elektrische Scheibe des weissen SUV öffnet sich und eine Stimme fragt: «Bist du Christian?» Ziemlich verdutzt schaue ich mir das unbekannte Gesicht an. «Ja, der bin ich!» Die Erklärung folgt sogleich: «Viele Grüsse von Monique aus Katherine.» Das Ehepaar mit Tochter hatte vor ein paar Tagen die «School of the Air» besucht und Monique hat ihnen von mir erzählt. Sie hat ihnen aufgetragen, mir einen Gruss auszurichten. Sie schenken mir einen Apfel, eine Orange und zwei kleine Päckchen Chips. Mein erstes Geschenk heute! Jetzt fühlt es sich definitiv wie Geburtstag an. Die sympathischen «Sydneysider» wollen auch ein Foto fürs Familienalbum. Können sie haben.

Ich habe mich gerade für meine Mittagspause gemütlich am

Strassenrand eingerichtet. Mein Solarpanel liegt zum Aufladen in der Sonne. Wieder kommt Besuch. Das artet ja schon fast in Stress aus! Ein komischer Typ mit abgefaulten Stummelzähnen steuert mit seiner alten Karre kurzerhand zu mir in den Strassengraben und überfährt um ein Haar meinen Sonnenkollektor. «Warum bist du zu Fuss unterwegs, willst du mit mir mitfahren?» Ich sage ihm, dass ich in die andere Richtung unterwegs sei und sehr gerne die ganze Strecke zu Fuss gehe. «Wenn du aber wieder nach Norden möchtest, könnte ich dich jetzt mitnehmen.» «Ich will nicht nach Norden» bekräftige ich und bedanke mich für sein Angebot. Kopfschüttelnd legt er den Rückwärtsgang ein und fährt ohne zu gucken zurück auf den Highway. Mein Solarpanel habe ich nun sicherheitshalber in den Händen, denn dieses hätte er voll erwischt. Die Autos, die wegen seinem Manöver abbremsen müssen, beachtet er mit keinem Blick. Auch ich schüttle meinen Kopf. Das war nun wirklich ein ganz komischer Vogel. Und ein Erinnerungsfoto wollte er auch nicht!

Am Nachmittag nerven mich die Myriaden von Fliegen dermassen, dass ich zu meinem Netz greifen muss. Wieder hinter Gitter, spaziere ich bis 16 Uhr. Zelt aufstellen, einrichten und die Beine strecken. Meinen Geburtstag geniessen. Ich bin heute stolze achtundvierzig Jahre alt geworden. Der Bart, der stetig wächst, ist mit vielen Grautönen durchzogen. Die Haare auf dem Kopf werden immer lichter. Das Beste am Ganzen ist, dass ich noch immer abenteuerlustig wie vor dreissig Jahren bin. Noch immer kann ich mich für ein Projekt begeistern und es umsetzen. Wo andere in meinem Alter schon die Jahre bis zur Pension zählen, bin ich noch voller Tatendrang. Klar, mit einem Einkaufswagen über dreitausend Kilometer durch Australien zu spazieren ist nicht jedermanns Sache. Müssen auch nicht alle toll und nachahmenswert finden. Aber Menschen die keine Träume und Ideen mehr haben sind bedauernswert. Gefangen im Alltag. Abgestumpft von der täglichen Tretmühle. Unmotiviert und gelangweilt. Ein zutreffender Spruch sagt: Alltag kreiert keine Erinnerungen. Wie wahr! Oder erinnerst du dich noch an einen stinknormalen Tag vor zwei Monaten? Ganz sicher nicht. Einzigartige Erlebnisse bleiben jedoch in der Erinnerung haften und Jahre später, werden die Enkel interessiert deinen Erzählungen lauschen. Also, wenn immer möglich raus aus dem Alltag! Der Mensch ist ein Gewohnheitstier und Alltag kann sich natürlich sehr angenehm anfühlen. Alltag gibt vielen auch ein Gefühl von Sicherheit. Man sollte sich von dieser Monotonie aber nicht abstumpfen lassen. Jeder hat das Recht, ab und zu seine Komfortzone zu verlassen und auch verlassen zu dürfen. Einfach mal was Verrücktes machen, wie mit einem Einkaufswagen dreitausend Kilometer durch Australien spazieren! Du wirst zumindest ein bisschen verändert nach Hause kommen. Garantiert!

## Tag 42: Freitag, 8. Juli 2016, Kilometer 1289 (35)

# Ein Radler aus Adelaide

Seit langer Zeit treffe ich wieder einen Radler an: Guy, ein Lehrer aus Adelaide. In Südaustralien sind im Moment Schulferien und so hat er die Gelegenheit am Schopf gepackt. Er hatte früher schon die Strecke von Adelaide nach Alice Springs mit dem Velo befahren und so wollte er die Süd-Nord-Durchquerung des fünften Kontinents vervollständigen. Mit dem Flugzeug ist er nach Alice Springs geflogen. Er ist erst wenige Tage im Sattel. Gute zwei Wochen Zeit gibt er sich bis Darwin. So muss er im Schnitt um die hundert Kilometer pro Tag hinlegen. Die meisten «pushbikers», so werden die Radler im «Aussie slang» betitelt, legen pro Tag diese Strecke zurück. Etwa drei Mal so viel wie ich. Seine Reise nach Darwin verbindet er mit dem Besuch eines guten Freundes in Osttimor. Von Darwin aus ist das nur noch ein kurzer Flug. Guy radelt auch sehr viel bei sich zu Hause und kennt den Grossraum Adelaide sehr gut aus der Perspektive eines Fahrradfahrers. Das trifft sich gut! Meine letzte Strecke von Port Augusta bis Adelaide hat mir ein wenig Sorgen bereitet. Ich habe von verschiedenen Seiten gehört, dass dieser Strassenabschnitt extrem viel Verkehr aufweise. Guy bestätigt dies. Auf meiner Karte zeigt er mir, wo ich durchfahren soll. Parallel zur Hauptachse verlaufe eine ruhige Strasse durch wunderbare Landschaften und kleine Dörfer. Guy kommt richtig ins Schwärmen. Er habe diese Strecke schon einige Male mit dem Rad besucht. Einfach fantastisch! Und als ich sehe, dass die Strasse durch das bekannte Weinanbaugebiet des Clare Valley verläuft, ist für mich der Fall klar. Wenn ich es bis in den Süden schaffe, werde ich dem Rat des Lehrers folgen!

Im Übrigen ist der Tag ziemlich ereignislos. Ich komme bei angenehmen Temperaturen und einem leichten Rückenwind sehr gut vorwärts. Zwölf Kilometer vor dem Ti Tree Roadhouse mache ich Feierabend und schlage mich in die Büsche.

## Tag 43: Samstag, 9. Juli 2016, Kilometer 1322 (33)
## Frisches Mangoeis

Ti Tree ist eine kleine Ansiedlung. Ein gesichtsloses Roadhouse steht an der Strasse. Die Auswahl an Proviant ist sehr dürftig. So mache ich mich zum dreihundert Meter entfernten «Outback Grocerie Store» auf. Grosse Plakate haben schon Kilometer vor dem Ort seine Angebote angepriesen. Glücklicherweise bin ich früh dran, denn der Shop hat heute Samstag nur bis mittags geöffnet. Der Tante-Emma-Laden hält, was er verspricht. Für mich genügend Auswahl, um meine Proviantsäcke wieder aufzufüllen. Leider haben sie keinen «instant» Porridge im Regal. So weiche ich zur Abwechslung auf Brot und Erdnussbutter aus. Auch das schmeckt und versorgt mich mit genügend Kalorien. Apropos Kalorien: Ich habe mir zuhause bewusst über vier Kilogramm zusätzliches Körperfett angefressen. Nach sechs Wochen sind diese Fettreserven praktisch restlos verschwunden. Nur noch am Bauch ist ein kleines Röllchen geblieben. Mit siebenundsiebzig Kilogramm bin ich gestartet und ich schätze mein heutiges Gewicht auf knappe siebzig! Ich bin ständig am Futtern und erhöhe laufend meine Rationen, um nicht vollständig abzumagern.

Auch nach diesem Einkauf habe ich grosse Mühe die leckeren Sachen zu verstauen. Mrs. Molly wird zum Lastesel. Ich genehmige mir noch eine Portion Pommes, fülle meine Wasserflaschen auf und bin zurück auf der Strasse. Nach zehn Kilometern staune ich nicht schlecht: «Red Centre Mango Farm» steht auf einem Schild. Klein unten dran noch der Zusatz:

«Fresh homemade mango ice cream». Ich muss nicht lange überlegen und biege rechts ab, muss noch über einen «grid» holpern und schon stehe ich vor dem Shop. Freundlich werde ich von einem älteren Mann begrüsst. Er ist der Manager des Anwesens, das übrigens zum Verkauf steht. 1800 Mangobäume sollten demnächst den Besitzer wechseln. Und noch eine Überraschung: Zum Anwesen gehören auch einige Hektaren Weinreben. Ich hätte nicht gedacht, dass in diesem heissen Klima die Weinstöcke so gut gedeihen. Der kleine Laden hat eine überraschend grosse Auswahl an Lebensmitteln. Mich interessiert aber nur das Mangoeis. Ich kaufe mir einen kleinen Becher und setze mich draussen unter einen Baum. Mmmmh, der Abstecher hat sich gelohnt, das Eis schmeckt sensationell! Aus den Mangos produziert die Farm auch Likör, Wein, Sekt und Chutney. Ich überlege mir, ob ich die Liegenschaft für die schlappen 1,5 Millionen Dollar kaufen sollte. Ich komme aber zur Überzeugung, dass der Aufwand ein bisschen zu gross wäre, nur damit ich jeden Tag «kostenlos» ein leckeres Eis essen dürfte!

**Tag 44: Sonntag, 10. Juli 2016, Kilometer 1355 (33)**

## Kochendes Auto

Ein wunderschöner Morgen erwartet mich. Über Nacht sind einige Wolken aufgezogen und ergeben einen spektakulären Kontrast zum dunkelblauen Himmel. Ich mache einige Langzeitbelichtungen mit vorbeifahrenden Autos und Roadtrains. Die roten Rücklichter zeichnen so farbige Linien durch das ganze Bild. Die Sonne blinzelt durch die Wolken und wirft ein spezielles Licht auf die Landschaft. Die roten Termitenhügel leuchten mit den weissen Stämmen der Eukalyptusbäume um die Wette. Ein Morgen einfach nur zum Geniessen!

Die Wolkenformationen wandern praktisch mit derselben Geschwindigkeit wie ich gegen Süden. Einen grossen Teil des Vormittages komme ich so in den Genuss eines eindrücklichen Sonne-Schattenspieles. Kurz vor Mittag holpert ein weisses Auto vor mir langsam in den Strassengraben und hält an. Ein Aborigine steigt aus und öffnet die Motorhaube. Von weitem sehe ich die Dampfwolke aufsteigen. Der gute Mann hat seine Lotterkiste zum Kochen gebracht! Ein bisschen ratlos steht er vor der Bescherung. Zum Glück für den Ureinwohner ist die Pannenhilfe in Form von Mrs. Molly und mir zur Stelle! Ich frage den Fahrer, ob er Wasser benötige. «Yes, that would be very handy!» Da ich mein Wasser zuunterst im Einkaufswagen bunkere, muss ich erst mal das Gepäck ausladen. Der Kühler ist noch immer am Kochen und so warten wir gemeinsam bis sich das Teil abkühlt. David ist recht gesprächig. Er wohnt in Ti Tree und fragt mich, ob ich dort an der Strasse das weisse Kreuz mit den Blumen gesehen habe. «Ja, das habe ich gesehen.» Fast stolz erzählt er mir, dass er vor fünf Jahren mit seinem Bruder im Unfallwagen gesessen habe. Der linke hintere Pneu sei während der Fahrt geplatzt. Das Auto habe sich sechs Mal überschlagen und sei in den Baum geprallt, wo jetzt das Kreuz stehe. Sein Bruder sei nicht angegurtet gewesen. Er habe gesehen, wie dieser durch die Windschutzscheibe geschleudert und sein Schädel zertrümmert wurde. Jede Hilfe sei zu spät gekommen. Herbeieilende Leute hätten ihn ohne eine Schramme aus dem total zerstörten Wrack geborgen. Er hatte sich angegurtet. Mit einem Lachen erzählt David, dass er ja noch fünf Brüder und eine Schwester habe. Ich stehe mit offenem Mund vor David und staune, dass er mir diese Horrorstory wie eine Gutenachtgeschichte für Kinder erzählt hat! Er plaudert weiter und meint, dass er mit seinen vierzig Jahren der älteste der Geschwister sei. Sein Vater habe schon zweiundachtzig Jahre auf dem Buckel. Seine Mutter werde dieses Jahr fünfundsiebzig. Er will natürlich auch wissen, warum ich zu Fuss unterwegs sei und welche Strecke ich noch bewältigen wolle. «Nicht schlecht, dass du fünfunddreissig Kilometer pro Tag schaffst», staunt David. Manchmal, wenn er mit Freunden auf die Jagd gehe und ihre Schrottkarre wieder einmal den Geist aufgebe, müssten auch sie zu Fuss gehen. Schon einige Male seien sie über vierzig Kilometer nach Hause gelaufen, natürlich barfuss. Aber dann nähmen sie einfach eine Abkürzung durch den Busch, schmunzelt er. Das Ziel ihrer Jagd seien wilde Truthähne und Kängurus. Diese erlegen sie nach traditioneller Art mit dem Bumerang. Schusswaffen verwenden sie nie.

Der dampfende Kühler hat sich mittlerweile soweit abgekühlt, dass David es wagt, den Deckel langsam abzuschrauben. Ich warne ihn noch, das Ganze langsam anzugehen. Zumindest einen Lappen hat er über den Deckel gelegt und schraubt ihn vorsichtig auf. Es zischt und faucht und mit einem kleinen Geysir entweicht der restliche Druck. Wir beide springen lachend auf die Seite und sind froh, dass uns das kochende Wasser nicht erwischt. Meine kostbaren zwei Liter Trinkwasser sind schnell aufgebraucht. «Brauchst du mehr?» «Yes brother» antwortet er, schaut mir ins Gesicht und fragt, ob ich noch genügend für mich selber habe. «No worries mate, diesen Liter kann ich noch erübrigen.» Der Kühler ist nun wieder randvoll und David verabschiedet sich mit einem «thanks bro.»

Die Bewölkung hat stark zugenommen und die Sonne lässt sich heute nicht mehr blicken. Ich schlage mein Camp ausnahmsweise bei einer «rest area» auf. Diese hier ist weitläufig und nur drei andere Parteien haben sich niedergelassen. Ich bin gerade am Füsse waschen und einsalben, als mein direkter Nachbar zu mir rüberkommt. Er erkundigt sich, ob ich Lust habe mit ihm und seiner Frau eine Tasse Tee zu trinken. «Ja gerne, ich will nur noch schnell meine Pediküre beenden, dann komme ich vorbei.» Fusspflege mache ich jeden Abend. Ich wasche sie, kontrolliere, ob alles in Ordnung ist und reibe sie grosszügig mit

Bodylotion ein. Die Blasen sind mittlerweile längst verheilt.

Meine Nachbarn heissen Marelyn und Stephen. Es sind pensionierte Südaustralier, die mit ihrem Wohnmobil regelmässig «on tour» sind. Stephen war früher Mallehrer, hat dann aber über dreissig Jahre für den Zoll gearbeitet. Marelyn hat eine noch bemerkenswertere Karriere hinter sich. Ihr Hauptjob war Krankenschwester. Dann hat sie zweimal ein Café geführt. Auch mit einem Gesundheits-Massagebetrieb mit mehreren Angestellten war sie voll ausgelastet. Später war sie als Busfahrerin für die Firma Greyhound mit einem Reisebus unterwegs und einige Zeit fuhr sie sogar mit einem Betonmischer von Baustelle zu Baustelle. Solche Lebensläufe findet man in der Schweiz leider nicht so oft. Es sollte auch bei uns einfacher sein, neue Sachen auszuprobieren. Ohne passenden Fähigkeitsausweis oder Spezialausbildung läuft in der Eidgenossenschaft leider nicht viel.

Zum Tee wird Süsses gereicht. Dick mit Butter bestrichene Kuchenstücke und eine ganze Menge Cookies landen allesamt in meinem Bauch. «Greif nur zu, der Teller ist nur für dich alleine» animiert mich Marelyn. Wie selbstverständlich werde ich kurzerhand zum Nachtessen eingeladen. Eine riesige Portion Kartoffelpüree, dazu Bohnen, Kürbis und Karotten, lässt das gegrillte Stück Fleisch in der Mitte des Tellers noch besser schmecken. Dazu serviert Stephen eiskaltes Bier. Zu später Stunde prosten wir uns mit Portwein aus der Vierliterbox zu. Wie es sich in Australien gehört, füllt Stephen die Gläser randvoll. Satt und ein bisschen angeheitert habe ich zuerst ein wenig Mühe in der Dunkelheit mein Zelt zu finden.

## Tag 45: Montag, 11. Juli 2016, Kilometer 1389 (34)
## Kalte Dusche

Es ist noch immer stark bewölkt. Heute gibt es ausnahmsweise keinen Sonnenaufgang zu bestaunen. Dafür bin ich schon um 9 Uhr beim Aileron Roadhouse. Zwei riesige Aborigines Statuen begrüssen mich von weitem. Siebzehn Meter hoch ist der «Big Man» mit seinem Speer! Vor dem Gasthaus steht eine stämmige Frau, die mich mit einem «how are you» begrüsst. Ein kurzer Smalltalk gehört in Australien einfach immer dazu. Meine Standardantwort ist vielfach «pretty good», aber heute benutze ich «not too bad», was sich als ein riesiger Fehler herausstellt. «Not too bad» bedeutet für mich «nicht schlecht» oder «alles im grünen Bereich». Im Normalfall gilt das auch für die Australier – nicht aber für diese Frau. Ich bin zu Fuss unterwegs und da ist «not too bad» nicht gut genug. «Was fehlt dir, bis du krank?» Verdutzt komme ich in Erklärungsnotstand: «Nein, nein, mir geht es prächtig!» Sie mustert mich von oben bis unten und sagt: «Du hast aber gesagt, es gehe dir nur not too bad, also was ist mit dir los?» Stotternd bemühe ich mich ihr begreiflich zu machen, dass ich topfit und kerngesund bin. «Wirklich, bis du sicher?» Jetzt wird es mir definitiv zu bunt und ich erwidere: «Abgesehen davon, dass ich mit einem Einkaufswagen von Darwin nach Adelaide marschiere, geht es mir wunderbar!» Mit einem «have a nice day» verdrücke ich mich ins Innere des Pubs und hoffe, dass ich von der besorgten Lady nicht weiter belästigt werde.

Tatsächlich finde ich hier ein funktionierendes Internet. Ich setze mich für eine Stunde in die Gaststube und erledige das Administrative. Perfekt, auch mein Mietwagen ist nun bestätigt worden! Hat also reibungslos geklappt. Ich bezahle vier Dollar, damit ich die Dusche auf dem Campingplatz benutzen darf. Nach acht Tagen im Busch habe ich es bitter nötig. Leider kommt nur kaltes und eiskaltes Wasser aus der Brause. Trotzdem geniesse ich den Wasserstrahl auf meinem Körper! Erst jetzt merke ich, wie dünn ich geworden bin. Mein Körper fühlt sich anders an. Nur noch Knochen und Muskeln. An Stellen, an denen ich gedacht habe, ich hätte Muskeln und nicht Fett, stehen nun die Knochen heraus. Nur noch am Bauch konnte ich ein kleines Fettröllchen in die Gegenwart retten. Dabei bin ich andauern am Futtern! Nach der guttuenden Körperpflege fülle ich meine Wasserflaschen und bin wieder zurück auf der Strasse.

### Tag 46: Dienstag, 12. Juli 2016, Kilometer 1421 (32)

## Thirsty Thursday

Mich erwartet ein grauer und kühler Tag. Keine fünfzehn Grad warm ist es und ein bissiger Wind bläst mir ins Gesicht. Fast wie ein Februartag mit zähem Hochnebel im Schweizer Mittelland. Aus fotografischer Sicht einfach nur langweilig. Ein Tag zum Abwinken. Kilometer fressen. Etwas Gutes haben solche Tage. Ich werde nicht allzu stark abgelenkt und kann meinen Gedanken nachhängen. Seit Tagen beschäftigt mich ein Thema: Das Verhältnis zwischen den weissen Australiern und den Aborigines. Vor Wochen hatte ich bei einem Roadhouse Halt gemacht und hatte mich gewundert, warum so viel los war. Viele Ureinwohner hatten das Pub frequentiert. Ein weisser Australier hat mir dann erklärt, es sei wieder «Thirsty Thursday» – durstiger Donnerstag. Das musste er mir natürlich genauer erklären. Jeden Donnerstag wird das Arbeitslosengeld ausbezahlt. Die Durstigen unter den Empfängern investieren einen grossen Teil des Geldes umgehend in Alkohol! Zirka vierhundert Dollar pro Woche erhält eine Person ohne Job, ob schwarz oder weiss. Hier hört die Gleichstellung aber auf.

Zusätzlich werden die Ureinwohner mit günstigem oder sogar kostenlosem Wohnraum unterstützt. Auch die ärztliche Versorgung gibt es umsonst. Mindestens 1/16 Aborigines-Blut muss in den Adern fliessen, um von diesen Vergünstigungen profitieren zu können. Nun ist mir klar, warum die weissen Australier häufig nicht so gut auf die Ureinwohner zu sprechen sind. Ein gewisser Neid schwingt da häufig mit. In Gesprächen konnte ich einige Male einen dezenten Rassismus zwischen den Zeilen spüren. Andere poltern offen und ehrlich über diese, aus ihrer Sicht, unfairen Zustände! Die Ureinwohner bekommen vieles geschenkt und sie persönlich müssen für jeden Dollar hart arbeiten. Kein Wunder beenden viele Aborigines die Schule nicht. Aus welchem Grund sollten sie eine Ausbildung machen, wenn das Geld auch so fliesst. Zur Uni gehen, arbeiten und Karriere machen, nein danke! Fairerweise muss man sagen, dass es sie auch gibt, die zuverlässig arbeitenden Ureinwohner. Besonders als «stockmen« sind sie legendär. Auf den abgelegenen Farmen sind sie geschätzte und unersetzliche Arbeiter. Immerhin hat die Regierung seit Anfang des Jahres die Zahlungsmodalitäten für die Aborigines geändert. Neu wird nur noch zwanzig Prozent des Geldes in bar ausbezahlt. Mit dem anderen Teil können sie nur Lebensmittel und Artikel des täglichen Gebrauchs kaufen. Also keinen Alkohol und Tabakwaren. Offensichtlich scheint der Systemwechsel schon Wirkung zu zeigen. Die Alkoholiker können nicht mehr das ganze Geld versaufen, während ihre Kinder zu Hause hungrig am Tisch sitzen. Eine andere Einnahmequelle der Ureinwohner ist ihr Landbesitz. Grosse Landstriche sind zu Recht wieder in ihren Besitz übergegangen. Durch den Abbau von Bodenschätzen auf ihrem Land werden die Aborigines durch die Minengesellschaften entschädigt. Das können jährlich Millionenbeträge sein! Das sind aber nur die finanziellen Aspekte. Die Probleme sind noch vielschichtiger. Auch nach über zweihundert Jahren weisser Besiedelung ist der kulturelle Unterschied immer noch riesengross und scheint fast unüberwindbar. Als Nicht-Ureinwohner kann man deren Denk- und Lebensweise nur schwer verstehen. So kann ich nachvollziehen, dass das Verhältnis zwischen Weiss und Schwarz, gelinde gesagt, ein bisschen schwierig ist!

**Tag 47: Mittwoch, 13. Juli 2016, Kilometer 1454 (33)**

## Wärmende Socken

Die ganze Nacht hat der kühle Wind an meinem Zelt gerüttelt. Es ist das erste Mal, dass ich Mühe habe, meinen warmen Schlafsack zu verlassen. Es ist wirklich kalt geworden. Als Erstes hole ich meine winddichte Regenjacke aus dem Seesack. Der Wind erschwert meine morgendlichen Tätigkeiten beträchtlich. Mit Mrs. Mollys Deckel muss ich einen Windschutz bauen, um mein Kaffeewasser zum Kochen zu bringen. Jeder Handgriff muss sitzen. Vor allem beim Zeltabbau muss ich aufpassen, damit nicht einer der zahlreichen Packsäcke auf Nimmerwiedersehen von einer Böe mitgerissen wird. Ich mache mir schon ein bisschen Sorgen, denn ich befinde mich noch einigermassen im Windschatten von Büschen und Bäumen. Wie wird sich der Wind auf der Strasse anfühlen? Glasklar ist mir bewusst, dass wieder dieser Südostwind am Werk ist, sprich Gegenwind für mich. Ganze zwanzig Minuten länger benötige ich als an windstillen Tagen, um alles zusammenzupacken. Im Schein der Stirnlampe holpere ich durchs Gebüsch zurück auf die Strasse. Der Wind pfeift mir um die Ohren und ich hoffe nur, dass dieser im Verlauf des Tages ein bisschen Erbarmen mit mir haben wird. Nach fünf Minuten laufen muss ich anhalten. Meine Hände sind eiskalt und taub. Mir war bewusst, dass manche

Nächte im Zentrum Australiens sehr kalt sein können. Ich erinnere mich, dass ich vor Jahren in Alice Springs die Windschutzscheibe meines Geländewagens von Eis befreien musste! Beim Packen zu Hause habe ich an alles andere als Handschuhe gedacht! Glücklicherweise kommt mir die rettende Idee. Kurzerhand muss mein zweites Paar Wandersocken zum Wärmen meiner Hände herhalten. Soweit so gut. Doch der Wind ist hartnäckig. Unnachgiebig. Einzelne Böen bringen mich praktisch zum Stillstand. Der Wind wird nicht müde. Noch immer ist alles grau in grau. Keine Sonne, die ein bisschen Wärme schenkt. Ich gönne mir nur kurze Pausen. Es ist einfach alles andere als gemütlich, sich bei diesem Wetter länger als fünf Minuten nicht zu bewegen.

Meine Mittagspause verbringe ich im Windschatten eines grossen Gedenksteines. Dieser steht für irgendwelche Pioniere, die 1872 durchs Land gezogen sind. Ich gehe einmal davon aus, dass sie mir den Missbrauch dieses Ortes verzeihen werden. Meine Nudelsuppe ist gerade am Kochen, als zwei Autos auf den Parkplatz fahren. In jedem sitzen fünf Japaner. Sie trauen ihren Augen nicht, als sie mich entdecken. Es ergibt sich nur ein sehr kurzes Gespräch, denn sie frieren in ihren kurzen Hosen erbärmlich. Sie überlassen mir eine halbe Packung Kekse und beeilen sich, in ihre beheizten Wagen zurückzukommen. Ich packe meine Siebensachen zusammen und bin abmarschbereit, als ein weiteres Auto auf den Parkplatz abbiegt. Ein bekanntes Gesicht steigt aus. Es ist David, dem ich Wasser für seinen kochenden Kühler spendiert hatte. Er sei auf dem Weg ins Spital nach Alice Springs, fühle sich nicht besonders gut und möchte sich dort untersuchen lassen. Er habe mich von der Strasse aus gesehen und wolle sich noch einmal bei mir für die Pannenhilfe bedanken. Er schüttelt mir die Hand und seine gesamte Familie winkt mir freundlich aus dem Auto zu. Ich wünsche ihm alles Gute. Ich mache es Davids Auto gleich und reihe mich wieder in den spärlichen Verkehr Richtung Süden ein.

Der Wind lässt am Nachmittag nur ein wenig nach. Weit vornübergebeugt stosse ich Mrs. Molly Kilometer für Kilometer durchs Outback. Zur Abwechslung hält wieder einmal ein Geländewagen. Sie hätten mich vor zwei Wochen in der Region von Tennant Creek gesehen. Ich sei mit einem weissen Gesicht unter einem Baum gesessen. Offensichtlich hatte ich mich gerade mit Sonnencreme eingerieben. Am Steuer des Wagens sitzt ein Mann im selben Alter wie ich, auf dem Beifahrersitz seine Frau. Auf den hinteren Sitzen thronen die zwei Schwiegermütter, respektive die Mütter der beiden. Die Bezeichnung wird sich je nach Qualität ihrer Beziehung ändern. Im Moment scheint alles zu passen, denn sie durften mit auf die Reise! Sie wollen selbstverständlich alles ganz genau wissen. Vor allem die Dame hinten rechts stellt sehr kluge Fragen: «Was machst du, wenn es regnet?» oder «Wo wohnst du?» Sehr geduldig erkläre ich ihr, dass ich wirklich alles dabeihabe. Sogar eine Regenjacke, wenn es regnet und ein Zelt mit Schlafsack zum Wohnen! Plötzlich hat es der Fahrer eilig. Ich schätze, die komische Fragerei seiner Mutter oder Schwiegermutter war für ihn zu viel des Guten. Ich ringe mir noch ein gequältes Lächeln für die Kamera der geistreichen Fragestellerin ab.

## Tag 48: Donnerstag, 14. Juli 2016, Kilometer 1484 (30)

# Höchster Punkt erreicht

Ein sternenklarer Himmel erwartet mich. Dementsprechend kalt ist es geworden. Mein Zelt ist mit einer dünnen Eisschicht überzogen. Alles fühlt sich klamm und feucht an. Kein angenehmes Gefühl. Der Wind ist geblieben. Meine Nase läuft. Zügig packe ich nach dem schnellen Frühstück alles zusammen. Einfach in Bewegung bleiben. Auf der Strasse erwartet mich der Wind, der mich schon die letzten zwei Tage begleitet hat. Die Socken sind an den Händen, die Kapuze gesetzt und der Reissverschluss bis unters Kinn hochgezogen. Der Wind kann ich nicht wegfluchen; ich muss ihn einfach so akzeptieren. Zumindest weiss ich, dass mich die Sonne während des Tages ein wenig wärmen wird. Um 10 Uhr erreiche ich das «Tropic of Capricorn». Viele Reisende machen am «Wendekreis des Steinbockes» einen kleinen Zwischenhalt. Dieser geografische Punkt markiert den südlichsten Wendekreis, an dem die Mittagssonne gerade noch den Zenit erreicht, nämlich nur am 21. oder 22. Dezember, dem Tag der Sommersonnenwende auf der Südhalbkugel. Die Leute werfen sich vor dem Weltatlas in ihre beste Pose. So auch Mrs. Molly und ich.

Kurze Zeit später weist schon wieder ein Wegweiser zu einem Höhepunkt. Am Strassenrand wurde ein kleines Monument errichtet, das den höchsten Punkt des Stuart Highways zwischen Darwin und Port Augusta markiert. Auf der Metallplakette steht zwar, wer dieses Kunstwerk erbaut hat, aber das Wichtigste haben sie vergessen. Mich würde interessieren wie hoch über Meer ich mich befinde. Jemand verrät mir, dass ich hier auf stolzen 731 Meter über dem Meeresspiegel stehe. Ein gutes Gefühl, denn nun geht es theoretisch nur noch talwärts!

Wie die letzten Tage lässt der Wind am Nachmittag ein wenig

nach. Einen kleinen Anstieg muss ich allerdings noch bewältigen. Die Eisenbahntrasse des «Ghan» untertunnelt die Strasse. Von hier oben geniesse ich einen wunderbaren Blick Richtung Süden. Die West MacDonnell Ranges erheben sich in einiger Entfernung bis zu 1500 Meter hoch aus der Ebene.

Mein Timing ist perfekt. Ich hatte vor knapp zwei Wochen per Internet einen Mietwagen gebucht. Diesen muss ich am Freitag um Punkt 12 Uhr abholen. Morgen kann ich die restlichen dreizehn Kilometer also gemütlich unter die Füsse nehmen. Ich freue mich sehr auf diese vier marschfreien Tage. Mein Körper braucht unbedingt eine Pause. Mir geht es zwar prächtig, doch die Dauerbelastung nagt langsam aber sicher an meiner gesamten Verfassung. Vier Tage ohne Mrs. Molly, vier Tage ohne Gegenwind, vier Tage bequem mit dem Auto unterwegs. Auf der anderen Seite freue ich mich jetzt schon, die zweite Hälfte meines Abenteuers in Angriff zu nehmen!

**Tag 49: Freitag, 15. Juli 2016, Kilometer 1497 (13)**

## Ferien von den Ferien

Minus drei Grad Celsius, aber windstill. Die Kälte ist so sehr gut zu ertragen. Ganz gemütlich kann ich meinen Kaffee schlürfen. Die restlichen Kilometer bis Alice Springs sind eine einfache Übung. Am Ortseingang steht in grossen Lettern geschrieben: «Welcome to Alice Springs». Mrs. Molly und ich posieren vor dem Schild und wir sind beide ein klein bisschen Stolz, dass wir die erste Hälfte der Reise gemeistert haben. Wir machen eine Ehrenrunde, bis wir die Autovermietung gefunden haben. Ich kriege einen roten, japanischen Flitzer. Meine gesamte Ausrüstung wechselt von der zuverlässigen Molly zur asiatischen Konkurrenz. Meine Lady darf ich auf dem Gelände des Vermieters für die paar Tage stehen lassen. Ich finde eine ruhige Ecke und kette sie an den Zaun. Die nette Dame, die mit mir das Administrative erledigt hat, bitte ich, jeden Tag meinen Einkaufswagen mit einem «good morning Mrs. Molly» zu begrüssen. So ist sie es von mir gewöhnt.

Es fühlt sich komisch an, mit hundert Stundenkilometern unterwegs zu sein. Ich fahre Richtung Westen zu den West MacDonnell Ranges. Einen ersten Abstecher mache ich beim Simpsons Gap. Die kleine Schlucht führt nur wenig Wasser. Auf der anderen Seite der Schlucht entdecke ich einige «black-footed rock wallabies». Die schwarzfüssigen Felskängurus bewegen sich geschickt in diesem felsigen Gelände. Leider sind sie vom Aussterben bedroht.

Zurück im Wagen fahre ich gemütlich in den Abend hinein und geniesse die herrliche Landschaft auf sehr bequeme Art und Weise.

**Tag 50: Samstag, 16. Juli 2016**

## Uluru

Für die Fahrt ins Zentrum von Down Under muss ich 450 Strassenkilometer bewältigen. Ein seltsames Gefühl überkommt mich. Für die ersten 210 Kilometer bis nach Erldunda benötige ich nur mickrige zwei Stunden. Hier zweigt der Lasseter Highway gegen Westen Richtung Uluru oder besser bekannt unter dem Namen Ayers Rock ab. In wenigen Tagen werde ich zu Fuss für dieselbe Strecke eine ganze Woche benötigen! Ich inspiziere prophylaktisch die beiden Roadhouses auf der Strecke. Beide sind mit Esswaren sehr gut bestückt. So werde ich in Alice Springs nicht zu viel Proviant bunkern müssen. Kurz vor 16 Uhr treffe ich auf dem Campingplatz in Yulara ein. Ich möchte eigentlich nur einen Platz für mein Zelt, aber die Menschenschlange vor dem Check-In ist enorm. Bis 21 Uhr ist dieser geöffnet und so mache ich auf dem Absatz kehrt und fahre direkt in den Nationalpark. Wild campieren ist im Park strikte verboten. Am Parkeingang werden stolze fünfundzwanzig Dollar für einen Dreitagespass verlangt. Ich bin schon zum vierten Male beim Uluru, aber an Faszination hat der rote Felsen nichts eingebüsst. Zum Sonnenuntergang befinde ich mich, wie Hunderte andere auch, auf dem «sunset viewing car park». Viele Leute haben es sich gemütlich eingerichtet. Die Campingstühle sind platziert, die warmen Decken griffbereit und auch die Bierchen sind kaltgestellt. Die Logenplätze habe die, die auf ihrem Auto einen Gepäckträger montiert haben. Erhöht geniessen sie, in einer liegenden Stellung, den imposanten Sonnenuntergang. Es ist erstaunlich, wie der Felsen innerhalb Minuten seine Farbe wechselt!

## Tag 51: Sonntag, 17. Juli 2016
## Früh dran

Offiziell ist der Nationalpark ab 6:30 Uhr geöffnet. Ich bin aber schon um 4 Uhr hellwach. Unter der Dusche verfliegt die restliche Müdigkeit schnell, denn die Sanitäranlagen sind nicht beheizt. Die Temperatur liegt knapp über dem Gefrierpunkt. Zu so früher Morgenstunde habe ich die gesamte Anlage für mich alleine. So benutze ich die Ruhe und den Platz, um meine Kleider zu waschen. Alles in den Trog schmeissen, genügend heisses Wasser einlaufen lassen und grosszügig mit der vorhandenen Handseife ein Schaumbad anrichten. Die ganze Sauce lasse ich während meiner eigenen Dusche einweichen. Anschliessend ein wenig kneten, drücken, ziehen und drehen und fertig ist der Waschtag. Die Sachen sind nun erstaunlich sauber, vor allem duftet alles wieder frisch! Das Innere meines Autos missbrauche ich als Wäschetrockner. Ausser dem Fahrersitz ist das gesamte Fahrzeug mit feuchten Kleidern ausgelegt.

Um Viertel vor sechs kutschiere ich los. Die Schranke des Parks ist geöffnet und so fahre ich frech, ohne anzuhalten hinein. Ich begebe mich wieder zum Sonnenuntergangsparkplatz und kann herrliche Bilder mit Uluru und dem Sternenhimmel in den Kasten bringen. Nun fahre ich zum Sonnenaufgangsparkplatz. Hier bin ich nicht mehr alleine. Ganze Heerscharen von Touristen sind auch früh aufgestanden, um den Tagesanbruch um halb acht nicht zu verpassen. Aus fotografischer Sicht ist diese Location eine Enttäuschung. Die Sonne kommt in einem viel zu spitzen Winkel und erhellt nur kleine Teile des Felsens. Die Anlage ist aber wunderschön gestaltet. Viele «desert oaks» (Wüsteneichen) geben dem Ort einen eigenen Touch. Der Name dieser Bäume irritiert, denn sie sind mit Eichen überhaupt nicht verwandt. Der deutsche Name ist Wüstenkasuarine. Viele Pflanzen sind gut beschildert, sehr interessant für jeden Botaniker. Nachdem die grosse Masse an Menschen gegangen ist, mache auch ich mich auf den Weg. Ich wandere gemütlich um den Monolithen. Diese etwas mehr als zehn Kilometer lange Wanderung kann ich nur empfehlen. Eigentlich ist dieser Fussmarsch ein absolutes Muss bei einem Besuch des heiligen Felsens. Von weitem sieht der Berg relativ glatt aus. Von nahem erkennt man aber viele Einbuchtungen, Höhlen und faszinierende Felsformationen. Ein einzelner Bach führt noch immer Wasser und speist einen kleinen Pool am Fusse des Abhangs. Da es in den letzten Wochen ungewöhnlich viel geregnet hat, ist die Umgebung schön grün und viele Blumen stehen in voller Blüte. Viele Infotafeln geben über einzelne Abschnitte interessante Hintergrundinformationen. An speziell ausgeschilderten Stellen sollte man das Fotografieren unterlassen, da diese Orte eine hohe spirituelle Bedeutung für die Ureinwohner haben. Das Erklimmen von Uluru sollte man sein lassen. Der Berg ist für die Aborigines heilig. Sie würden ihn nie besteigen. Auf allen Prospekten wird auch darauf hingewiesen, aber noch immer erklimmen leider jeden Tag Hunderte von Gipfelstürmern das Heiligtum. Sind dies alles Ignoranten? Keine Ahnung. Bei meiner ersten Australienreise im Jahr 1989 war die Besteigung noch Pflichtprogramm. Stolz kaufte ich mir im Souvenirshop ein T-Shirt mit dem Aufdruck «I climbed Ayers Rock». Acht Jahre später war man schon viel sensibler und die Textilien mit dem Aufdruck «I didn't climb Ayers Rock» fanden besseren Anklang.

Dreiundvierzig Kilometer westlich liegt die Gebirgsformation Kata Tjuta, auch bekannt als Olgas. Im späten Nachmittagslicht unternehme ich die Wanderung ins «Valley of the Winds». Auch hier führt ein kleiner Bach noch ein wenig Wasser. Kleine Pools laden zu Fotos mit Spiegelungen ein. Zum Sonnenuntergang versammelt sich die ganze Touristenschar, wie gehabt, bei der «sunset viewing and picnic area». Zugegeben, ich bin es nicht gewohnt, mit Dutzenden Touristen in Reih und Glied hinter meinem Stativ zu stehen und auf den besten Augenblick zu warten. Doch der Platz hier ist wirklich perfekt gewählt. Das letzte Licht auf den Felsköpfen bringt diese so richtig zum Brennen! Kaum sind die Olgas im Schatten, leert sich der Platz im Nu. Die meisten fahren so schnell wie möglich nach Yulara zurück, um ein gediegenes «dinner» in einem der Restaurants zu geniessen. Doch die Magie fängt jetzt erst richtig an! Der Himmel in meinem Rücken leuchtet immer intensiver und strahlt auch auf die Olgas ab. Mit langen Verschlusszeiten gelingen so fast surreale Aufnahmen. Der Vollmond beleuchtet die Szenerie zusätzlich. Für mich ist immer noch nicht Feierabend. Ich fahre zum Uluru-Sonnenaufgangsplatz und banne den Ayers Rock im Schein des Mondes auf den Film.

**Tag 52: Montag, 18. Juli 2016**

## Kata Tjuta

Auch heute bin ich schon früh unterwegs. Ich fahre nochmals zu den Olgas. Die schwarze Silhouette der runden Gebirgsköpfe mit dem blauen Sternenhimmel im Hintergrund ergeben herrliche Impressionen. Wieder ein paar Kilometer zurück Richtung Yulara, wartet die «Kata Tjuta Domes viewing area». Am spektakulärsten ist hier aber der Blick nach Osten. Der schwarze Block von Uluru thront einsam in der Ebene. Pünktlich um halb acht steigt die Sonne links neben ihm langsam über den Horizont.

Ich fahre zurück auf den Campingplatz, denn ich sollte das Gelände bis 10 Uhr verlassen haben. So packe ich also mein Zelt zusammen und mache es mir aber anschliessend noch für drei Stunden in der Campingküche bequem. Gemütlich esse ich zu

Mittag, lade einige meiner Akkus auf und arbeite intensiv an meinem Tagebuch. Sogar das WiFi funktioniert hier draussen. Für schlappe zehn Dollar kann ich einen ganzen Tag surfen. Die Zeit vergeht wie im Fluge. Ich erschrecke, als ich sehe, dass es schon 15 Uhr ist! Nun sollte ich wirklich los. Ich will noch mindestens die halbe Strecke zurück nach Alice Springs schaffen. Nach einer Stunde Fahrzeit taucht auf der linken Seite wieder der Mount Conner auf. Viele Reisende, die zum ersten Mal hierherkommen, verwechseln diesen Felsen in der ersten Aufregung mit dem Uluru. Ich stoppe kurz, um weitere Bilder des Tafelberges von einer schönen roten Sanddüne aus zu schiessen.

Kurz vor Sonnenuntergang tauchen die Lichter des Erldunda Roadhouse am Stuart Highway auf. Ich mache es mir im Pub bequem und bestelle mir einen «Fisherman's Basket». Nach nur zehn Minuten bringt mir der Koch eine riesige Portion. Vier verschiedene Sorten Fisch finde ich auf dem Teller: Calamares, Fischfillet, Fischnuggets und Scampi. Alles frittiert. Dazu die obligaten Kartoffelschnitze, garniert mit einem reichhaltigen Salat. Völlig satt nehme ich noch einige Kilometer unter die Räder. Genau zweiunddreissig, um genau zu sein. Ich stelle mein Zelt bei einer hübschen «rest area» auf. Auf den Hügeln um den Campingplatz wachsen wunderschöne Wüsteneichen. Die knorrigen Stämme geben ein faszinierendes Bild im Lichte des Mondes ab!

## Tag 53: Dienstag, 19. Juli 2016, Kilometer 1520 (23)

# Wiedersehen mit Mrs. Molly

In der Nacht hat es mir ein paar Male auf mein Gesicht getropft. Ich kann mir das nicht erklären, denn es regnet nicht und mein Zelt sollte doch ziemlich dicht sein. Beim Aufstehen bemerke ich, dass meine gesamte Behausung von aussen und innen nass ist. Auch der Schlafsack ist leicht feucht. Das war wohl so eine Art kühle Tropennacht!

Ich fahre nach Alice Springs und bevor ich meinen Mietwagen abgebe, mache ich Halt im Supermarkt. Mit vollen Proviantsäcken kutschiere ich zur Autovermietung. Ich bin so was von erleichtert! Mrs. Molly steht noch am selben Platz. Zwar ein bisschen verstaubt, aber sie scheint meine Absenz gut vertragen zu haben. Ein freudiges Wiedersehen! Ich nehme sie von der Kette und platziere sie neben den Mietwagen. Nun fängt das grosse Umladen an! In den vier Tagen mit dem Auto habe ich mich darin regelrecht ausgebreitet. Auf den ersten Blick bezweifle ich, dass ich die ganze Ausrüstung Molly unterjubeln könnte. Wie immer habe ich wieder viel zu viel zum Futtern eingekauft. Aber mit ein bisschen drücken und drehen passt schlussendlich alles auf meinen Lastesel. Um 11 Uhr bin ich «back on the road».

Ich habe die vier Tage ohne Molly sehr genossen, aber ich bin richtig glücklich, wieder auf meinem ursprünglichen Trip zu sein. Es fühlt sich gut an, die Hälfte meiner Reise erfolgreich absolviert zu haben. Nun geht es schon fast dem Ende entgegen. Ok, nicht ganz, noch immer liegen 1500 Kilometer vor mir. Über zwei Stunden marschiere ich, bis ich die letzten Häuser von Alice Springs hinter mir lasse. Die Temperatur ist wieder im normalen Bereich, das heisst um die dreiundzwanzig Grad. Ich habe auch herausgefunden, warum es vor einigen Tagen so kalt war.

Eine Windströmung aus der Antarktis ist über Australien gezogen. Zweihundert Kilometer nördlich von mir hatte es kräftig geregnet. An diesen Tagen musste ich mich gegen eisigen Gegenwind stemmen. In Adelaide sind sogar einige Schneeflocken gefallen!

Nach gut zwanzig Kilometern komme ich an einem Gefängnis vorbei. Schon fast liebevoll wird dieses als «correctional centre» betitelt. Hier sollen also die schlechten Gewohnheiten der Insassen korrigiert werden. In Sichtweite des Hochsicherheitsknastes schlage ich mein Camp auf. Trillerpfeifen und Stimmen wehen bis zu mir herüber. Ich stelle mir vor, wie die Verurteilten so richtig geschlaucht werden. Vielleicht spielen sie auch nur Fussball. Zwischendurch krächzt eine Stimme irgendwelche Anweisungen durch den Lautsprecher. Es ist eine unheimliche Geräuschkulisse, die mich in den Schlaf begleitet. Ich bin einfach nur froh, auf der richtigen Seite des Zaunes zu liegen!

### Tag 54: Mittwoch, 20. Juli 2016, Kilometer 1557 (37)

## Perfekter Tag

Die quäkenden Durchsagen aus dem Lautsprecher nerven mich beim Aufstehen. Diese grässliche, eiserne Stimme bringt wohl den letzten schläfrigen Knastbruder aus dem Bett. Windstille bei sieben Grad macht das Frühstücken zum Genuss. Der Mond steht in seiner ganzen Pracht am Himmel und taucht die Landschaft in ein weiches Licht. Mit dem Verschwinden der gelben Kugel hinter dem Horizont bin ich auf der Strasse. Nach einer Stunde staune ich nicht schlecht. Nebel hat sich gebildet. Die aufgehende Sonne kämpft sich durch die grauen Schwaden. Irgendwie erinnert mich diese gespenstische

Szenerie an kühle Novembertage im Schweizer Mittelland. Schnell gewinnt die Sonne Überhand und verscheucht die letzten Nebelfetzen. Diese werden von perfekten Schäfchenwolken abgelöst. Die Strasse führt durch eine hübsche Landschaft. Kleine Hügelzüge auf der rechten Seite begleiten mich durch den Tag. Auf der linken Seite liegt Buschland soweit das Auge reicht. Ein leichtes Auf und Ab macht das Wandern abwechslungsreich. Sogar ein bisschen Rückenwind kommt auf. Ein Greifvogel der Sorte «whistling kite» begleitet mich über einige Kilometer. Immer wieder fliegt er über mich, schaut neugierig und landet wieder auf einem Baum. Einige Male kann ich ihn fotografieren. Meistens fliegt er aber weiter, bevor ich die Kamera parat habe. Nach einer Weile spiele ich sein Spiel nicht mehr mit und ignoriere ihn. Er macht dann dasselbe mit mir.

Ein Radfahrer nähert sich von hinten. Den kenne ich doch! Das ist der junge Japaner, den ich vor einigen Wochen schon einmal getroffen habe. Wir begrüssen uns freudig. Ihn hatte das miese Wetter voll erwischt. Zur Kälte musste er noch mit zünftig Regen kämpfen. Nun ist er mit dem heutigen, wunderschönen Tag auch wieder glücklich. Er will noch unbedingt ausprobieren, wie es sich anfühlt, mit meiner Mrs. Molly zu wandern. Er müht sich ziemlich ungeschickt ab und schüttelt den Kopf. Vor allem mit dem Geradeausfahren kommt er nicht zurecht. Alles nur Übungssache meine ich lachend. Wir machen gegenseitig noch einige Erinnerungsfotos und verabschieden uns mit einem kräftigen Händedruck.

Der Kontrast zwischen dem azurblauen Himmel und den weissen Wolken lädt förmlich dazu ein, Filmaufnahmen zu machen. Ich schraube meine kleine GoPro-Kamera auf mein stabiles Stativ. Mal seitlich ausgefahren oder auch aus der Vogelperspektive, ich versuche Mrs. Molly und mich ins beste Licht zu rücken. Solche Tätigkeiten sind auch immer eine Abwechslung zum Marschieren. So vergeht der Tag im Fluge und ich merke gar nicht, dass ich schon ziemlich weit spaziert bin. Da kommt die Tafel gerade recht: «Next rest area 5 km». Kurz bevor ich ankomme wird meine Nase von einem starken Verwesungsgeruch malträtiert. Zuerst kann ich nichts Totes finden. Doch plötzlich sehe ich den Grund des bestialischen Gestankes. Ein halb verwesendes Kamel liegt im Strassengraben. Tausende Fliegen bevölkern den Kadaver. Kopf und Hals sind noch fast intakt. Am Rest des Körpers haben sich offensichtlich schon viele Wildtiere ihre Bäuche vollgeschlagen. Mit einem flauen Gefühl im Bauch wandere ich die letzten paar hundert Meter zu meinem Tagesziel. Diese «rest areas» sind immer kostenlos. Es sind Plätze, an denen man offiziell übernachten darf. Sie bieten meistens ein Plumpsklo, Tische mit Bänken und Feuerstellen. Auch ein massiver Betonbehälter mit Wasser steht bereit. Ich gebrauche dieses Wasser nur zum Waschen. Ein Schild sagt auch: «Water may not be drinkable». Wer weiss, wie lange dieses schon im Behälter gebunkert wurde. Ein Australier hat mir zwar einmal erzählt, dass diese Reservoirs wöchentlich frisch aufgefüllt werden. Nun ja, es ist zu empfehlen, dieses Wasser vor dem Genuss abzukochen.

**Tag 55: Donnerstag, 21. Juli 2016, Kilometer 1588 (31)**

## Ehemann zu verkaufen

Der Grund, warum ich selten auf diesen Übernachtungsplätzen bleibe, ist mir diese Nacht wieder einmal vor Augen geführt worden. Die Jungs, mit denen ich mich nett unterhalten hatte, haben erst sehr spät Feierabend gemacht. Gemütlich sind sie die halbe Nacht um das Lagerfeuer gesessen und haben Bier um Bier in sich reingeschüttet. Ansonsten haben sie sich anständig benommen, aber die lauten Stimmen haben mich einige Male aus dem Schlaf gerissen. Nach Mitternacht war dann endlich Ruhe. Kein Wunder bin ich immer der Erste, der aufsteht. Es vergehen zwei Stunden, bis mich die Partymacher in ihrem kleinen Bus überholen. Auch sie fahren Richtung Adelaide, nur ein bisschen schneller als ich!

Es ist wieder ein sehr angenehmer Wandertag. Auch die Landschaft ist abwechslungsreich. Es ist ein stetiges leichtes Auf und Ab. Die Strasse führt recht kurvig gegen Süden. Kleine rote und felsige Hügel geben mir ein Gefühl von Geborgenheit. Ich entdecke zwei Wildblumen, die ich bis jetzt noch nicht in meiner Sammlung habe. Eine gelbe und eine weisse. Ich montiere das Makroobjektiv an meine Kamera. Es ist sehr zeitaufwändig, gute Aufnahmen von Blumen zu machen. Zuerst suche ich mir die schönsten Blüten, platziere das Stativ und fotografiere aus verschiedenen Positionen. Ich liebe das Spiel mit der Tiefenschärfe. Ein Problem ist immer der Wind. Wenn sich die Blüten zu stark bewegen, ist es nicht einfach, perfekt scharfe Aufnahmen zu realisieren. Nach solchen Fotosessions fühle ich mich wieder frisch um weiterzumarschieren. Auch heute geht es nicht ohne einen aussergewöhnlichen «roadkill» zu sichten. Dieses Mal ist es ein bedauernswerter Dingo, der zur falschen Zeit auf der Strasse war. Wie das Kamel von gestern, habe ich noch keinen überfahrenen Wildhund gesehen. Sehr ungewöhnlich! Ich mache heute nur kurze Pausen und erreiche das Stuarts Well Roadhouse schon um 14 Uhr. Das Zelten ist überraschenderweise kostenlos, nur für die Dusche muss ich fünf Dollar berappen.

Neben dem Roadhouse befindet sich eine Kamelfarm, die ich kurz besuche. Ein Dutzend Kamele lungern scheinbar gelangweilt herum und warten auf abenteuerlustige Touristen, die einen Ritt wagen wollen. Die vielen Pokale im Innern des Gebäudes zeugen vom Erfolg dieser Farm. Schon viele Siege haben ihre Tiere und Reiter vom «Camel Cup» in Alice Springs nach Hause gebracht. Die ersten Kamele wurden schon 1842 nach Australien gebracht. Sie waren massgeblich bei der Erschliessung des Landes beteiligt. Auch beim Bau der Telegrafenlinie wurden die genügsamen Tiere eingesetzt. Nach dem Siegeszug der Eisenbahn und des Autos wurden die Kamele wortwörtlich in die Wüste geschickt. In der Wildnis haben sie sich pudelwohl gefühlt und sich rasant vermehrt. Hunderttausende bevölkern heute die wüstenähnlichen Gebiete Australiens.

Am Abend lasse ich es mir in der Gaststube des Pubs gut gehen. Zur «happy hour» genehmige ich mir ein «stubbie XXXX Gold». Beim Studieren der Speisekarte kann ich mich fast nicht entschliessen, ob ich das fünfhundert Gramm schwere Rumpsteak oder das dreihundertfünfzig Gramm schwere Filetsteak bestellen soll. Ich entscheide mich für die kleine Variante. Dazu wird ein Berg Pommes und reichlich Gemüse serviert. Das Fleisch und die Kartoffeln ertränke ich grosszügig in «smoked barbecue sauce». Passend zum Fleisch kredenze ich mir zwei Gläser Merlot aus dem Barossa Valley. Auch die Wände dieses Pubs sind mit Fotos, Schildern und anderen Erinnerungsstücken tapeziert. Da hängen zum Beispiel zwei Schilder über der Theke. Auf dem Ersten steht geschrieben: «Men: no shirt – no service». Auf dem Zweiten passend dazu: «Women: no shirt – free drinks»! Ein von Hand geschriebener Zettel an der Wand erregt meine Aufmerksamkeit: «One husband for sale, gotta bit of gout, but normally runs well. See Judy at bar»! Das Wort «gout» ist mir nicht geläufig und Judy hat es mir lachend erklärt: «Ein Ehemann zu verkaufen, er hat ein bisschen Gicht, sonst funktioniert er gut. Melde dich bei Judy an der Bar»! Die Australier lieben derben Humor und ich kann mich diesem nur anschliessen!

## Tag 56: Freitag, 22. Juli 2016, Kilometer 1621 (33)
## Rote Sanddünen

Heute Morgen wecken mich zwei Hähne, die schon ab 5 Uhr früh um die Wette krähen. Abwechslungsweise, manchmal auch im Duett, teilen sie der gesamten Umgebung mit, dass es Zeit zum Aufstehen ist. Auch die Fahrer der Roadtrains kommen langsam in die Gänge. Ein halbes Dutzend Lastenzüge haben auf dem Parkplatz die Nacht verbracht. Einige Motoren laufen schon im Leerlauf. Meine Mrs. Molly braucht kein Vorglühen; sie startet immer von Null auf Hundert!

Die Australier lieben Gedenkstätten. Ich werde zwei Kilometer vor der nächsten mit einer Tafel informiert: «Cannonball Race Memorial». Im Mai 1994 sind an dieser Stelle vier Menschen bei diesem idiotischen Rennen ums Leben gekommen. Zwei Ferrari-Fahrer aus Japan und zwei Offizielle. «They died participating in the sport they loved». «Sie seien beim Ausüben ihres geliebten Sports gestorben». Tragisch vor allem für die betroffenen Familien. Dennoch kann ich nicht begreifen, dass man für Dummheiten wie diese noch ein Denkmal geschenkt kriegt.

Heute gibt es zweimal Besuch. Nummer eins ist ein Pärchen, das in Yulara auf einer Kamelfarm arbeitet. Ihre Firma bietet Ritte rund um den Uluru an. Sie sind auf dem Weg zurück zur Arbeit und sind sehr an meinem Abenteuer interessiert. Wir tauschen Adressen aus und verabschieden uns. Nummer zwei sind vier amerikanische Radfahrer. Zwei von ihnen sind auf Liegevelos, die anderen auf konventionellen Tourenrädern unterwegs. Sie sammeln Geld für Wasserprojekte in Malawi. Von Melbourne über Adelaide strampeln sie bis nach Darwin. Viele Radfahrer, die ich antreffe, verbinden ihren Trip mit einem gemeinnützigen Aspekt. Ich habe manchmal das Gefühl, dass das hier zum guten Ton gehört: «Cycling for charity». Auch ich werde häufig darauf angesprochen für was oder wen ich sammle.

Manche rümpfen ein bisschen die Nase, wenn ich ihnen sage, dass ich «just for fun» unterwegs sei. Ich habe ganz bewusst darauf verzichtet, meiner Reise ein wohltätiges Mäntelchen umzulegen. Ich unternehme dieses Abenteuer einfach, weil ich will und Lust dazu habe. Nicht mehr und nicht weniger. Egotrip mag da einer sagen. Das ist so auch in Ordnung für mich. Zuhause wird es mir manchmal fast zu viel, für welche skurrilen Sachen Geld gesammelt wird. Nichts läuft mehr ohne für einen guten Zweck zu sammeln. Jede und jeder will ein Gutmensch sein oder zumindest so tun wie. Auch ich spende für Projekte, die mich persönlich berühren oder mich überzeugen. Aber eben, hier in Australien wollte ich ganz darauf verzichten.

Die ersten roten Sanddünen sind beidseitig der Strasse aufgetaucht. Ich erklimme einige von ihnen. Das Licht ist leider noch ein bisschen zu aggressiv, um die weite Landschaft zu fotografieren. So begnüge ich mich vorerst mit Nahaufnahmen. Kleine Gräser oder Blumen im roten Sand ergeben tolle Sujets. Durch den Wind zeichnen viele Pflanzen runde Kreise in den Sand, sozusagen «the art of nature». Ich finde einen perfekten Platz für mein Camp. Weg vom Highway, versteckt zwischen Büschen und mitten in der Sanddünenlandschaft. Eine Stunde vor Sonnenuntergang bin ich in den Sandhügeln unterwegs. Je tiefer die Sonne sinkt, desto intensiver werden die Rottöne. Auch die Strukturen des Sandes mit seinen Wellenlinien kommen immer besser zur Geltung. Es ist nicht immer einfach zu entscheiden, wo ich durchlaufen soll. Ich will die Bilder nicht mit meinen plumpen Fussspuren zerstören. Mit dem letzten Licht bin ich zurück bei meinem Zelt. Den Hauptgang in Form von Reis «mexican style», den ich mit einer Büchse Thunfisch verfeinert habe, hatte ich schon vor meinem Dünentrip zu mir genommen. Nun ertränke ich, zur Krönung des Tages, eine halbe Packung Kekse mit einer grossen Tasse heisser Schokolade.

## Tag 57: Samstag, 23. Juli 2016, Kilometer 1654 (33)
# Idioten

Ich weiss wirklich nicht, was heute Morgen los ist. Ich habe das Gefühl, dass nur blinde Idioten auf der Strasse sind. Die grösste Gefahr für mich betreffend Verkehr ist, was sich in meinem Rücken abspielt. In den letzten acht Wochen wurde ich genau zweimal mit einer solchen Situation konfrontiert. Am heutigen Morgen innerhalb zweier Stunden sage und schreibe drei Mal! Sind diese Hornochsen alle noch betrunken von der Freitagabendparty? Auch Vollmond ist vorbei. Da gibt es wirklich Sonntagsfahrer, die zu einem Überholmanöver ansetzen, obwohl die Strasse nicht frei ist. Entschuldigung, es ist ja nur ein Fussgänger, der sich noch zusätzlich auf dem Highway befindet. Spätestens, wenn diese ungeduldigen Raser die Strassenseite wechseln, müssten sie mich sehen. Aber anstatt das Manöver abzubrechen, drücken sie aufs Gaspedal und hoffen, dass der Platz ausreicht. Sie schiessen mit überhöhter Geschwindigkeit von hinten an mir vorbei. Ich kriege wegen diesen Annäherungsversuchen jedes Mal einen riesigen Schreck. Höchstens neunzig Zentimeter Raum ist zwischen mir und den Deppen. Reicht ja vollauf – nichts passiert! Jedes Mal fliegt meine Faust in die Luft und auch den Stinkefinger kriegen sie zu sehen. Einer hat noch die Frechheit wild zu hupen. Ich habe wirklich eine Stinkwut im Bauch! Was denken die sich wohl dabei? Nach deren Meinung hat ein Fussgänger auf dem Stuart Highway nichts zu suchen. Dieser Meinung dürfen sie getrost sein. Mit ihrer gefährlichen Fahrweise gefährden sie aber nicht nur mich, sondern auch alle anderen Verkehrsteilnehmer. Aber soweit denken können diese verkümmerten Hirne ganz sicher nicht mehr! Ich beschreibe an dieser Stelle besser nicht, was ich mit diesen Herrschaften am liebsten machen würde.

Dafür ist die Landschaft Balsam für meine Seele. Durch den

ausgiebigen Regen, den die Region in den letzten Wochen abbekommen hat, grünt es überall. Felder von Wildblumen entfalten ihre ganze Pracht. Weisse, gelbe und lila Farbtupfer säumen beide Seiten der Strasse. Immer wieder entdecke ich neue Blumen. Besonders schön sind die Blumenfelder im Kontrast zu den roten Sanddünen. Unglaublich wie diese Pflanzen auch im scheinbar trockenen und lebensfeindlichen Sand so gedeihen können. Sie müssen sich beeilen, denn die nächste Trockenzeit kommt garantiert. Bis dahin müssen sie wachsen, blühen und Samen bilden, damit ihre Art erhalten bleibt. Ein unendlicher Kreislauf der Natur.

Zwischen zwei Sanddünen finde ich einen optimalen Platz zum Übernachten. Tausende weisser Blüten strecken ihre Köpfe gegen den Himmel und verströmen einen betörenden, süssen Duft nach Jasmin.

**Tag 58: Sonntag, 24. Juli 2016, Kilometer 1686 (32)**

## Velotag

In der Nacht hat es geregnet. Aber wirklich nur ein bisschen. Einzelne Tropfen haben ihren Weg bis aufs Zeltdach gefunden. Es ist noch immer sehr stark bewölkt, aber ich kann einige Lücken in der Wolkendecke ausmachen. Da kommt immer die Hoffnung einen intensiven Sonnenaufgang erleben zu dürfen. Ein paar Sonnenstrahlen durch eine Wolkenlücke können den ganzen Himmel zum Leuchten bringen. Und genau so ist es. Für wenige Minuten scheint der Himmel zu brennen! Als Vordergrund kann ich zwischen drei Wüsteneichen und einem abgestorbenen Baum auswählen. Einfach herrlich! Das Schauspiel ist leider viel zu schnell zu Ende und der Alltag holt mich wieder ein. Ja genau, der Alltag. Den gibt es auch bei mir. Ich bin zwar noch immer in Australien und erlebe fast jeden Tag etwas Aufregendes. Aber an manchen Tagen fühle ich mich, wie viele Menschen zuhause, wie der Hamster in seinem Laufrad: Im Schein der Stirnlampe Wasser für das Frühstück kochen, Schlafsack in den Packsack wursteln, Isomatte zusammenrollen und alles in den wasserdichten Seesack stopfen. Diesen auf der unteren Etage von Molly montieren. Nun ist das Wasser heiss und ich kann meinen Porridge anrühren und den Kaffee aufgiessen. Bis der Haferbrei bereit ist, breche ich das Zelt ab und verstaue auch dieses auf meiner Molly. Frühstücken, abwaschen, Zähneputzen und den Rest der Ausrüstung verpacken. Vor dem Abmarsch mit der Lampe noch einmal den Boden absuchen, ob ja nichts vergessen gegangen ist. Abmarsch. Schritt für Schritt gegen Süden. Die schwere Mrs. Molly stossen, den Verkehr im Auge behalten und wenn nötig die Strasse verlassen. So läuft das jeden Morgen ab. Darum freue ich mich über jede Abwechslung. Die erste ist Steve, ein Fahrradfahrer aus New South Wales, der mit einem Anhänger unterwegs ist. Hast du es bemerkt? Das ist bereits der dritte Radler namens Steve! Er hat mächtig viel geladen und deshalb wollte er nicht auf sein Elektrobike verzichten. Meistens fahre er aber ohne elektrische Unterstützung, da das Aufladen unterwegs ein Problem sei. So spare er den Akku für harte Zeiten. Heute benötigt er die Fahrhilfe ganz sicher nicht, denn er kann von einem flotten Rückenwind profitieren.

Nur zwei Stunden später kommt mir schon wieder ein Velofahrer entgegen. Greg kommt auch als kleiner Roadtrain daher. Es ist sogar dasselbe Anhängerfabrikat wie das von Steve. Eigentlich lustig, der Elektrofahrer ist nur 120 Minuten vom zweiten Radler entfernt, aber die beiden haben sich noch nie getroffen. Seit Tagen kurbeln sie mit einem ähnlichen Rhythmus und es ist sehr gut möglich, dass sie sich bis Darwin nie begegnen werden. Als ich Greg verrate, dass der andere Radler eine Elektrounterstützung hat, schüttelt er nur den Kopf. Wenn man so einen Trip auf sich nimmt, dann aber wirklich nur mit eigener Muskelkraft. Dieser Meinung bin ich eigentlich auch. Doch schlussendlich muss die Art und Weise, wie Steve von A nach B kommt, ja nur für ihn persönlich stimmen. Und offensichtlich tut es das. Begeistert erzählt mir Greg, dass er vor zwei Tagen eine recht seltene Blume entdeckt habe: Die «Sturt's desert pea». Er erklärt mir haargenau, wo ich die rote Blüte der Wüstenerbse finden kann. Beim Schild «Marla 29 km» fünfzig Meter Richtung Südosten in den Busch wandern und da genau steht sie. Ich werde also in zirka zweihundertfünfzig Kilometern Ausschau nach einer kleinen roten Blüte halten und kontrollieren, ob die Beschreibung akkurat war.

Seit zwei Wochen habe ich angefangen Liegestützen zu machen. Irgendwie hatte ich das Gefühl, dass mein Oberkörper ein bisschen unterbeschäftigt sei. Die Beine und Füsse arbeiten Tag für Tag wie verrückt, aber der Rest watschelt nur mit! Ausser die hundert Kilogramm schwere Mrs. Molly stossen, müssen meine Arme nicht sonderlich viel tun. Das hat sich jetzt aber geändert. Meistens früh am Morgen absolviere ich mein Training. Das geschieht mitten auf der Strasse. Ist ja ausser mir niemand da und der Asphalt ist schön sauber. Ich drücke immer eine Dreiersequenz. Das sieht im Moment folgendermassen aus: Zwanzig Liegestützen, fünf Minuten gehen, fünfzehn Liegestützen, fünf Minuten gehen und nochmals zwölf Liegestützen bis die Arme brennen. Zu Beginn meiner Reise hätte ich mir dieses zusätzliche Fitnessprogramm überhaupt nicht vorstellen können. Da war ich genug damit beschäftigt, einigermassen durch die Hitze zu kommen. Vor acht Wochen hätte mir die Kraft und Motivation gefehlt, diese Extraleistung meinem Körper abzuringen. Nun fühle ich mich topfit und die «Strassen-Pushups» bringen auch eine gewisse Abwechslung in den Alltag. Ich bin gespannt auf wie viele Wiederholungen ich es bis Adelaide bringe werde.

Tag **59: Montag, 25. Juli 2016, Kilometer 1711 (25)**

## Gemütlicher Tag

Fast vergesse ich mein Oberkörpertraining zu machen. Was für ein Schlendrian. Kurz vor dem Erldunda Roadhouse schaffe ich es aber noch. Es hat erst wenig Verkehr, doch ich muss immer eine ruhige Minute abwarten, um die Leibesübungen machen zu können. Es wäre mir ein bisschen peinlich, wenn vorbeifahrende Autofahrer einen bärtigen Mann hinter einem Einkaufswagen beobachten könnten, der ganz verbissen seine Liegestützen macht. Und das mitten auf dem Stuart Highway – welch ein Bild!

Erldunda ist eine moderne Gaststätte mit 24-Stundenbetrieb. Da die Türen breit genug für Mrs. Molly sind, marschiere ich schnurgerade mit ihr in den Gastraum und mache es mir bequem. Ich bin die einzige Person in diesem Bereich. Ich hole mir zwei kleine Quiches und einen «iced coffee». Eine Steckdose finde ich bei meinem Tisch erstaunlicherweise auch und so kann ich meine elektronischen Geräte anschliessen. Ich muss wieder einige Speicherkarten auf das Notebook kopieren und zusätzlich auf der externen Festplatte absichern. Sogar ein kostenloses WiFi gibt es hier. Dafür ist es zum Verzweifeln langsam! Ich arbeite mich bis zum Mittag durch meine Tagebucheinträge. Da gibt es immer etwas zum Ergänzen oder Korrigieren. Zwischendurch bestelle ich mir den Erldunda-Burger mit einer Cola und beides verschwindet im Nu in meinem stetig nach Kalorien lechzenden Magen. Kurz vor 13 Uhr habe ich genug vom Herumsitzen. Ich ergänze meinen Proviant und packe zusammen. Ich frage die Frau an der Rezeption nach einem Wasserhahn, damit ich meine Flaschen auffüllen kann. Ganz entsetzt schaut sie mich an und sagt, ich könne dieses Wasser nicht trinken, das sei «borewater». Kein Problem, meine ich nur, dieses trinke ich andauernd. Irritiert verrät sie mir dann doch noch, wo ich zu dem, nach ihrer Meinung ungeniessbaren Nass komme.

Ich marschiere nur noch fünfzehn Kilometer weit. Heute komme ich recht einfach von der Strasse hinter die Büsche. Der rote Sand ist hart wie Beton und ich muss Molly nur zweimal über kleine Hindernisse ziehen. Weil es so leicht geht, schiebe ich mein Gerät bis zum Weidezaun. Ich wärme mir den Inhalt einer Büchse «Chili con carne» auf und geniesse dazu das frische Brot, das ich in Erldunda ergattern konnte.

**Tag 60: Dienstag, 26. Juli 2016, Kilometer 1749 (38)**

## Schwerer Start

Nach einer kalten Nacht komme ich nur langsam in die Gänge. Der lilafarbige Packsack, den ich immer draussen stehen lasse, ist mit einer dünnen Eisschicht überzogen. Glücklicherweise ist es windstill. Ich gönne mir zwei Tassen Kaffee. Beim Abmarsch erlebe ich eine böse Überraschung. Der Sand, der gestern so schön hart war, ist nun sehr weich. Ich wusste nicht, dass Sand bei Wärme härter ist, als bei Kälte. Ich kann Mrs. Molly keinen Zentimeter weit stossen. Die Räder sinken zu einem Drittel ein. Meine Dame bockt! Ich muss sie regelrecht Meter für Meter durch diesen sandigen Brei reissen. Die Strecke, für die ich gestern drei Minuten gebraucht habe, mühe ich mich in der Dämmerung ganze zwanzig Minuten ab! Bei einer Passage gebe ich fast auf. Muss ich meinen Lastesel entladen und die Ausrüstung Stück für Stück auf die Strasse tragen? Oder bleibt mir nichts Anderes übrig, als das erste Auto auf der Strasse anzuhalten, um mit vereinten Kräften Molly befreien zu können? Das darf doch nicht wahr sein. Ich wäre schon ein bisschen in meiner Ehre verletzt, wenn ich dieses Malheur nicht selber beheben könnte. Nach einer kurzen Pause reisse ich mit aller Kraft an der vorderen Achse. Die vier Räder würgen sich durch den Sand und plötzlich kommen sie auf härteres Terrain. Damit habe ich nicht gerechnet und so lande ich mit viel Schwung auf dem Rücken. Ich strecke alle Viere in die Höhe und komme mir wie eine hilflose Schildkröte vor. Nach dem ersten Schreck muss ich lachen. Mrs. Molly ist wieder fahrtüchtig und nach den letzten einfachen zwanzig Metern wieder auf der Strasse.

Die roten Sanddünen sind verschwunden. Die Gegend ist flach und nur kärglich mit Büschen und kleinen Bäumen bewachsen. Optimales Weideland für die Rinder, die zu Hunderttausenden durch die Weiten des Landes streifen. Zu Gesicht bekomme ich sie aber selten. Dank der Niederschläge wird das sicherlich ein fettes Jahr für die Farmer geben. Zu gönnen ist es ihnen auf alle Fälle. Durch diesen Landstrich möchte ich nicht im australischen Sommer wandern. Die Temperaturen klettern nicht selten auf fünfundvierzig Grad im Schatten! Das Problem dabei: Schattenspendende Bäume sind Mangelware. Aus diesem Grund bin ich auch jetzt, im australischen Winter, unterwegs. Ich habe meine Reise auf die vorherrschenden Temperaturen abgestimmt. Bis jetzt ist so ziemlich alles wie geplant, aufgegangen. Das Thermometer zeigt heute knappe zwanzig Grad an, optimal zum Marschieren.

Wegen den hohen Temperaturen im Sommer wählen viele Einheimische ein Fahrzeug mit weisser Farbe. Die helle Farbe reflektiert das Licht und im Innern bleibt es einige Grade kühler als mit einem dunklen Anstrich. Dementsprechend kriege ich rote Autos nicht so oft zu Gesicht. Doch nun kommt mir ein ganz spezielles, rotes Exemplar entgegen. Es ist tatsächlich ein «Deux Chevaux», eine «Ente» oder eine «Zitrone», wie wir den alten Citroën 2CV auch liebevoll nennen! Ganz gemütlich tuckert er an mir vorbei und die zwei Insassen winken mir freundlich zu. Keine halbe Stunde später traue ich meinen Augen nicht. Ich sehe schon wieder rot. Wieder eine «Ente». Déjà-vu oder was? Zwei fast identische, französische Oldtimer im Northern Territory? Ich schaue mir die Reisenden ganz genau an. Nein, da sitzen wirklich andere Leute drin. Sie winken genauso freundlich wie die ersten. Von hinten sehe ich den Unterschied. Dieses Exemplar hat am Heck noch eine Kiste montiert.

**Tag 61: Mittwoch, 27. Juli 2016, Kilometer 1775 (26)**

## Milde Gabe

Kurz nach Sonnenaufgang kommen mir noch einmal fünf 2CV's entgegen. Dieses Mal keine roten. Die australischen «Döschwofahrer» führen offensichtlich ihr jährliches Treffen durch! Kurz darauf hält ein junges Paar neben mir an und fragt, ob ich Lebensmittel gebrauchen könne. Sie hätten im Supermarkt in Alice Springs jede Menge tadelloser Sachen mit abgelaufenem Datum kostenlos erhalten. Drei Stück Briekäse, zwei Bananen, eine grosse Salami, zwei Würstchen und eine Karotte wechseln den Besitzer. Ich kann mein Glück kaum fassen, denn das sind wirklich Produkte, die ich bestens verwerten kann!

Und schon taucht das Schild des nächsten Roadhouse auf: «Kulgera Roadhouse, last pub in the Northern Territory, just five minutes ahead». Was für die Autofahrer nur fünf Minuten dauert, heisst für mich neunzig Minuten stramm marschieren!

Am frühen Nachmittag erreiche ich mein Ziel und quartiere mich auf dem Campingplatz ein. Im hinteren Teil des Areals entdecke ich doch tatsächlich einen weiteren französischen Oldtimer. Jetzt will ich es aber wissen und schlendere zum Besitzer rüber. Der ältere Mann stellt sich als «Papa Bernie» vor. Er wohnt auf Philipp Island und ist der Organisator dieses 2CV-

Treffens. Alle vier Jahre findet dieses in Australien statt. Rund fünfzig Citroëns werden gemeinsam von Alice Springs nach Darwin fahren. Aus den USA, Deutschland, Holland und Australien reisen die Entenliebhaber an. Auch vier Fahrzeuge aus dem Ursprungsland machen mit und ihre Besitzer haben ihre gepflegten Modelle nach Down Under verschifft. «Papa Bernie» hat nicht viel Zeit, denn er ist am Herumwerkeln. Irgendetwas gibt es an diesen Autos immer zu tun, meint er schmunzelnd.

Zwei Kilometer in östlicher Richtung ragen rote Felsen aus dem Buschland. Fast ein «Baby Uluru». Am späten Nachmittag wandere ich gemütlich dorthin. Zuerst kann ich der staubigen Strasse Richtung Finke folgen. Dann verlasse ich diese und suche mir meinen eigenen Weg. Vom Windrad, das einsam in der Gegend steht ist es nur noch ein kurzes Stück. Die Sonne steht schon tief und taucht die Felsen in ein intensives Licht. Alte, knorrige Bäume geben einen herrlichen Kontrast zu den leuchtenden Hügeln. Von weitem beobachte ich einige Kängurus, die sich auf den Felsen tummeln und scheinbar auch die letzten Sonnenstrahlen geniessen. Zurück beim Windrad steht die Sonne noch knapp über dem Horizont. Ein tolles Sujet, wie auf dem Präsentierteller. Die Windmühle im Gegenlicht der untergehenden Sonne, ein für Australien schon fast typisch kitschiges Bild.

## Tag 62: Donnerstag, 28. Juli 2016, Kilometer 1809 (34)
# Welcome to South Australia

Als ich um halb sieben loszottle, sind auch schon einige Citroën-Besitzer auf den Beinen. Sie haben noch drei Fahrstunden nach Alice Springs vor sich. Dort wird sich die gesamte Meute treffen. In Viererteams werden sie über einige Tage eine vordefinierte Route absolvieren.

Meine Route ist simpel definiert, einfach alles Richtung Süden. Kurz vor der Grenze zu Südaustralien weisen grosse Schilder darauf hin, dass es nicht erlaubt ist, Früchte, Gemüse oder Pflanzen vom Northern Territory nach Südaustralien einzuführen. Spätestens in Marla, also in hundertsechzig Kilometern, muss man alles gegessen haben oder die Ware muss liquidiert werden. Für Reisende in umgekehrter Richtung gilt diese Regelung nicht. Die ganze Aufregung geschieht nur wegen der gefürchteten Fruchtfliege. In den Anbaugebieten im Süden will man diesen Schädling auf gar keinen Fall haben. Im Northern Territory wird nichts Problematisches angebaut, deshalb kann man auf der Fahrt Richtung Darwin alles mitführen.

Nun stehe ich nach fast neun Wochen an der Grenze. Sprechen die Menschen auf der anderen Seite dieselbe Sprache? Ist die Währung noch immer die Gleiche? Obschon ich über 1800 Kilometer weit marschiert bin und einen halben Kontinent durchquert habe, bleibt alles beim Alten. Ich mache meine Mittagspause auf dem Grenzparkplatz und unterhalte mich wie immer mit einigen Leuten. Eine Aborigine-Frau mit ihren zwei Kindern hält auch schnell an, um das obligate Foto beim riesigen Schild «Welcome to South Australia» zu machen. Ihr Bub ist so was von fasziniert von meiner Mrs. Molly. «Ist das schwierig zum Steuern?» fragt er mich schüchtern. «Du kannst es gerne ausprobieren. Ich will sowieso noch Fotos beim Schild machen, also kannst du meine Molly dorthin stossen.» Der Dreikäsehoch kommt kaum an den Griff hoch, aber stolz und geschickt manövriert er meine Dame in die richtige Position. Jetzt will die Mutter natürlich ein Erinnerungsfoto mit Mrs. Molly, den Kindern und mir. Wir schenken ihr unser schönstes «cheese». Jetzt drücke ich ihr aber auch noch meine Kamera in die Hand, so dass auch ich ein Andenken an diesen Augenblick habe.

Ich bin erst kurz wieder auf der Strasse, als ein kleiner Touristenbus an mir vorbeifährt. Dieser hält an, wendet und fährt zu mir zurück. Der Fahrer fällt vor Aufregung fast aus seinem Gefährt. Er konnte einfach nicht vorbeifahren. So was habe er ja noch nie gesehen! Hinten im Bus sitzen zwanzig junge Touristen, die einige Tage gemeinsam unterwegs sind. Der Kleinbusfahrer hört nicht auf, mit Superlativen um sich zu werfen. «Du bist sicher der erste Mensch, der mit einem Einkaufswagen diese Strecke bewältigt! That's awesome!» Ich muss ihm alles genau erklären. Mittlerweile sind auch die schläfrigen Touristen neugierig geworden und mindestens zehn Kameras und Smartphones sind auf mich und Molly gerichtet. Noch das gemeinsame Erinnerungsfoto mit meinem Bewunderer und der Bus bringt seine Passagiere zum nächsten touristischen Highlight. Ich bin fast erleichtert, wieder in aller Ruhe meiner Wege zu gehen.

Vorhin hatte ich erwähnt, dass in Südaustralien alles beim Alten bleibt. Nicht ganz. Genau ab der Grenze haben die Südaustralier etwas mit der Strasse gemacht, das Mrs. Molly gar nicht gefällt. Die letzten acht Wochen ist sie gerne mit einem Rad auf der rechten, weissen Sicherheitslinie gefahren. Das geht nun nicht mehr. Die Südstaatler haben aus Sicherheitsgründen alle dreissig Zentimeter einen kleinen Wulst auf die weisse Linie geklebt. Wenn also ein Autofahrer da draufkommt, rattert es ganz gewaltig. Bei Molly rattert es nicht, es rumpelt gehörig! Nun fahren wir notgedrungen links von den Würsten. Bei Gegenverkehr holpern wir mit einem Rad auf die andere Seite, um mit gutem Willen auch ein bisschen Platz zu machen.

## Tag 63: Freitag, 29. Juli 2016, Kilometer 1845 (36)
# Kostenlose Früchte

Wieder erlebe ich einen bombastischen Morgen! Eine lose Bewölkung verwandelt den Himmel in ein Farbenmeer. Zusätzlich steht am genau richtigen Platz ein «Achtung Känguruschild», dass ich so ganz besonders in Szene setzen kann. Die Strasse verläuft hier zirka zwei Meter über dem restlichen Gelände. So kann ich vom Strassengraben aus Molly und mich perfekt im Gegenlicht fotografieren. Die orange Kugel steht knapp über der Strasse und Molly und ich werden als schwarze Silhouette in den Morgenhimmel gezeichnet. Aus allen möglichen und unmöglichen Positionen lichte ich uns ab, experimentiere auch ein wenig herum.

So, nun genug Zeit verplempert, sage ich zu Molly, wir müssen noch einige Kilometer bolzen. Der leichte Rückenwind hilft bei diesem Unterfangen unmerklich mit. Molly hat sich bereits mit den südaustralischen Strassenplanern versöhnt. Natürlich passen ihr diese Wülste immer noch nicht. Doch die Strassenbauer von South Australia führen eine deutlich feinere Klinge, als ihre Kollegen im Norden. Der Asphaltbelag weist über weite Strecken eine Sechs-Millimeter Körnung auf. Nichts im Vergleich zu den dreissig Millimetern im Northern Territory! Der Rollwiderstand ist dementsprechend kleiner. Mrs. Molly lässt sich viel leichter durch die Wüste stossen. Ein Punkt, wo ich die Strassenbauer nicht rühmen kann, sind die «grids». Die südaustralischen Viehsperren weisen einige Zentimeter mehr Distanz zwischen den einzelnen Metallschienen auf. Schon bei der ersten Überquerung haben sich die Hinterräder gedreht und sind zwischen die Schienen gefallen. Nun benötige ich doppelt so lange und viel mehr Kraft, um meine Dame ohne Schaden über diese Hindernisse zu bringen.

Meine Mittagspause verbringe ich auf einem offiziellen Parkplatz. Ein älteres Ehepaar sitzt beim Essen und offeriert mir eine Cola. Das Angebot auf ein paar Extrakalorien nehme ich gerne an. Doch ich werde ein bisschen enttäuscht. Da die zwei auf ihre Linie achten müssen, führen sie nur Diet Coke mit sich. Nach tagelangem Wassertrinken, schmeckt das braune Getränk dennoch himmlisch. Die älteren Herrschaften werden wenig später von einem Paar aus Perth abgelöst. Sie fahren wie ich, Richtung Süden. Dank der Früchtequarantäne überlassen sie mir grosszügigerweise ihren Vorrat. Für mich sind zwei Bananen und zwei Orangen Gold wert. Da muss ich mich wohl bei der Fruchtfliege bedanken. Die Ablösung naht auch schon in Form eines Paares aus Victoria. Sie sind vor einigen Minuten auf den Platz gefahren und führen ihren kleinen Pudel spazieren. Dieser ist fein herausgeputzt und trägt ein kleines, rotes Schleifchen um den Hals. Wie süss! Die drei passen optisch überhaupt nicht zusammen. Er klein, dünn mit einem rötlichen Bart, sie grösser als er, übergewichtig und mit kurzen Haaren. Sie sind sehr nett und erzählen mir, dass sie vor zwei Stunden mit einem japanischen Radler zu Mittag gegessen haben. Dieser habe viel zu wenig Proviant dabei und so haben sie ihn verköstigt. Wegen dem hungrigen Japaner werden sie nun auf dieser «rest area» übernachten, denn sie haben ihn auch zum Abendessen eingeladen. Auch ich werde spontan in die Einladung einbezogen. Da ich noch ein paar Kilometer Land gewinnen will, lehne ich dankend ab. Wir kommen ins Plaudern und nennen uns gegenseitig unsere Namen. Ihren kann ich beim besten Willen nicht verstehen. Ich muss drei Mal nachfragen. Sie erklärt mir, dass sie mir ihren spirituellen Namen genannt habe. In der irdischen Welt heisse sie Rose. Irgendwie bin ich froh, dass ich nicht zum Abendessen bleibe, denn mit zu viel Esoterik kann ich nichts anfangen. Sie nennt mir noch den Namen des Japaners: «Coachey» oder so ähnlich. Ich freue mich diebisch, den Radler, wenn er mir entgegenkommt, mit seinem Namen begrüssen zu können. Der wird Augen machen!

Ich bin noch geschlagene drei Stunden unterwegs, aber ein Velofahrer kommt mir nicht entgegen. Es ist Zeit, die Strasse zu verlassen und mein Camp aufzubauen. Von meinem Versteck hinter den Büschen behalte ich das Asphaltband im Auge, aber Coachey taucht nicht auf. Habe ich ihn verpasst? Hat er eine Panne? Ich habe eher das Gefühl, dass er ein ruhiges Buschcamp dem esoterischen Pudel vorgezogen hat!

**Tag 64: Samstag, 30. Juli 2016, Kilometer 1877 (32)**

## Coachey

Auch heute Morgen werde ich mit einem gewaltigen Sonnenaufgang verwöhnt. Die Wolken machen einfach den Unterschied! Im Norden bekam ich manchmal über Wochen keine einzige Wolke zu Gesicht. Für jeden Fotografen einfach nur langweilig. Das ist wohl die ausgleichende Gerechtigkeit. Mit dem ersten Licht entdecke ich im Sand neben der Strasse eine Reifenspur, die ins Gebüsch führt. Das sieht verräterisch nach einem Fahrrad aus. Habe ich Coacheys Nachtlager entdeckt? Ich folge der Spur, kann aber nirgends ein Zelt ausmachen. Habe ich mich getäuscht? Nun versuche ich es mit Rufen: «Coachey!» Ich lausche und erhoffe mir eine Antwort. Nichts. Nur Stille. Dann nochmals: «Coooacheeeey!» Keine Reaktion. Enttäuscht kehre ich um. Schade, ich hätte den japanischen Velofahrer gerne getroffen.

Im Übrigen meint es der Morgen sehr gut mit mir. Niedrige, rote Sanddünen säumen die Strasse. So kann ich zusammen mit den recht schnell vorbeiziehenden Wolken schöne Zeitraffer erstellen. Das Fotografieren und Filmen nimmt sehr viel Zeit in

Anspruch. Bis 9 Uhr habe ich nur eine kleine Strecke hinter mich gebracht. Doch nun ist das Licht wirklich nicht mehr gut und so packe ich meine Ausrüstung zusammen und mache mich endgültig auf die Socken. Nach einer guten Stunde sehe ich in der Ferne eine Gestalt auf mich zukommen. Ist das Einbildung oder eine Fata Morgana? Die Gestalt verwandelt sich in einen Fahrradfahrer mit Anhänger. Von weitem kann ich nur die kleine australische Flagge am Anhänger ausmachen – also ein Australier. Als uns nur noch zwanzig Meter trennen, kann ich aber ein asiatisches Gesicht erkennen. Ist das wirklich möglich? Mein verschollener Coachey? Aufs Geratewohl sage ich: «good morning Coachey, you missed your free dinner last night! Hallo Coachey, du hast gestern dein Gratisnachtessen verpasst!» Ziemlich verdutzt schaut mich der Japaner an, muss dann aber herzhaft lachen. Er weiss sofort, wen ich getroffen habe. Ja genau, das Pudeltrio! Koji verdreht nur ein klein wenig seine Augen bei der Erwähnung dieser speziellen Familie. Die japanische Höflichkeit verbietet es zu mehr und so löchere ich ihn nicht weiter. Er habe es einfach nicht mehr bis zum vereinbarten Treffpunkt geschafft. Die letzten fünfundzwanzig Kilometer waren einfach zu viel! Punkt. Das lasse ich so gelten! Koji Nakashima ist mit einem Klappvelo unterwegs. Der Anhänger ist der Koffer, in dem das Rad zusammengeklappt transportiert werden kann. Clevere Sache, dieses amerikanische Produkt. Koji ist in Sydney gestartet. Über Melbourne und Adelaide wird er bis Darwin strampeln. Normalerweise können Japaner nicht so viele Ferien beziehen. Bei ihm sei das aber nie ein Problem. Er arbeite in einer Sake-Brauerei und das sei ein saisonales Business. Acht Monate hart arbeiten, vier Monate Ferien geniessen! Für die Strecke von Adelaide nach Port Augusta hat er auch die Strasse durchs Clare Valley genommen. Er meint es sei hügeliger, aber sollte für meine Mrs. Molly kein Problem darstellen. Als Sake-Brauer hat er selbstverständlich an einigen Degustationen im Weingebiet teilgenommen. Sozusagen als professionelle Weiterbildung. Genau dasselbe plane auch ich! Nicht als Weiterbildung, sondern als Vergnügen und zum Ausklang meiner Reise.

**Tag 65: Sonntag, 31. Juli 2016, Kilometer 1910 (33)**

## Riesiges Leichtathletikstadion im Nirgendwo

Jeder Morgen scheint den Vorigen mit Lichtstimmungen übertreffen zu wollen! Fast weiss ich nicht mehr, was ich noch fotografieren soll. Ich bin gleichzeitig am Bilderknipsen und am Zeitraffer aufnehmen. Nur in 200-Meter-Etappen komme ich vorwärts und schon mache ich eine Handvoll neuer Sujets aus. Das Stativ wird gar nicht mehr verstaut. Das liegt griffbereit quer über Mollys Abdeckung. So kann ich die kurze Zeit des guten Lichtes optimal ausnutzen und verliere nicht viel Zeit. Ich freue mich jetzt schon, die tollen Resultate am Computer anschauen zu können. Ich laufe wieder ein kleines Stück, als ich am Strassenrand eine neue, rote Blume entdecke. Und da hat es ja noch viel mehr, ja Hunderte der «Sturt's desert pea»! Das ist genau die Pflanze, die mir Greg, der Velofahrer, so präzise beschrieben hat. Das ist jetzt genau eine Woche her. Der Platz, den mir Greg verraten hat, liegt aber noch neunzig Kilometer weiter südlich. Entweder haben die Blumen, die nach dem britischen Entdecker Charles Sturt benannt sind, vor sieben Tagen hier noch nicht geblüht oder Greg hatte seine Brille nicht auf der Nase. Die Pflanzen strecken ihre tiefroten Blüten stolz gegen den Himmel. Die schwarzen Augen in der Mitte scheinen mich keck anzuschauen. Aus allen möglichen Positionen rücke ich die wunderschönen Blüten ins rechte Licht. Damit ich auf Augenhöhe mit den Blüten komme, bin ich mir auch nicht zu schade, flach auf den Bauch zu liegen. Das ist eine staubige Angelegenheit, aber meine Kleider haben eh schon bessere Tage gesehen. Die Wüstenerbse ist für mich wirklich eine der schönsten Blütenpflanzen Australiens. Sie ist übrigens auch die Wappenblume von Südaustralien.

Das Thema Strasse beschäftigt Molly und mich sehr. Wir sind erst vier Tage in Südaustralien, aber wir mussten schon mehr dieser verfluchten «grids» überqueren, als in den ersten neun Wochen im gesamten Northern Territory! Was machen die dort oben anders als hier? Können die Südaustralier ihre Rinder nicht besser im Zaume halten? Dafür haben sie riesige, dreisprachige Schilder hingestellt: «Animals on road, Tiere am Weg» und einige asiatische Schriftzeichen, die offensichtlich dasselbe bedeuten. Jedoch bauen sie ganz extravagante Strassen. Seit zwei Stunden fühle ich mich wie in einem Leichtathletikstadion. Der Asphalt ist rot und sieht genauso aus wie auf einer Tartanbahn. Das Rollverhalten ist sehr gut. Und Platz ist da! Neben der rechten Sicherheitslinie haben Molly und ich noch luxuriöse anderthalb Meter rotes Band nur für uns. Sozusagen ein privater Wanderweg für den einzigen Fussgänger auf dem Stuart Highway. Danke Südaustralien! Jetzt müsste ich nur noch professionelle Laufschuhe mit Spikes besitzen und das Olympiafeeling wäre perfekt. Ich erwarte jeden Moment, dass mich wieselflinke Läufer von hinten überholen. Die, die mich überholen, sind leider allesamt motorisiert unterwegs. Und zur Abwechslung hält mal wieder einer an. Einem Typ in meinem Alter fällt fast die Kinnlade runter, als er mich und Molly sieht. Er war sich nicht sicher was er gesehen habe, meint er. Er hätte gedacht, ich sei mit einem Baby in einem Kinderwagen unterwegs, hätte vielleicht eine Autopanne gehabt und sei jetzt mit meinem Nachwuchs zu Fuss auf der Strasse. Unglaublich was sich die Leute bei meinem Anblick zusammenreimen. Einfach nicht zu fassen!

Nach zwanzig Kilometer ist das olympische Gefühl verschwunden. Der rote Deckbelag ist von der Standardfarbe abgelöst worden. War wohl nur ein Versuch mit einer neuen Asphaltmischung. Mal sehen was die Südaustralier noch so auf Lager haben.

Ausnahmsweise hört der Tag auf wie er begonnen hat. Nämlich mit einem Wolkenspektakel. An den vergangenen Tagen haben sich die Wolken bis zum späten Nachmittag aufgelöst. Nicht so heute. Ich habe mein Zelt bei einer kleinen Felsformation aufgestellt und diese bietet eine wunderschöne Kulisse. Abgestorbene, knorrige Stämme geben dem Ganzen noch den besonderen Touch. Die Wolken leuchten in intensiven Farben! Ich sitze auf der obersten Kuppe meines Felsens und geniesse das Schlussbouquet ausnahmsweise ohne Kamera.

**Tag 66: Montag, 1. August 2016, Kilometer 1939 (29)**

## Der erste Regen

Nachts um 2 Uhr fängt es an zu stürmen. Es rüttelt wie wild an meinem Zelt. Zum Glück habe ich die Heringe seriös bis zum Anschlag in den Boden gehämmert. Das hält. Es flattert und pfeift. Ich schlafe nur noch sehr unruhig. Zwischenzeitlich fallen auch einige Regentropfen auf meine Behausung. Beim Frühstück hat der Wind ein wenig nachgelassen. Zwischen den Wolken glitzern einige wenige Sterne am Firmament. Das könnte wieder ein ganz interessanter Morgen werden. Doch irgendetwas braut sich zusammen. Ich kann es förmlich spüren. Es hat zwei Schichten von Bewölkung. Die kleinen, nebelartigen hängen sehr tief und reisen viel schneller, als das obere Stockwerk. Zudem sind sie in entgegengesetzten Richtungen unterwegs. Es wird mir fast übel, wenn ich zu lange in den Himmel schaue. Ein kreuz und quer von Wolken! Zur Abwechslung kommt der Wind aus südwestlicher Richtung, einmal was ganz Neues. Mit jeder Stunde frischt dieser auf. Die Bewölkung wird dichter, das Grau immer dunkler. Auf meiner rechten Seite beobachte ich in der Ferne, wie ein trüber Vorhang vom Himmel fällt. Da regnet es schon. Vielleicht habe ich Glück und es zieht an mir vorbei. Frommer Wunsch! Keine fünf Minuten später schlüpfe ich hastig in meine Regenjacke und die dazugehörige Hose. Mrs. Molly hülle ich in das Stück Plastik, das ich vor Wochen am Strassenrand gefunden habe. Keine Sekunde zu früh und der Regen peitscht mir ins Gesicht. Die Sonnenbrille auf meiner Nase leistet auch bei solchem Wetter gute Dienste. Wild und heftig fegt die Front über mich hinweg. Starke Böen rütteln an Molly und mir. Eigentlich werde ich nur auf meiner rechten Seite nass, die linke bleibt fast trocken. Zwanzig Minuten später ist der Spuk vorbei. Die Regensachen trage ich solange, bis sie trocken sind. Die Sonne kommt ab und zu durch eine Lücke im

Grau auf Stippvisite. Das ergibt dramatisch schöne Aufnahmen. Ich traue der Sache noch nicht. Die Gore-Tex-Kleider bleiben in Griffnähe. Im Verlauf der nächsten zwei Stunden muss ich mich noch drei Mal in mein Regenzeug werfen. Fast ohne Ankündigung ziehen diese kleinen Fronten mit ihrer nassen Fracht über mich hinweg. Kurz und heftig. Der kühle Gegenwind bleibt konstant. Beim Schild «Marla 29 km» mache ich einen kurzen Halt. Hier irgendwo müsste Gregs Exemplar des «Sturt's desert pea» wachsen. Ich habe mittlerweile schon viele dieser wunderbaren Blumen gesehen, aber mich nimmt es einfach Wunder, wie genau Gregs Beschreibung war. Ich bin nicht mehr sicher, ob er südöstlich oder südwestlich des Schildes gesagt hat. Nach zehn Minuten suchen, entdecke ich tatsächlich ein kleines und einsames Exemplar der Blume. «Well done Greg!»

Ich warte eine trockene Phase ab, um mein Nachtlager aufzubauen. Es gibt nichts Unangenehmeres als das Zelt bei Regen aufstellen zu müssen. Anscheinend hat es sich für heute ausgeregnet und ich bin gespannt was der nächste Tag bringen wird.

## Tag 67: Dienstag, 2. August 2016, Kilometer 1950 (11)
## Kreischender Fan

Der Wind ist weg. Die Wolken sind weg! Ein kalter und glasklarer Morgen begrüsst mich. Ich esse meine letzte Portion Porridge. Die Proviantsäcke sind bedenklich leicht geworden. Noch genau drei Nudelsuppen, zwei Schokoriegel, eine Orange und ein Apfel sind übriggeblieben. Ziemlich gut berechnet würde ich meinen! Die Früchte werde ich noch bis Marla vertilgen müssen. Von da an gilt die Früchte- und Gemüsequarantäne. Was nicht gegessen worden ist, muss in die Mülltonne. Nach einer Marschstunde verspeise ich meine Orange am

Strassenrand. Eine Dame hält an und fragt mich nach meinem Befinden. «Willst du noch einige Orangen» möchte sie wissen. «Ja gerne» gebe ich zur Antwort und schon drückt sie mir zwei leckere Exemplare in die Hände. Dankend mache ich mich ohne grosse Umschweife über eine weitere Frucht her. Vitamine kommen auf meiner Reise definitiv zu kurz. Ich versuche zwar, pro Tag mindestens zwei Früchte zu essen, doch manchmal gibt es bei den Tankstellen ausser «junkfood» nicht viel mehr zu kaufen. Um 10 Uhr baue ich bereits mein Zelt auf dem Campingplatz in Marla auf. Duschen, Wäsche waschen, «the same procedure as usual».

Am Mittag schlendere ich zum Take Away des Pubs. Vor dem Eingang ist ein Arbeiter am Ausbessern der Pflasterung. Ich sage Hallo und meine, er sei ziemlich fleissig. Wir kommen ins Gespräch. Jusus stammt ursprünglich aus Montenegro, lebt aber schon zweiundvierzig Jahre in Australien. Eigentlich ist er selbständiger Opalsucher in Coober Pedy, doch manchmal nimmt er auch andere Arbeit an. Er besitzt einen 75-Tonnen-Bulldozer, mit dem er in der Gegend eine Strasse instand stellen musste. Da er nun Schwierigkeiten habe, für seine riesige Maschine einen Transporteur zu finden, überbrücke er die Zeit mit Reparaturarbeiten für das Roadhouse. Er möchte mit seinem Ungetüm so schnell wie möglich zurück auf seinen «claim». Das Wetter sei jetzt prima zum Baggern. Wir beschliessen, am Abend die «happy hour» zusammen einzuläuten.

Drinnen bestelle ich mir den Marla-Burger. Ich unterhalte mich mit einem älteren Paar, das auch auf seine Bestellung wartet. Ja, sie haben mich auf der Strasse überholt und sind sehr beeindruckt ob meiner Leistung. Eine junge Frau begutachtet auch das Angebot und hat offensichtlich unser Gespräch mitverfolgt. «Entschuldigung, bis du wirklich der Trolley Man?» «Ja, der bin ich» kann ich nur bestätigen. Sie macht grosse Augen, fängt ganz aufgeregt zu kreischen und rennt zu ihrer Begleiterin. «Hey, dort drüben ist der Trolley Man, ich habe den Trolley Man getroffen!» Ganz aus dem Häuschen kommt sie zurück und erzählt, dass sie und ihre Arbeitskollegin für vier Tage beruflich in der Region zu tun haben. Sie hätten mich jeden Tag auf der Strasse gesehen und wollten eigentlich einmal anhalten. Ich war auch immer wieder ein Gesprächsthema während ihren langen Autofahrten. Was ist das wohl für ein Kerl? Welche Strecke läuft der? Ist der schon lange unterwegs? Fragen über Fragen. Da sie auch hier im Roadhouse einquartiert sind, verspreche ich, ihnen am Abend Rede und Antwort zu stehen.

Den ganzen Nachmittag verbringe ich am Computer und arbeite an diesen Zeilen. Um 17 Uhr treffe ich Jusus wie abgemacht in der Bar. Mit einem kühlen Bier in der Hand lässt es sich gut unterhalten. Sobald er den Job hier erledigt hat, wird er zurück nach Coober Pedy fahren. Er verspricht mir, anzuhalten, wenn er mich auf der Strasse antreffen sollte.

Mittlerweile sind die zwei Frauen auch in der Bar aufgetaucht. Das Mittagessen habe ich zwar noch nicht verdaut, aber nach drei Büchsen Bier muss ich unbedingt wieder etwas essen. Es ist «Italian night» und ich wähle die Fettuccine Carbonara aus. Mit einer riesigen Portion dampfender Pasta setzte ich mich an den Tisch der Neugierigen. Nun werde ich regelrecht ins Kreuzverhör genommen. Alles wollen sie wissen! Mein Teller ist noch halbvoll, aber die Teigwaren schon fast kalt. Ich komme gar nicht zum Essen. Nun nimmt es mich aber Wunder, was Kylie und Ruth in der Gegend so treiben. Sie seien «forensic interviewers» und würden ausschliesslich im «Anangu Pitjantjatjara Aboriginal Land» arbeiten. «Was seid ihr? Für mich hat Forensik immer was mit Tod zu tun und da gibt es doch nichts zu befragen, oder?» Sie müssen lachen und erklären mir, dass sie als Psychologin und Sozialarbeiterin Kinder befragen und betreuen, die sexuell missbraucht wurden oder werden. In diesem Zusammenhang arbeiten sie sehr eng mit der Polizeistation in

Marla zusammen. Regelmässig müssen sie von Adelaide nach Alice Springs fliegen. Im Geländewagen fahren sie stundenlang in das riesige Gebiet der Anangu Aborigines, an den Ort des Geschehens. Ich glaube ihnen aufs Wort, dass das ein ziemlich schwieriger und aufreibender Job ist. Vielfach sind sie mit diesen Kindern im Wagen unterwegs. So auch diese Woche. Und da kam ihnen der «Trolley Man» auf der Strasse gerade recht. So hatten sie und die Kinder wenigstens etwas zum Lachen und Diskutieren. Mittlerweile ist es dunkel und die Girls sind enttäuscht. Sie wollten doch noch Fotos mit mir und Mrs. Molly machen. Ich schlage ihnen vor, dies morgen Früh nachzuholen. Ich sei ab halb sieben auf der Strasse. Die Mädels wollen um sieben los, zwar in die andere Richtung, doch den kleinen Umweg werden sie in Kauf nehmen.

## Tag 68: Mittwoch, 3. August 2016, Kilometer 1983 (33)

## Ungesicherte Ladung

Die zwei beruflichen Fragestellerinnen tauchen pünktlich um 7 Uhr auf der Strasse auf. Nach der Fotosession versprechen sie, mit mir in Kontakt zu bleiben. Sie wollen mir unbedingt noch einige tolle Adressen von Weingütern im Clare Valley geben, die ich besuchen sollte. Nun müssen sie aber los, denn sie haben noch eine dreistündige Fahrt an einen abgelegenen Ort vor sich. Ich wünsche ihnen bei ihrer heiklen Arbeit viel Erfolg. Etwas später stoppen im Abstand von fünf Minuten zwei Ehepaare, mit denen ich gestern auch noch gequatscht und ihnen meine Visitenkarte versprochen hatte. Im Trubel hatte ich das ganz vergessen und so holen sie sich diese «on the road» ab. Das obligate Erinnerungsfoto gibt es gratis obendrein.

Mrs. Molly und ich fühlen uns sehr wohl auf der Strasse. Sie gehört mittlerweile einfach zu uns. Wir bemerken, wenn sie ihre Farbe oder Korngrösse wechselt. Wir spüren jedes Neigungsprozent. Molly ärgert sich immer noch über die aufgeklebten Würste. Wir fühlen uns auch sehr sicher. Die meisten Autofahrer verhalten sich uns gegenüber absolut korrekt. Die wenigen Ausnahmen habe ich bereits beschrieben. Was bei mir immer ein komisches Gefühl und viel Respekt einflösst, sind die Güter, die auf Roadtrains und Autos transportiert werden. Am Strassenrand habe ich schon viele zerrissene Spanngurte liegen sehen. Auch massive, zerborstene Eisenketten sind mir schon begegnet. Ich hoffe inständig, dass die anderen Verkehrsteilnehmer ihre Wagenladungen seriös sichern. Um die Lastenzüge mache ich mir weniger Sorgen. Da sind professionelle Fahrer, die ihr Metier verstehen, am Werk. Viele Male habe ich beobachtet, wie die «roadtrain operators» vor der Weiterfahrt einen Kontrollgang um ihr Gefährt machen. Sie prüfen alle Spanngurte und sehen sich auch die Bereifung an. Erst wenn alles zu ihrer Zufriedenheit gesichert ist, fahren sie los. Mehr Bedenken habe ich bei den privaten Allradfahrzeugen. Diese sind in der Regel bis unters Dach beladen. Was im Innern keinen Platz findet, landet auf dem Dachträger. Randvolle Wasser- und Benzinkanister, Reserveräder, grosse Gasflaschen, Holz fürs nächste Lagerfeuer und grosse Säcke mit unbekanntem Inhalt werden dort oben festgezurrt. Ich will mir gar nicht ausdenken, in was für ein Geschoss sich ein herunterfallender Gasbehälter verwandeln könnte. Ein Gedanke tröstet mich. Dieser Gefahr mit nicht genügend gesicherter Ladung bin nicht nur ich als Fussgänger ausgesetzt.

## Tag 69: Donnerstag, 4. August 2016, Kilometer 2016 (33)

# Channel 7

Bis Kilometer siebzehn laufe ich schweigend in den Morgen hinein. Ich habe bewusst Mrs. Molly nichts verraten. Aber nun ist es soweit: «Good morning Mrs. Molly und herzliche Gratulation. Wir haben soeben Kilometer zweitausend überschritten!» Ich streichle ihr wohlwollend über die Abdeckung. Mir selber klopfe ich auf die Schulter und bedanke mich bei meinen unermüdlichen Beinen und Füssen. Zweitausend Kilometer! Diese Zahl lasse ich zart auf meiner Zunge zerschmelzen. Zwei Drittel der Strecke haben wir geschafft. Wow, das ist ein geniales Gefühl! Wieder haben wir einen kleinen Meilenstein gesetzt. Zum Feiern kommen wir nicht. Ich muss auf den Verkehr aufpassen, denn da kommt mir im Schritttempo eine ganze Karawane von Wohnwagen entgegen. Was ist denn da los? Ich bin schon lange im seitlichen Kies und absolut kein Verkehrshindernis mehr. Ich winke die Autos durch. Gleichzeitig hält auf der anderen Seite ein Allradfahrzeug. Ein Riese von Mann steigt aus. Sicherlich zwei Köpfe grösser als ich. Der wirft wirklich einen viel grösseren Schatten als meine Wenigkeit! Der muskulöse Kasten kommt zu mir rüber. «Hello I'm Spider, I'm from television», stellt er sich vor. Ich denke für mich, was für ein komischer Kauz, der sich mit seinem coolen Spitznamen vorstellen muss. Nun ja, jedem das Seine! Er sei vom Fernsehen und ob es wohl möglich sei, ein Interview mit mir zu machen. Nun will er sich noch wichtigmachen, denke ich. Auch sein Outfit ist speziell: Schwarze, lange Unterhosen über die er eine dunkle, kurze Hose trägt. Ein beiges T-Shirt lässt den Blick auf seinen tätowierten, linken Arm frei. Die gelben Flip-Flops komplettieren sein Auftreten. Irgendwie habe ich das Gefühl, dass das wohl nur ein kleiner, lokaler Sender ist. Nun steigt aber sein Kameramann aus dem Wagen und installiert Stativ, Kamera und

Mikrophon. Sie seien von Channel Seven, einem Kanal, der landesweit ausstrahlt. Hoppla, landesweit, also kein Wald- und Wiesensender! Da sollte ich mein bestes Englisch bemühen. Es wird ein ganz amüsantes Gespräch und der grossgewachsene Interviewer wird mir immer sympathischer! Sie wollen mich auch noch in Aktion filmen. Das ist natürlich das kleinste Problem, denn das ist das, was Molly und ich seit fast zehn Wochen machen, nämlich spazieren. Am Schluss erwähnt Spider, dass die Wohnwagen, die vorhin den einzigen Stau auf der Strasse verursacht haben, alle zum Fernsehsender gehören. Noch einmal Hoppla! Ich schlucke dreimal; da ist ein ziemlich grosses Team unterwegs. Ich drücke Spider meine Visitenkarte in die Hand und er verspricht mir den Beitrag per E-Mail zu übermitteln.

Der Strassenbelag wechselt seine Farbe wieder zu rot. Die Körnung ist aber viel grösser als auf der Tartanbahn vor einigen Tagen. Diese Strassenbauer können sich einfach nicht einig werden, welchen Belag sie verwenden wollen. Ich sollte mich beim südaustralischen Bauamt melden, denn ich wüsste ganz genau, welchen Asphalt ich verbauen würde!

Ich kann heute kilometerweit übers Land schauen. Nur wenige kleine Büsche gedeihen in dieser Stein- und Kieswüste. Es wird wohl ziemlich schwierig werden, ein geschütztes Nachtlager zu finden und so halte ich schon früh die Augen offen. Viel Auswahl habe ich tatsächlich nicht. Ich finde eine kleine Gruppe von Büschen, die mich halbwegs vor neugierigen Blicken schützen. Beim Zeltaufbau hüpfen mir Dutzende Heuschrecken um die Beine. Einige sind bis zu vier Zentimeter gross. Sie leuchten schwarz und haben eine wunderschöne Zeichnung auf ihrem Körper. Die schwarzbraunen Streifen werden mit orangen Punkten ergänzt. Einfach nur faszinierend. Die «grashoppers» machen ihrem Namen Ehre, denn sie hüpfen mir dauernd davon. Ich benötige sehr viel Geduld, damit ich mit meiner Kamera genügend nah an die Tiere komme. Ich finde schnell eine Strategie heraus. Einem einzelnen Tier folge ich so lange, bis es diesem zu blöde wird, mir zu entkommen. So ergeben sie sich plötzlich ganz zahm ihrem Schicksal als Fotomodell. Der Aufwand lohnt sich. Auch eine kleinere Heuschreckenart, die wie ein verwittertes Stück Holz aussieht, entdecke ich. «Welcome to the land of grashoppers»!

## Tag 70: Freitag, 5. August 2016, Kilometer 2047 (31)
# Gebet für den Trolley Man

Ich bin seit einer Stunde auf der Strasse, als ich vor mir einen grossen Reisebus am Strassenrand sichte. Eine ganze Schar Neuntklässler mit ihren Lehrern geniesst stehend ihr Sonnenaufgangsfrühstück. Ich werde kurzerhand eingeladen, mitzuessen, was ich sehr gerne mache. Auf ein zweites Frühstück verzichte ich sicher nicht! Ich bediene mich bei Müesli, Pfirsichen aus der Dose und Milch. Die Schüler können es fast nicht glauben, dass ich fünfunddreissig Kilometer pro Tag marschiere. Wir unterhalten uns prächtig. Der Betreuer, der mich eingeladen hat, verwechselt andauernd «Switzerland» mit «Sweden». Er glaubt darum auch, dass ich aus dem Land von Volvo und Ikea komme. Ich necke ihn, dass er in der Schule bei der europäischen Geografie offensichtlich einen Fensterplatz hatte. Der Geografie-Banause ist ziemlich übergewichtig und er gibt unumwunden zu, dass er einen Marsch von Darwin nach Adelaide nie und nimmer bewältigen würde. Er habe manchmal schon Mühe, es vom Sofa bis zum Kühlschrank und zurückzuschaffen. So hänseln wir uns gegenseitig und den Schülern scheint unser Wortgefecht echt Spass zu machen. Beste Unterhaltung am frühen Morgen. Die Jugendlichen kommen aus New South Wales und besuchen die «Wyong Christian Community School». Gemeinsam geniessen sie ihre Schulreise und fahren bis nach Darwin. Wegen der vielen Fragen bin ich der Letzte der noch kauend herumsteht. Der Betreuer, der nun weiss, dass ich aus dem Land der Schokolade komme, fragt mich, ob es für mich in Ordnung sei, mit ihnen zu beten. Sie seien eine christliche Schule und es sei ihr Morgenritual dem Herrn für alles zu danken. Es ist ein schönes und improvisiertes Gebet und der Schluss hat mich sehr berührt: «Lieber Gott, beschütze Christian und seinen Einkaufswagen vor allem Bösen, Roadtrains und wilden Kängurus, Amen!» Alle lachen schallend und wir inszenieren noch ein tolles Gruppenfoto rund um Mrs. Molly. Ich frage nebenbei einen Lehrer, ob es einen Channel Seven gäbe und ob er jemanden namens «Spider» kenne. Ja klar, dieser Sender sei einer der grössten im Lande und Peter «Spida» Everitt kenne hier jedes Kind. Dieser habe eine tolle Karriere als «footballer» bei den «St. Kildas» in Melbourne hingelegt. Vor zehn Jahren habe er seine beeindruckende Sportlaufbahn beendet und arbeite nun für die beliebte Reisesendung «The Great Australian Doorstep» von Channel Seven. Spida sei eine der Ikonen des australischen Footballs. Ja super, ich hatte es also gestern mit einer berühmten Grösse des australischen Sports zu tun und hatte keine Ahnung!

Der Fahrer des Busses erwähnt noch, dass er in zwei Wochen mit der Mädchenklasse auf derselben Route unterwegs sein werde. Er verspricht mir, auf alle Fälle anzuhalten, sollte er mich auf der Strasse sehen. Vielleicht passt es ja wieder zum Frühstück.

Die Mittagspause verbringe ich auf dem Cadney Homestead, einem sympathischen Roadhouse. Kurz nach dem Weitermarsch kommt schon wieder Besuch. Ein vollbeladener, kleiner Wagen hält hundert Meter vor mir an. Ein Fotograf mit seiner grossen Kamera steigt aus und schiesst Foto um Foto, wie ich auf ihn zugelaufen komme. Er stellt sich als Phil vor. Er sei ein Fotojournalist, der bis vor kurzem für die lokale Zeitung in Alice Springs gearbeitet habe. Sie hätten leider einen neuen Verleger gekriegt, mit dem er überhaupt nicht klargekommen sei. Deshalb habe er gekündigt und sei nun auf dem Weg zurück in seine Heimatstadt Adelaide. Molly und ich posieren noch mit seinem Hund Murphy. Ich soll ihn anrufen, wenn ich Adelaide erreiche. Er würde sich sehr freuen, wenn wir uns treffen könnten.

Bei so vollgepackten und interessanten Tagen weiss ich am Abend manchmal gar nicht, wie ich meine obligaten dreissig bis fünfunddreissig Kilometer schaffen konnte. Aber irgendwie tragen mich meine Beine unermüdlich gegen Süden. Einfach so!

## Tag 71: Samstag, 6. August 2016, Kilometer 2081 (34)
## Polizistinnen in Zivil

Der heutige Tag startet wieder mit einer Wolken- und Sonnensymphonie! Die ersten Strahlen lassen die hellblonden Grasbüschel in der Savanne leuchten. Nur wenige kleine Büsche und Sträucher behindern die Sicht. Einige abgestorbene, knorrige Bäume recken ihr Gerüst in den Himmel. Ich kann kilometerweit sehen. Seit ein paar Tagen begleitet mich auf der rechten Seite die Trasse der «Ghan» Eisenbahnlinie. In Sichtweite rattert ein Güterzug Richtung Süden. Ich zähle fünfundsechzig Wagons. Die Eisenbahn hat ihren Namen «Ghan» von den afghanischen Kameltreibern, die massgeblich mitgeholfen haben das Land zu erschliessen. Ich habe schon einige Australier getroffen, die mit ihrem Wohnwagen gemütlich von Adelaide nach Darwin fahren. Dort verladen sie ihr Gefährt auf den «Ghan» und kutschieren zurück in den Süden. Im Luxusabteil blättert man für die 54-stündige Reise pro Person satte 3600 Dollar auf den Tisch! So eine Eisenbahnfahrt wäre auch mal was für mich, aber erst, wenn ich nicht mehr so gut zu Fuss bin.

Schon früh kommt heute Besuch. Ein Geländewagen hält an und zwei Damen steigen aus. Die zwei Polizistinnen in Zivil haben ihre freien Tage in Coober Pedy verbracht. Sie sind auf einem abgelegenen Aussenposten im Aboriginal-Land stationiert. Das «Anangu Pitjantjatjara Aboriginal Land» umfasst zirka 100000 Quadratkilometer, also zweieinhalb Mal so viel wie die Schweiz! Gerade mal fünftausend Ureinwohner bevölkern diesen Landstrich. Normalerweise sei es recht ruhig in den «communities», aber Drogenmissbrauch ist ein grosses Thema. Alkohol und andere Suchtmittel, wie zum Beispiel Benzin schnüffeln, bringen die Probleme. Die beiden arbeiten regelmässig mit meinen beiden «forensic interviewers» zusammen. Sie begleiten diese auf ihren heiklen Missionen. Ich bin erstaunt, dass eine so kleine Anzahl Menschen, so viel Arbeit machen. Besonders die extrem hohe Anzahl an sexuellen Übergriffen an Kindern können sich auch die zwei Gesetzeshüterinnen nicht schlüssig erklären. Sie haben eigentlich nicht angehalten, um über ihre Arbeit zu sprechen. Die zwei befreundeten Psychologinnen hätten ihnen von mir erzählt und ihnen stolz die Fotos mit mir und Mrs. Molly unter die Nase gerieben. Das konnten sie nicht auf sich sitzen lassen und hielten deshalb nach mir Ausschau. Auch sie möchten ein Erinnerungsfoto mit dem «Trolley Man» in ihrer Sammlung haben. Als Dank überlassen sie mir zwei riesige, selber gebackene Cookies und was noch viel mehr der Hammer ist, vier herrlich reife Erdbeeren! Diese verschwinden in Nullkommanichts in meinem Magen. Die Schokoladenkekse hebe ich mir für später auf.

Heute ist im wahrsten Sinne des Wortes tierisch viel los auf der Strasse. Eine handgrosse Echse sonnt sich auf dem roten Asphalt. Ich habe sie fast überfahren, denn sie hat praktisch dieselbe Farbe wie der Boden. Sie ist ziemlich träge und lässt sich von mir gerne ablichten. Auch den schwarzen Heuschrecken begegne ich wieder. Ich beobachte, wie erwachsene Exemplare ihren Nachwuchs im Huckepack transportieren. Die Kleinen klammern sich mit ihren Beinchen am Rücken der Mutter fest und lassen sich so durch die Gegend chauffieren. Clevere Kerlchen, muss ich schon sagen! Dann begegnet mir noch ein zirka drei Zentimeter grosses, froschähnliches Irgendetwas. Hüpfen kann es recht gut, doch das Landen ist nicht seine Stärke. Unkontrolliert macht es jedes Mal einige Purzelbäume bis es wieder sicher auf den Füssen landet. Das ist ein richtiger Bruchpilot! Aber meistens sitzt es nur auf der Strasse und macht keine Anstalten diese zu verlassen. Ich lege mich platt auf den Bauch und halte der Kreatur mein Makroobjektiv vor die Nase. Keine Reaktion. Das Tier sieht auf den ersten Blick sehr unscheinbar aus. Es ist dreckig braun und rundlich. Man könnte meinen, das Tier sei gerade aus der Erde geschlüpft. Die Nahaufnahmen zeigen ein urweltliches Geschöpf, wie von einem anderen Planeten! Irgendwie hässlich, aber doch faszinierend schön. Es hat im Verhältnis zum restlichen Körper riesige, braungesprenkelte Augen. Die zwei langen Fühler lässt es traurig hängen. Nachdem ich meine Aufnahmen im Kasten habe, bugsiere ich das Fotomodell sanft von der Strasse. Ah, jetzt weiss ich was für eine Kreatur ich fotografiert habe, nämlich eine Grille.

**Tag 72: Sonntag, 7. August 2016, Kilometer 2121 (40)**

## Langer Wandertag

Meine Stirnlampe funktioniert nicht mehr. Bei meinen Nachtmärschen, am Anfang meiner Reise, hatte ich diese immer vorne am Deckel von Mrs. Molly montiert. Einmal ist mir dieser samt Lampe zu Boden gefallen. Seit diesem Missgeschick hat die Leuchte regelmässig Wackelkontakt. Nun kann ich sie gar nicht mehr einschalten und so muss ich heute Morgen mein Frühstück im Dunkeln zubereiten. Nach einundsiebzig Mal weiss ich aber ganz genau, wo die benötigten Zutaten verstaut sind. Das Frühstück ist im kleinen Proviantsack ganz unten. Ein Griff und ich ziehe den richtigen Plastiksack heraus mit Kaffeepulver, zwei Beuteln Porridge und dem Früchte-Nüsse-Mix. Ich nehme es gemütlich. Mit jeder Minute wird es heller. Die Dämmerung setzt um 6 Uhr ein.

Seit Tagen werde ich von einem flotten Rückenwind unterstützt, der vor allem am Nachmittag kräftig bläst. Die Strasse ist in langgezogenen Wellen über die Landschaft gelegt. Ein stetiges leichtes Auf und Ab. Es erstaunt mich, wie viele Kurven es hat. Eine halbe Stunde geht es sanft links herum, die nächste Stunde ganz langsam rechts herum. Die Kurven weisen einen riesigen Radius auf und scheinen nicht enden zu wollen! Die baumlose Savanne hält keine Abwechslung fürs Auge bereit; karg bewachsen mit wenigen Büschen und Sträuchern, dazwischen leuchtet das Rot und Braun des Kieses. Ab und zu strecken einige Blumen schüchtern ihre Köpfe gegen den Himmel. Die einzige Abwechslung stellt ein altes Autowrack dar, das ich entdecke. Total verrostet steht es wie ein Monument etwas abseits der Strasse. Es steht eigentlich nicht. Es liegt. Und zwar auf dem Dach. Die Auspuffanlage ist noch fast vollständig vorhanden. Leider benötige ich keine Ersatzteile für meine Molly.

Die Monotonie des Wanderns hat mich schnell wieder eingeholt. Ein Bein vors andere. Für einen Kilometer genau 1100 Mal. Allein heute 44000 Schritte! Für Molly sind es pro Kilometer 1428 Radumdrehungen. Bis zum Feierabend dreht sich so jedes der vier Räder in etwa 57120 Mal um die eigene Achse. Es ist zum Wandern eigentlich der perfekte Tag. Die Temperatur ist unter zwanzig Grad. Rückenwind, was will ich mehr. Doch der Tag will nicht enden. Ein bisschen Abwechslung bringt ein Gedenkkreuz. Mit Plastikblumen dekoriert, mutet das Ganze in dieser Umgebung schon fast grotesk an. Ich lese die Inschrift: «In Memory of Ron Marks, who was murdered at this spot 16.9.93. From his family and friends from Alice Springs». «Zum Gedenken an Ron Marks, der am 16.9.93 an dieser Stelle ermordet wurde. Von seiner Familie und Freunden aus Alice Springs». Mich überkommt ein komisches Gefühl und es läuft mir ein kalter Schauer den Rücken runter! Nur schnell weg von hier!

Am frühen Abend nehme ich mir Zeit, meine Stirnlampe bei Tageslicht zu inspizieren. Das Gehäuse hat einen Spalt und hält das Ganze nicht mehr richtig zusammen. Nicht grundlos hatte ich mir in Darwin das famose «one hundred mile tape» besorgt. Mit dünnen Streifen davon klebe ich das defekte Teil wieder zusammen. Siehe da, meine Stirnlampe leuchtet wieder wie neu! Übrigens hält mein Campingstuhl, den ich mit diesem Klebestreifen geflickt habe, noch immer. Ich sollte das grüne klebrige Band in «one thousand mile tape» umbenennen!

**Tag 73: Montag, 8. August 2016, Kilometer 2157 (36)**

## Auf ein Kaffee mit Bruce

Es geht so weiter, wie es aufgehört hat. Auch heute wollen die Kurven nicht enden. Eigentlich weiss ich nicht, warum es hier überhaupt Kurven braucht. Das ist doch nur eine Vergeudung an Strassenkilometern! Hatten die Erbauer zu viel Strasse bestellt? Oder waren da wieder die extravaganten, südaustralischen Strassendesigner am Werk? Eine schnurgerade Strasse war denen zu langweilig. Also mussten ein paar nette Biegungen in die flache Landschaft integriert werden. Warum eigentlich nicht. Die Verantwortlichen sind offensichtlich auch grosse Fans der coolen, gelben Känguruwarnschilder. Alle paar Kilometer wächst so ein Teil aus dem Boden und warnt vor Tieren, die ich in dieser Region lebendig noch nicht gesehen habe. Obschon ich jeden Tag in der Dämmerung unterwegs bin, sehe ich das australische Wappentier höchstens leblos am Strassenrand liegen! Traurig, traurig. Ich würde gerne ein Original-Strassenschild als Souvenir nach Hause nehmen. Doch dazu bin ich viel zu ehrlich, um bei Nacht und Nebel eines abzumontieren.

Das wird sicherlich recht häufig gemacht, denn ich bin schon an etlichen leeren Halterungen vorbeigekommen.

Heute scheint es wieder einmal ziemlich warm zu werden. Ich habe meine Socken-Handschuhe nicht benötigt und schon um 9 Uhr kann ich auf kurze Hose und T-Shirt wechseln! Kurz nachdem ich das leichtere Tenue montiert habe, hält ein Wohnwagen vor mir an. Ein älterer Herr steigt aus und begrüsst mich mit einem: «Good day, how are you?» Mir geht es blendend. Er stellt sich als Bruce aus Perth vor. «Kann ich dir einen Tee oder einen Kaffee offerieren?» Diese Einladung kann ich natürlich nicht ausschlagen. Wir setzen uns gemeinsam in seinen Wohnwagen und Bruce schenkt uns zwei dampfende Tassen Kaffee ein. «Brauchst du Zucker?» Als ich verneine ist er ziemlich erleichtert. Er schmunzelt nur und meint, er lasse immer den Zucker in den Restaurants mitgehen. Die kleinen Portionen seien ihm gerade erst gestern ausgegangen. Er sollte sich wieder einmal auswärts einen Kaffee gönnen, um seinen Vorrat aufzufüllen, meine ich augenzwinkernd. Zum braunen Gebräu serviert er zwei süsse Gebäcke. Er wohne in Perth Westaustralien und fahre gemütlich nach Brisbane an die Ostküste. Nur schnell einige Verwandte besuchen, meint er lachend. Um die Ecke ist das nicht gerade. Über viertausend Kilometer nimmt er so unter die Räder! Bruce ist echt stolz auf seinen dreissigjährigen Wohnwagen. Ja, dieser sei ein bisschen in die Jahre gekommen, wie er selber auch. Er halte nicht viel von diesen neuen, gestylten Kutschen. Er liebe seine zeitlose und ziemlich biedere Inneneinrichtung aus Holz. Die habe ihm vor drei Jahrzehnten gefallen und das tue sie noch heute. Freudig demonstriert er mir seinen Tisch, den man in jede Richtung drehen kann. Das erleichtert einem den Einstieg auf die Eckbank ungemein. Unsere Tassen sind leergetrunken und Bruce möchte noch ein Erinnerungsfoto schiessen. Ich posiere mit Mrs. Molly. Zu meiner Überraschung will er noch ein Selfie mit mir machen. Etwas ungelenk hantiert er mit seiner Kamera, bis er den richtigen Winkel gefunden hat. Mit einem Handschlag verabschieden wir uns voneinander und wünschen uns gegenseitig eine gute und sichere Reise.

Schon fünfunddreissig Kilometer vor der Opalstadt Coober Pedy tauchen die ersten Schilder auf, die vor gefährlichen Minenschächten im Gelände warnen. Andere Warnschilder besagen, dass das unbefugte Betreten der Opalfelder mit hohen Bussen bestraft wird. Auf einer Anhöhe mit Blick bis in die Hauptstadt des Opals, schlage ich mein Nachtlager auf. Zumindest besteht an diesem Ort nicht die Gefahr, in einen ungesicherten Schacht zu fallen.

### Tag 74: Dienstag, 9. August 2016, Kilometer 2185 (28)

## Hassliebe mit Coober Pedy

Ich stehe schon um 5 Uhr auf, denn ich will nicht zu spät in der Stadt sein. Es ist noch stockdunkel. Einige Sterne gucken zwischen den vielen Wolken durch. In der Ferne sehe ich die Lichter von Coober Pedy. Ich habe, gelinde gesagt, ziemlich gemischte Gefühle, wenn ich an diesen Ort denke. Genau vor neunzehn Jahren bedeutete diese Stadt das dramatische Ende meiner halbjährigen Fahrradtour. Nach gut vier Monaten und zehntausend absolvierten Kilometern verbrachte ich zwei Nächte auf einem Campingplatz. Es war Mitte Oktober und die Temperaturen waren schon dementsprechend hoch. Um die Hitze des Tages zu umgehen, stand ich um 3 Uhr auf. Mein Fahrrad inklusive Anhänger hatte ich sechs Meter von meinem Zelt entfernt an einen Baum gekettet. Doch da war kein Velo mehr. Hatte ich am letzten Abend zu viele Biere gekippt? Den Drahtesel an einem anderen Ort geparkt? Ich habe den ganzen Zeltplatz abgesucht. Nichts! Dann habe ich den Besitzer des

Campingplatzes aus dem Bett geholt und die Polizei gerufen. Nichts ist passiert. Ich habe den Rest der Nacht auf die Bullen gewartet. Wegen eines so kleinen Diebstahles hat sich die örtliche Polizei mitten in der Nacht aber nicht aus der Ruhe bringen lassen. Für mich persönlich waren das sehr lange, und im wahrsten Sinne des Wortes, dunkle Stunden! Am Morgen bin ich mit einer ziemlichen Wut zum Polizeiposten marschiert und habe den Diebstahl nochmals gemeldet. Die Gesetzeshüter waren nicht sonderlich interessiert, aber füllten zumindest ein Protokoll aus, damit ich zuhause etwas für die Versicherung hatte. Vier Tage später war noch immer kein Fahrrad in Sicht. Um meine Reise beenden zu können, habe ich einem jungen, griechischen Opalschürfer sein uraltes, grünes Auto Marke Holden abgekauft.

Ich wandere heute Morgen also mit zwiespältigen Gefühlen Richtung Coober Pedy. Im Stillen habe ich mit dem Ort Kontakt aufgenommen. Ich habe ihm gesagt, dass er noch Einiges gutzumachen habe. Und er gibt sich redlich Mühe! Es ist wieder eine dieser magischen Morgenstimmungen mit vielen dunklen Wolken und nur wenigen Sonnenstrahlen, die sich gegen das Gewölk durchsetzen können. Dazu die spezielle Kulisse der Opalfelder. Die pyramidenförmigen Schuttkegeln der Minen zeichnen sich fantastisch gegen den dunklen Himmel ab. Manche Aufschüttungen kommen bis an den Zaun heran. Natürlich kann ich es nicht lassen, darüber zu steigen, um die Schutthalden zu besteigen. Ich ignoriere das Schild «DANGER, KEEP OUT, DEEP MINE SHAFTS». Auch die tausend Dollar Busse, die mein Vorgehen zur Folge haben könnte, blende ich aus. Von oben geniesse ich eine wunderbare Sicht über die Opalfelder. Die Abraumhügel leuchten in allen Schattierungen von Weiss bis dunkelbraun. Von hier oben kann ich die tiefen Schächte sehen, die senkrecht in den Boden getrieben worden sind. Ein riesiger Schweizer Emmentaler Käse!

Kurz vor der Stadt mache ich einen Fund. Keine Opale. Viel praktischer. Am Strassenrand liegt eine solide, schwarze Stirnlampe. Die muss ein Minenarbeiter verloren haben. Das professionelle Teil funktioniert tatsächlich noch! Ja, Coober Pedy gibt sich redlich Mühe!

In der Stadt quartiere ich mich sicherheitshalber in einer Unterkunft unter dem Boden ein. Sechs Meter unter Grund fühle ich mich im «Radekas Backpacker» pudelwohl. Dutzende von Schlafräumen wurden hier in den Felsen gefräst. Ich bewohne den grossen Schlafsaal mit zwanzig Betten ganz alleine. Auch Mrs. Molly hat einen idealen Platz erwischt. Da sie wieder zu breit für den «storage room» war, darf sie nun in einer Ecke des dazugehörigen Souvenirladens nächtigen. Damit sie nicht zu stark auffällt, überlässt mir die Chefin des Hauses eine Decke, damit ich meine Molly verhüllen kann.

In John's Pizza Bar bestelle ich mir eine mittelgrosse «Meat Lover's Pizza» und ein kühles Coopers Bier. Da in Australien alles ein bisschen grösser ist, schaffe ich es nur knapp, die reichlich belegte Pizza zu vertilgen. Eine kleine hätte auch gereicht.

## Tag 75: Mittwoch, 10. August 2016, Ruhetag

# Leben im Untergrund

Das war mit Abstand die ruhigste Nacht meiner ganzen Reise. Da ich mit niemandem den grossen Saal teilen musste, war es einfach nur eines, absolut still. Keine Windgeräusche, keine heulenden Dingos, kein Zirpen der Grillen, einfach nur Ruhe! Leider konnte ich nicht länger als üblich schlafen. Mein Rhythmus hat mich wie gewohnt vor 6 Uhr zum Aufstehen gezwungen. So schleiche ich mich aus der Unterkunft. Gegenüber ist die Tankstelle geöffnet, in der ich schon frühstücken kann. Anschliessend erledige ich bereits den Grosseinkauf, damit ich morgen Früh ohne Verzögerung starten kann.

Meinen freien Tag beginne ich mit dem Besuch einiger Opalshops. Die Formen und Farben dieses Gesteins sind unglaublich. Offensichtlich habe ich einen teuren Geschmack. Alle Exemplare, die mir besonders gut gefallen, liegen um Welten über meinem Budget. So belasse ich es beim Bestaunen. Kostas Vogiatzis, ein griechischer Ladenbesitzer, erklärt mir, dass das Opalgeschäft praktisch nur mit Bargeld funktioniert. Die meisten Opalschürfer würden ihre Steine nicht den lokalen Käufern anbieten. Das ist ihnen viel zu indiskret. Niemand soll wissen, ob sie was gefunden haben. Verschwiegenheit ist das A und O in diesem Business. Sie warten lieber auf die «buyers» aus dem Süden. Das funktioniert dann so: An der Pinnwand im Supermarkt hängt ein Zettel worauf steht, dass nächste Woche ein Käufer in der Stadt sei. Man kennt sich und der Opalschürfer erhält irgendwann in dieser Woche einen Anruf vom Käufer. «Hotel Soundso, Zimmer 541, in einer Stunde». Die Geheimniskrämerei hat einen triftigen Grund. Da alles mit «cash» abläuft, hat der Käufer tatsächlich einen Koffer voller Geld dabei. Das kann gut und gerne ein Millionenbetrag sein! Kostas ist ziemlich schwerhörig. Ich erfahre trotzdem noch, dass seine Frau aus Davos im Bündnerland stammt. So zeigt er mir noch einige Magazine mit Schweizer Themen, die ihm eine Bekannte aus der Schweiz zugesendet hat. Es lebe eine ganze Kolonie Griechen in dieser Stadt meint Kostas noch. Aber nicht nur Griechen, Menschen aus allen Herren Ländern seien dem Opalfieber verfallen. Im Moment lebten hier Personen aus neunundfünfzig Nationen.

Da ich wirklich einen freien und möglichst bewegungsarmen Tag verbringen will, buche ich für den Nachmittag nur eine geführte Tour durch Coober Pedy und seine Umgebung. Der erste Stopp ist die «Umoona Mine», eine ehemalige Mine, die heute ein sehenswertes Museum rund um das Thema Opal beherbergt. In der «Josephine's Gallery» lerne ich viel über die Malkunst der Aborigines. «Faye's Underground Home» ist ein Highlight. In den Siebzigerjahren haben drei Powerfrauen dieses wunderbare Haus von Hand aus dem Felsen geschlagen. Ich staune nicht schlecht über die hübsch eingerichteten Höhlenzimmer. Sogar einen kleinen Weinkeller und einen Swimmingpool bietet dieses grandiose «dugout»! In Coober Pedy leben übrigens noch immer fast zwei Drittel der Menschen unter dem Boden. Der Grund ist simpel. Im Innern dieser unterirdischen Wohnungen herrscht Jahr ein Jahr aus eine angenehme Temperatur von zirka 23 Grad.

Nun geht die Fahrt über staubige Strassen Richtung Breakaways. Wir holpern zuerst über die vegetationslosen Moon Plains. Auch Hollywood hat diese mondartige Landschaft schon entdeckt. Einige bekannte Filme wie «Mad Max» mit Mel Gibson und Tina Turner oder «Pitch Black» mit Vin Diesel wurden hier gedreht. Der landschaftliche Höhepunkt sind aber die Breakaways. Die kleinen Tafelberge leuchten im Abendlicht in den wunderbarsten Farben. Eindrücklich ist auch der Besuch der Serbisch-Orthodoxen Kirche. 1993 wurde das unterirdische Gotteshaus von Freiwilligen gebaut. Bis zu siebzehn Meter tief wurde der Bau in den Sandstein getrieben!

Zum Abschluss des Tages lädt uns der Tourguide auf eine Stippvisite in seine Höhle, respektive Haus, ein. Hier bekommen wir ein modernes «dugout» zu sehen. Beim Bau seines Höhlenhauses musste der Bauherr keine Pläne zum Erhalten der Bewilligung einreichen. Der Fantasie sind dementsprechend keine Grenzen gesetzt. Die einzige Auflage ist, dass ein Grenzabstand von einem Meter eingehalten wird. So ist gewährleistet, dass man nicht plötzlich in das Schlafzimmer des Nachbarn bohrt!

**Tag 76: Donnerstag, 11. August 2016, Kilometer 2220 (35)**

## Dingozaun

Um halb sechs ist es fertig mit der Ruhe. Eine ganze Reisegruppe kommt in aller Herrgottsfrühe an und kapert den Schlafsaal, den ich ganz für mich alleine hatte. Sie geben sich redlich Mühe leise zu sein, aber an weiterschlafen ist nicht zu denken. Dafür ist die Rezeption jetzt schon geöffnet und ich muss nicht bis 8 Uhr warten, um Mrs. Molly aus ihrem sicheren Versteck zu holen. Ich packe meine Siebensachen und schleppe sie durch das verwinkelte Höhlensystem der Unterkunft zurück ans Tageslicht. Vor der Gemeinschaftsküche belade ich Mrs. Molly. Ich habe wieder sehr viel Proviant besorgen müssen, denn die nächste Möglichkeit, etwas zu kaufen, wird erst in Glendambo sein. Dieses Roadhouse ist stolze 252 Kilometer entfernt. Sieben bis acht Tage werde ich benötigen, um dort mein nächstes Bierchen geniessen zu können. Ich bin ziemlich überladen. Der Deckel von Molly ist vorne zwanzig Zentimeter höher als sonst. Doch ich benötige diese Kalorien, um bis ans nächste Etappenziel zu kommen.

Nun bin ich definitiv in einer einsamen Gegend. Nur noch trockene Steppe. Ok, im Moment ist es erstaunlich grün und viele Wildblumen entfalten ihre Pracht. Ein Einheimischer hatte mir gestern schmunzelnd erklärt, dass grün nicht die Farbe von Coober Pedy sei. Es sei normalerweise eher «fifty shades of brown»! An keinem Baum finden meine Augen Halt. Nur noch kleine Büsche, Sträucher und Gras. Ab und zu kann ich pyramidenförmige Schuttkegel sehen. Da hat jemand Probebohrungen gemacht, in der Hoffnung auf vielversprechendes Gestein zu stossen. Offensichtlich erfolglos. In dieser riesigen Steppe komme ich mir so winzig vor. Der Verkehr tröpfelt nur noch. Oft vergehen bis zu zwanzig Minuten, ohne dass ein Auto vorbeifährt. Zur Erinnerung; ich bin nicht auf einer kleinen Nebenstrasse, sondern befinde mich noch immer auf dem wichtigen Stuart Highway. Mir ist der schwache Verkehr natürlich recht, aber so gibt es auch keinen Besuch. Um 16 Uhr habe ich genug. Da es hier absolut keine Möglichkeit gibt, sich hinter Büschen zu verstecken, stelle ich mein Zelt einfach hundert Meter neben der Strasse in die Prärie. Ich fühle mich wie auf einem Präsentierteller. Schon beim Vertilgen meines Abendessens kann ich wieder einmal den Dingos beim Heulen zuhören. Erst vorgestern musste ich mit Molly einen «grid» überqueren, der dreimal so breit als normal war. Das war die Stelle, wo der berühmte Dingo-Zaun den Stuart Highway kreuzt. Diese Abzäunung ist über fünftausend Kilometer lang und verläuft von Ost nach West. Es ist der längste ununterbrochene Zaun und das längste Bauwerk der Welt. Die südaustralischen Schaffarmer haben Ende des 19. Jahrhunderts angefangen, diesen zu bauen, um ihre Schafe vor Füchsen und den Wildhunden zu schützen. Später hat der Staat das Projekt übernommen. Das Thema Dingo-Zaun wird im Moment sehr kontrovers diskutiert. Den Rinderfarmern auf der nördlichen Seite nützt die künstliche Barriere nichts. Sie verlieren jedes Jahr über zehn Prozent ihrer neugeborenen Kälber an Dingos und Füchse. Soll man nun den Zaun noch weiterunterhalten? Das kostet sehr viel Geld. Das immense Bauwerk wird jede Woche auf seiner gesamten Länge kontrolliert. Defekte Stellen werden sofort repariert. Mein Camp steht auf der Südseite des Zaunes, also sollten diese Nacht keine Wildhunde um mein Zelt schleichen.

## Tag 77: Freitag, 12. August 2016, Kilometer 2256 (36)
## Sperrzone

Vor dem Frühstück mache ich in der Dunkelheit einige Aufnahmen meines, von innen beleuchteten Zeltes. Ein winziges, gelbstrahlendes Ding, das alleine in der weiten Prärie steht. Darüber spannt sich der grandiose, australische Sternenhimmel! Ein Bild wie von einem anderen Stern. Elf Wochen auf der Strasse. Ich gratuliere Mrs. Molly leise zu diesem kleinen Jubiläum. Ich setzte mir immer kleine Ziele. Das nächste Roadhouse, eine runde Kilometerzahl oder eben die elfte Woche. So haben wir zwei regelmässig etwas zum Feiern! Da hält schon ein erstes Auto. Will da jemand zu unserer Party kommen? Die junge Frau befindet sich auf dem Weg nach Alice Springs. Sie hat extra gewendet, um mich zu fragen, ob ich noch Wasser benötige. Sie hätte genügend dabei und könne mir problemlos aushelfen. Ich lehne ihr Angebot dankend ab, da meine Wasserreserven noch fast voll sind. Ob ich genügend Esswaren dabei habe, will sie wissen. Auch da bin ich noch bestens versorgt. «Vielen Dank fürs Nachfragen!» Sie will nochmals wissen, ob ich wirklich kein Wasser benötige. Sie will mir einfach um jeden Preis helfen. Als sie mir plötzlich zwei saftige Äpfel aus dem offenen Wagenfenster entgegenstreckt, ist es um mich geschehen. Diese nehme ich sehr gerne entgegen. Nun strahlt die Brünette übers ganze Gesicht.

Nur wenige Minuten später rollen zwei Roadtrains auf mich

zu. Sie verlangsamen ihre Fahrt. Was bezwecken die Fahrer mit diesem Manöver? Ich verlasse die Strasse und schiebe Mrs. Molly ins Kies. Auch die Lastwagen fahren links ran und rollen fünf Meter vor Mollys Kühlergrill aus. Der Fahrer des vorderen Trucks steigt aus und begrüsst mich. Sie hätten angehalten, um wieder einmal ihre Ladung zu kontrollieren. Der hintere Fahrer ist ein Aborigine. Beide umrunden ihre Anhänger und checken alle Spanngurte, ob wirklich alles noch hält. Nach dem Rundgang haben sie noch einen Moment Zeit zum Plaudern. Sie amüsieren sich köstlich über meine Geschichten. Am meisten sind sie von Mollys Nummernschild beeindruckt. Das sind wirklich zwei lustige Vögel. Als ich ihnen die Aufschrift auf meinen Rädern «not for highway use» zeige, kugeln sie sich vor Lachen. Ich habe das Gefühl, dass «Lastwagenfahrer» in Australien ein ziemlich einsamer Job ist. Fast so einsam, wie mit einem Einkaufswagen zu Fuss durch den ganzen Kontinent zu wandern! Die zwei «truckies» und ich geniessen das kurzweilige Herumalbern. Für ein paar Minuten mit Menschen sprechen, auch wenn es wirklich nichts Geistreiches ist, tut enorm gut! Nachdem die Roadtrains wieder auf der Strasse sind, bin ich bis zum späten Nachmittag ohne weiteren Besuch unterwegs.

Im Moment funktioniert das «map app» meines Smartphones nicht mehr. Es kann meine Position nicht mehr finden. Mir dämmert es langsam, warum. Ich befinde mich in der «Woomera Prohibited Area», einer militärischen Sperrzone. Ich nehme an, dass das australische Militär in diesem Gebiet die Satellitennavigation aus Sicherheitsgründen unterbindet. Dank der Schilder, die alle zehn Kilometer am Strassenrand stehen, weiss ich auch so ziemlich genau wo ich mich befinde.

## Tag 78: Samstag, 13. August 2016, Kilometer 2291 (35)

# Tod auf der Strasse

Die erste Abwechslung des heutigen Tages bringt der Aufenthalt auf einem Rastparkplatz. Andere Reisende hatten dieselbe Idee wie ich, nämlich hier einen Mittagshalt einzulegen. Wie immer werden Mrs. Molly und ich ganz genau unter die Lupe genommen. So entstehen immer interessante Gespräche. Die Neugierde ist immer beidseitig. Auch mich interessiert, was meine Gesprächspartner machen und woher sie kommen. Ein älteres Ehepaar aus Sydney ist mit einem kleinen Mietwagen auf dem Weg nach Coober Pedy. Sie werden in einem «underground motel» übernachten. Diese Erfahrung hätten sie auf ihrem letzten Trip in die Opalstadt verpasst. Das holen sie jetzt nach. Eine Frau mit Tochter hält nur kurz. Sie trifft übers Wochenende Freunde in Coober Pedy. Ein Paar, das mit zwei Fahrzeugen unterwegs ist, macht eine Pinkelpause für ihre zwei Hunde. Dann ist da noch Eddy aus Perth. Er lebt seit fünf Jahren in seinem, mit allen Gadgets ausgestatteten, geländegängigen Wohnmobil. Riesige Solarpanels versorgen ihn mit Strom. Die Satellitenschüssel, die am Heck montiert ist, darf auch nicht fehlen. Er ist nicht täglich unterwegs, manchmal verweilt er für einige Wochen oder Monate an einem Ort, wo es ihm gefällt. Ein übergewichtiger Mann aus Victoria überreicht mir spontan zwei Mandarinen und wünscht mir «happy walking.» Mit so viel Betrieb vergehen zwei Stunden wie im Fluge. Mein Salami-Käsesandwich habe ich schon längstens vertilgt. Als Dessert schiebe ich einen Schokoladenriegel und einen Apfel nach. Dann bin ich wieder auf der Strasse. Heute Morgen habe ich in der Dämmerung das erste rote Känguru in dieser Gegend gesehen. Ich muss mich präzisieren: Das erste lebende australische Wappentier! Sicherlich alle zweihundert Meter liegt ein totes Tier neben der

Strasse. In jedem denkbaren Verwesungsstadium liegen die Beuteltiere am Strassenrand. Von ausgebleichten Skeletten bis zu fast unversehrten Körpern. Der Anblick ist nicht schön und der Gestank ist einfach bestialisch!

Von Weitem sehe ich einen grossen Vogel auf einem «roadkill» sitzen. Ganz langsam und möglichst leise schiebe ich Mrs. Molly näher und näher. Es ist ein stolzer Adler, der auf dem leblosen Känguru hockt und sich mit seinen scharfen Krallen festhält. Genüsslich reisst er sich Stück für Stück frisches Fleisch aus dem toten Körper. Von mir lässt er sich vorerst nicht ablenken. Er behält mich im Auge, aber die Distanz scheint für ihn noch tolerierbar zu sein. Bis auf zwanzig Meter bin ich jetzt dran. Ganz langsam öffne ich den Deckel von Mrs. Molly. Mit einem Griff habe ich die Videokamera zur Hand und kann in aller Ruhe den König der Lüfte filmen. Es fahren sogar einige Autos im vollen Tempo vorbei. Der Vogel bleibt. Ich schiebe Molly nochmals fünf Meter näher. Jetzt wird mein Fotomodell sichtlich nervös. Es frisst nicht mehr und fixiert mich mit seinen Adleraugen. Ich habe auf meine Fotokamera mit Teleobjektiv gewechselt. Ein weiteres Auto nähert sich. Als der Fahrer mein Fotosujet entdeckt, macht er eine Vollbremsung. Dann legt er den Rückwärtsgang ein, um auch ein Bild zu schiessen. Das ist der Zeitpunkt, wo es dem geduldigen Greifvogel zu viel wird. Er hüpft von seinem Abendessen runter, schwingt kräftig mit seinen mächtigen Flügeln und schon entschwebt er in luftige Höhen. Ich schüttle nur den Kopf ob dem tollpatschigen Touristen. Ich hätte dieses wunderbare Tier gerne noch länger beobachtet. Die Greifvögel werden übrigens sehr häufig selber zu Verkehrsopfern. Sie schlagen sich ihre Bäuche so voll, dass sie sehr träge, manchmal sogar flugunfähig werden und so von unvorsichtigen Autofahrern erfasst werden.

Ich habe gerade wieder meine Reisegeschwindigkeit erreicht, als das nächste tote Tier auftaucht. Dieses Mal ist es ein Rind, das auf dem Rücken liegt und alle vier Beine steif von sich streckt. Es sieht noch ganz frisch aus und liegt wohl erst einige wenige Tage hier. Abertausende Fliegen haben den Kadaver in Beschlag genommen. Es summt und brummt. Der Kopf ist unnatürlich verdreht und das arme Tier hat sein Maul sperrangelweit geöffnet. Diese Körperöffnung haben die Fliegen als Brutplatz benützt. Tausende von Maden quellen nun heraus! Einfach nur eklig!

### Tag 79: Sonntag, 14. August 2016, Kilometer 2324 (33)

## Langeweile pur

Eigentlich ist es ein perfekter Tag. Genau bei solchem Wetter mache ich manchmal zu Hause einen sonntäglichen Spaziergang. Strahlend blauer Himmel mit angenehmen achtzehn Grad. Nicht zu kalt und nicht zu warm. Einfach perfekt. Kein Wind, der mich stört, aber auch keiner der hilft. Einfach perfekt. Mir geht es blendend. Ich fühle mich gesund und stark. Einfach perfekt. Doch eben, es ist wohl zu perfekt. Es ist perfekt langweilig. Ich latsche lustlos vor mich hin. Die Landschaft ist seit Tagen dieselbe. Mal ein paar Bäumchen mehr, mal ein paar Bäumchen weniger. Da mal ein paar Blümchen, die ich schon fünf Mal fotografiert habe. Ein sechstes Mal halte ich wegen denen nicht mehr an. Einfach weiterlatschen. Jetzt geht es seit drei Kilometern leicht aufwärts, dann geht es während ein paar Kilometern leicht abwärts. Zur Abwechslung mal flach geradeaus. Die toten Kängurus am Strassenrand zähle ich schon lange nicht mehr. Einfach Luft anhalten und möglichst schnell dem elenden Gestank entgehen. Nicht einmal die «grids» können mich aus der Reserve locken. Zu Molly sage ich vor diesen Hindernissen immer: «Hey, Mrs. Molly, da kommt wieder ein Grittli!» Widerstandslos lässt sie sich über die Schwellen reissen. Manchmal bockt sie, manchmal nicht.

In der ersten Pause gibt es eine Banane und ein Stück Früchtekuchen, in der zweiten einen Schokoladenriegel und in der dritten einen Apfel mit einem Getreidestängel. «Business as usual». Nach ungefähr einundzwanzig Kilometern gibt es wie immer die Mittagspause. Ich belege mir ein Sandwich mit Käse und Salami. Wie immer. Nach einer Stunde bin ich genug herumgesessen. Ich habe auf die kurze Hose gewechselt. Auch die Schuhe habe ich gegen die Sandalen eingetauscht. Mein Kopftuch ist dem Hut gewichen. Das mache ich meistens am Mittag. Zurück auf die Strasse. Der Asphalt ist sehr fein. Eigentlich perfekt. Es rollt sich wirklich gut. Ich sollte mich nicht beklagen. Ich darf noch immer ganz ungezwungen durch Australien wandern und dieses grandiose Land mit Haut und Haaren erleben! Doch heute kann es mir gestohlen bleiben. Es ist einfach nur langweilig! Wie gewöhnlich suche ich mir ab 15 Uhr einen Platz zum Übernachten. Den finde ich auch heute. Dreizehn Minuten benötige ich um mein Camp aufzubauen. Das beinhaltet, Zelt aufstellen, Isomatte aufblasen, Schlafsack auspacken und die Kochstelle einrichten. In dieser Zeit steht auch der Campingstuhl am richtigen Ort und das Solarpanel liegt in der Sonne zum Aufladen. Nun gönne ich mir eine Pause, sitze ab, strecke die Beine und bediene mich aus dem grossen Sack mit den Salznüssen. Beim Knabbern überlege ich mir, was ich wohl heute Feines kochen könnte. Die Auswahl ist so gross, dass ich mich fast nicht entscheiden kann. Ich besitze noch eine Dose «dynamite hot chili con carne», eine Büchse «mild curry chicken», eine Portion Thunfisch und zwölf Packungen Nudelsuppe. Ich habe Lust auf etwas Asiatisches und so brodle ich mir eine doppelte Ration Suppe mit Satay-Geschmack. Beim Nachtisch habe ich keine Auswahl. Es gibt eine Tasse heisse Schokolade. Dazu «Scotch Fingers», das sind staubtrockene Kekse, die aber enorm lecker schmecken. Nach dem Sonnenuntergang putze ich meine Zähne. Die meiste Ausrüstung verschwindet in Mollys Bauch und wird mit dem Deckel abgedeckt. Nur der Fotorucksack kommt mit ins Zelt. Den lasse ich nie aus den Augen. Ich mache es mir auf meinem Schlafsack gemütlich. Den Rucksack habe ich an das Kopfende gelegt und benütze ihn als Rückenlehne. In dieser Position kann ich ganz bequem diese Zeilen auf dem Notebook schreiben. Wie immer!

## Tag 80: Montag, 15. August 2016, Kilometer 2359 (35)

# Ambassador der Obdachlosen

Um mich zu unterhalten, beschliesse ich, heute alle toten Tiere auf und neben der Strasse zu zählen. Es fängt schon in der Dämmerung mit einigen Kängurus an. Im Verlauf des Morgens kann ich sage und schreibe drei neue Tierarten in meiner makaberen Statistik aufnehmen: Emu, Fuchs und Schaf. Nun bin ich endgültig im Schafland angekommen. Viele blökende Vierbeiner bevölkern mit ihrem Nachwuchs diesen Landstrich. Die Schafe beobachten Molly und mich aus sicherer Distanz oder nehmen ganz entsetzt Reissaus! Von hinten nähert sich ein kleiner Bus. Vorne ist die Strasse frei, also beachte ich dieses Gefährt nicht mehr. Plötzlich ist dieser Bus ganz nahe an meiner Seite, keinen Meter von mir entfernt. Ich erschrecke fürchterlich! Es ist der Touristen-Guide, den ich kurz nach der südaustralischen Grenze getroffen hatte. Durchs offene Fenster reicht mir der Fahrer aus dem fahrenden Auto einen Apfel. Im vollen Marschtempo greife ich zu. Der Guide wünscht mir weiterhin viel Spass und beschleunigt wieder. Im Bus drinnen verrenken sich ein Dutzend junger Touristen ihre Köpfe und wissen wohl nicht so recht, was das Manöver sollte. Ich bin sicher, dass der Chauffeur sie über den «Trolley Man» aufklären wird.

Ein Schild am Strassenrand weist auf etwas Besonderes hin: «RFDS Emergency Airstrip». Das ist eine auf dem Stuart Highway integrierte Landebahn für den weltberühmten «Royal Flying Doctor Service». Die asphaltierte Strasse wird über die Länge eines Kilometers vier Meter breiter. Beidseitig der Strasse verläuft zusätzlich ein vier Meter breiter Kiesstreifen, also genügend Platz für die Flugzeuge der fliegenden Ärzte. Der «Flying Doctor Service» ist eine gemeinnützige Institution, die Menschen in wenig besiedelten Gebieten ärztliche Versorgung bietet.

Meine Mittagspause verbringe ich wieder auf einer «rest area». Fünf Wohnwagenbesitzer hatten dieselbe Idee. Ich sitze noch keine zwei Minuten auf der Bank, als mir eine Lady unaufgefordert einen Becher eiskalter Limonade vor mich hinstellt. Was für ein Service! Wie immer komme ich mit vielen Leuten ins Gespräch, die neugierig auf einen Schwatz zu mir kommen. Ein Ehepaar, das am hinteren Tisch ihren Lunch verdrückt, überlässt mir ihre zwei Orangen, die eigentlich für ihren Nachtisch gedacht gewesen wären. Sehe ich so ausgehungert aus? Ich habe selber genügend Proviant dabei, aber über zusätzliche Früchte freue ich mich immer sehr. Da die Distanzen hier im Süden von einer Einkaufsmöglichkeit zur anderen viel länger sind als im Norden, haben die Leute das Gefühl, sie müssen mir unbedingt helfen. Ich muss zum ersten Mal jemand um Wasser bitten. Seit Coober Pedy bin ich schon fünf Tage unterwegs und mein Vorrat an Flüssigkeit geht spätestens in einem Tag zur Neige. Ich kümmere mich lieber schon jetzt um Nachschub. Hier hätte es sogar einen Betonbehälter mit Wasser, aber diesem traue ich nicht so ganz über den Weg. Ein netter Mann aus Newcastle überlässt mir sechs Liter Wasser. Das sei gutes Regenwasser, das er noch von zu Hause mitgenommen habe. Dankend fülle ich vier Flaschen ab. Das sollte nun bis Glendambo reichen.

Bei meiner Leichenzählung bin ich mittlerweile bei fünfunddreissig angekommen. Ich habe aber das Gefühl, dass es heute eher wenige «roadkills» hat. Ist ja gut so!

Ich kriege wieder Besuch. Ein alter Kombi hält an und ein etwa dreissigjähriger Mann steigt aus. Er musste unbedingt umdrehen, als er mich gesehen habe. Er stellt sich als Ben vor. So was habe er ja noch nie gesehen. Einfach nur grossartig! Ob ich gläubig sei, fragt er mich nach einigen Minuten. Ohne auf eine Antwort zu warten, fängt er an, mir mit Bibelsprüchen in den Ohren zu liegen. Und Jesus sagt dies und Jesus sagt das. Und

Gott hat alle lieb! Zur Abwechslung preist er mich als Ambassador und gutes Beispiel für alle Obdachlosen dieser Welt, die ihr ganzes Hab und Gut, wie ich in einem Einkaufswagen vor sich herschieben. Sein irres Lachen in den kurzen Pausen, in denen er Luft holt, irritiert mich zusätzlich. Was ich für einen Job habe, will er auch noch wissen. Ich verrate es ihm und ich will natürlich auch von ihm wissen, was er beruflich macht. Na ja, er habe keinen Job. Früher, als er noch jung war, habe er sich als Schweisser und Mechaniker versucht. Das sei aber lange her. Nun lebe er vom Arbeitslosengeld. Ich kann es nicht lassen, ihm zu sagen, dass Jesus ein hart arbeitender Zimmermann war. Statt mit gut gemeinten Sprüchen um sich zu werfen, soll er sich besser einen Job suchen. Diesen Einwand ignoriert er gekonnt und kann sein missionarisches Getue nicht bremsen. Jetzt möchte er noch mit mir zusammen campieren. So hätte er doch mehr Zeit, mir seine Ansichten über die Welt zu erklären. Das hat mir noch gefehlt! Freundlich, aber bestimmt erkläre ich ihm, dass der «Ambassador der Obdachlosen» am Abend seine Ruhe brauche, damit er am nächsten Tag wieder fit sei. Er ist sichtlich enttäuscht, nicht mit mir zelten zu dürfen. Nach weiteren Zitaten aus der heiligen Schrift kann ich mich verabschieden. Irgendwie tut mir Ben leid. Er scheint ein ehrlicher Bursche zu sein, der aber seinen Weg noch nicht ganz gefunden hat. Er rennt noch schnell über die Strasse zu seinem Auto. Zurück kommt er mit einem kleinen Orangensaft und einer Banane. Das möchte er mir auf den Weg geben. Ich bedanke mich herzlich und schüttle ihm nochmals die Hand.

Noch eine halbe Stunde bin ich unterwegs. Mit einem schlechtem Gewissen sind meine Gedanken bei Ben. War ich ihm gegenüber zu hart? Ich kenne nicht seine ganze Geschichte. Habe ich ihn zu schnell in die falsche Schublade gesteckt? Ich reagiere immer empfindlich, wenn mir jemand seinen Glauben mit Gewalt eintrichtern will. Ich lasse mich nicht allzu gerne missionieren.

In der letzten halben Stunde Marsch zähle ich nochmals sieben tote Tiere. Macht summa summarum dreiundvierzig «roadkills» verteilt auf sechsunddreissig Kilometer. Wahnsinn! Jetzt weiss ich, warum die meisten Australier eine «roobar» vor ihrem Autokühler montiert haben. «Roobar» steht kurz für «kangaroo bar» und ist ein massives Gestänge vor dem Kühler. Dieses soll das Auto bei einem Aufprall vor grösseren Schäden bewahren. Leider schützt es nur die pferdestarken Autos und nicht die Tiere!

**Tag 81: Dienstag, 16. August 2016, Kilometer 2402 (43)**

## Ein Tag aus der Sicht von Mrs. Molly

Jeden Morgen, wenn es noch dunkel ist, höre ich diese Begrüssung von meinem Herrn und Meister: «Good morning Mrs. Molly». Es ist noch viel zu früh, um so gut gelaunt und motiviert wie Christian zu sein. Seit fast drei Monaten geht das nun so. Dabei hatte ich eine ganz andere Bestimmung. Ich habe einige Jahre in einem heissen und stickigen Lagerraum verbracht und war dazu berufen, in einem schicken Supermarkt als «shopping queen» unterwegs zu sein. Auf diese Aufgabe habe ich mich gefreut! Vor elf Wochen wurde ich aus meinem Dornröschenschlaf erweckt. Vier Männer standen um mich herum und haben mich anerkennend bestaunt. Ja, jetzt ist meine Zeit gekommen, habe ich gedacht. Plötzlich haben die Kerle begonnen, an meinen filigranen und eleganten Rädern herumzuschrauben. Zu guter Letzt hat mich dieser bärtige Schweisser namens Rod mit dem Wagen in seine Werkstatt gefahren. Es hat gefunkt und gezischt bis die Operation vorbei war. Ganz entsetzt habe ich meine Verwandlung begutachtet. Ich war nicht mehr eine heisse «shopping queen», sondern ein plumper, mit Monsterrädern verunstalteter, Traktor! Zu meiner Überraschung habe ich Christian noch immer gefallen. Er war richtig entzückt und begeistert! Nun, das ist jetzt eine ganze Weile her und wir haben zusammen schon viel erlebt. Aber so früh aufzustehen ist nicht meine Sache. Ich war mit Christian schon einige Male in Supermärkten. Da habe ich viele Kollegen getroffen. Die müssen erst um 8 oder 9 Uhr anfangen zu arbeiten. Schon um 6 Uhr früh werkelt aber mein Chef an mir herum. Ich sollte die Gewerkschaft einschalten! Aber eigentlich geht es mir sehr gut. Ich sehe etwas vom Land. Meine Berufsgenossen in den Geschäften haben nicht so glücklich gewirkt. Die konnten auch nicht so tolle Abenteuergeschichten wie ich erzählen. Ich bleibe trotzdem ein Morgenmuffel. Zuallererst schnappt sich Christian den Kochsack aus meinem Bauch, um sein Frühstück zuzubereiten. Dann stopft er den Schlafsack in den grossen Seesack und würgt diesen zu den vier Ersatzrädern auf meiner unteren Etage. Nach dem Morgenessen werde ich systematisch beladen. Die Isomatte wird mit Spanngummis rechts und das Zelt links an meiner Aussenseite festgezurrt. Die unterste Lage im Korb besteht aus unzähligen Wasserflaschen mit insgesamt fünfundzwanzig Litern Inhalt. Eine Plastikdose mit Ladegeräten findet dort auch noch Platz. Hinten kommt nun der Sack mit den Kochutensilien und vorne die zwei wasserdichten, blauen Proviantsäcke hin. Auf den schwarzen Sack mit den Kochutensilien platziert mein Boss seinen schweren Fotorucksack. So hat er seine Kameras immer griffbereit. Das Solarpanel stopft er noch seitlich rein und die Sandalen füllen die restlichen Lücken. Dann wird noch ein bisschen gedrückt, damit der Deckel einigermassen darauf passt. Mit zwei Gummiriemen spannt er diesen herunter. Jetzt fehlen nur noch der Campingstuhl und das Stativ, die quer über meine Hinterachse gelegt werden. Abfahrbereit. Christian macht mit seiner hellen Stirnlampe einen Kontrollgang, damit wir ja nichts vergessen! Die ersten Meter, bis wir wieder auf der Strasse sind, gefallen mir nicht! Es ist noch immer dunkel und wir holpern querfeldein bis wir das Asphaltband erreichen. «Well done Molly» keucht dann mein Chef auf der Strasse. Auch diesen Spruch muss ich mir jeden Morgen anhören. Kurz nach dem Start muss ich mir schon den nächsten bekannten und gefürchteten Spruch anhören: «Achtung Mrs. Molly, da kommt ein Grittli!» Ich hasse diese «grids»! Christian manövriert mich immer ganz an die rechte Seite der Verbauung. Sehr sachte lässt er meine Vorderräder zwischen die erste Schwelle fallen. Dann kommt er um mich herum und balanciert vorsichtig auf den Metallschienen. Er muss sich tief bücken, um an meine Vorderachse zu kommen. Nun reisst er fürchterlich daran und zieht mich über die erste Schwelle. Die heikle Phase kommt erst, wenn die hinteren Räder auf die Schienen kommen. Ich gebe mir immer grösste Mühe, dass sich meine Rollen nicht verdrehen. Doch ich habe diese nicht immer im Griff und so passiert was passieren muss. Christian zerrt ein weiteres Mal. Ich habe immer das Gefühl, mein Chassis reisse auseinander. Die hinteren Räder verdrehen sich und fallen gänzlich zwischen die Schienen. Mit einem lauten Knall kommen wir zum Stillstand. Was mir an meinem Chef gefällt ist, dass er nie mir die Schuld gibt. Er bleibt ruhig, kommt nach hinten und behebt unaufgeregt das Malheur. Er muss seine ganze Kraft aufbringen, um meinen hinteren Teil zu heben. Ziemlich geschickt dreht er mit einem seiner Füsse meine Räder wieder in die richtige Position. In der Regel besteht das Hindernis aus elf Eisenschienen, also zehn Lücken, die wir zu meistern haben. Nach dem Kraftakt lehnt sich Christian immer für ein paar Sekunden auf meine Abdeckung und atmet tief durch. Mit «well done Molly» bedankt er sich immer bei mir. Dabei muss ja er die ganze Arbeit machen! So, jetzt können wir ein bisschen aufs Tempo drücken. Wir haben strammen Rückenwind und dieser schiebt tüchtig an mir. Auch Christian scheint es zu gefallen. Er fährt sehr umsichtig. Er weicht sogar den Grillen und Heuschrecken aus, die auf der Strasse sitzen. Doch diese hüpfen manchmal sehr unberechenbar vor meine soliden Räder. Ich hasse dieses knirschende Geräusch, wenn meine Bereifung diese kleinen Kreaturen zermalmen.

Christian hat wieder angefangen, tote Tiere zu zählen. Natürlich nur die grossen. Ich kann wirklich nicht begreifen wofür das gut sein soll. Der Anblick dieser armen Tiere macht mich immer traurig. Nun hält er schon wieder an. Mitten auf der Strasse liegt ein grosses Känguru. Sieht noch ziemlich frisch aus, höchstwahrscheinlich von dieser Nacht. Tote Tiere zählen ist ja Eines, aber diese noch zu fotografieren ist was Anderes. Eine grosse Blutlache hat sich um den Kopf des Tieres gebildet und ergibt für mich ein fürchterliches Bild! Doch Christian schiesst interessiert mehrere Bilder. Endlich packt er seine Kamera weg und meint nur trocken: «Poor animal.»

Heute Morgen rollt es sich sehr gut. Der Belag ist extrem fein und wir kommen flott voran. Was mich stört, ist das Kratzgeräusch in meinem linken Vorderrad. Christian hatte mir versprochen, in Coober Pedy zu einem Mechaniker zu gehen, so wie wir das schon in Tennant Creek und Alice Springs getan haben. Die Sprühölbehandlungen hatten da Wunder gewirkt. Das kühle Öl hat so schön geprickelt, am liebsten hätte ich diese Aufmerksamkeit jeden Tag! Vielleicht hat er es einfach vergessen. Schade, ist aber auch nicht so wichtig. Regelmässig machen wir unsere Pausen, in denen sich Christian verpflegt. Manchmal sitzt er auf meine verbreiterte Vorderachse, so dass er nicht extra den Campingstuhl hervornehmen muss. Was mich an meinem Boss sehr stört ist sein Spucken. In regelmässigen Abständen spuckt er aus und je nach Windrichtung trifft mich ein klein wenig Speichel. Igittigitt! Ein anderes Unding ist seine Methode, die Nase zu putzen. Vor allem an kalten Morgen läuft sein Geruchsorgan. Während des Wanderns hält er sich einen Nasenflügel zu und bläst mit viel Druck durch den anderen. Dasselbe Spiel muss ich mir auf der anderen Seite auch noch mit anhören. Und auch da bekomme ich ab und zu einen Sprühregen ab. Welch schlechte Angewohnheit! Sobald es hell ist, zieht Christian immer seine Leuchtweste aus und stülpt sie über mein Vorderteil. So können uns die anderen Verkehrsteilnehmer viel besser sehen. Das verstehe ich ja voll und ganz. Aber dieses unförmige, gelbe Teil deckt mein Nummernschild ab. Auf dieses bin ich ungemein stolz! «N.T. Special Purpose Vehicle 4356». Ich bin ein Vehikel für ganz spezielle Aufgaben! Wenn Besuch kommt, das heisst ein Auto anhält, um uns neugierig auszufragen, zeigt Christian, wenigstens in den meisten Fällen, meine «Northern Territory registration». Dieses Schild zaubert vielen ein Lachen auf das Gesicht. Das macht mir immer riesig Freude und das scheint Christian zu wissen. Jetzt hat gerade ein weisser, vollbeladener Pickup angehalten. Mein «Trolley Man» lässt mich stehen und wechselt die Strassenseite, um mit dem jungen Mann einige Worte zu wechseln. Ich höre interessiert zu. Der Bursche ist ein «stockman», der zu seinem nächsten Job in Queensland fährt. Auf der Ladefläche führt er alles mit, um den Job erledigen zu können. Seine Motocross-Maschine ersetzt heutzutage das Pferd. Andere Zeiten, meint er nur trocken. Christian holt sich schnell noch drei leere Wasserflaschen zum Auffüllen. Ich hätte schlecht fünfzig Liter Wasser für dieses lange Teilstück mitführen können. So muss mein Chef nochmals für Nachschub sorgen. Ich kann nur noch hören wie der junge Mann sagt: «No worries mate, never leave a man without water!»

Wir sind endlich aus dieser baumlosen Ebene raus. Es wird immer grüner und grüner. Die alten, knorrigen Mulga- und Akazienbäume gedeihen hier sehr gut. Und die Blumen – wie ausgesät! Christian liebt Blumen. Immer wieder hält er an und montiert das kleine Makroobjektiv auf seine Kamera. Er kann sich richtig begeistern, wenn er ein neues Exemplar entdeckt. Er investiert viel Zeit, um die schönste Gruppe oder die perfekte Blüte zu finden. Ich weiss, dass er früher Landschaftsgärtner war, darum sein grosses Interesse an Pflanzen und allgemein an der Natur. Manchmal wächst am Strassenrand eine rankende Pflanze, die knallgelbe, kugelrunde Früchte produziert. Diese melonenartigen Früchte begleiten uns seit dem Start der Reise. Jedes Mal, wenn Christian diese zu Gesicht kriegt, kommt immer derselbe Spruch: «Hey Rotschi, du solltest nach dem Training deine Tennisbälle einsammeln und nicht einfach liegen lassen!» Mittlerweile habe ich herausgefunden, dass mit «Rotschi» der Schweizer Tennisspieler Roger Federer gemeint ist. Der «running gag» scheint auch meinen Chef nicht mehr so zu begeistern, denn meistens kommt nur noch ein vorwurfsvolles «aber Rotschi» aus seinem Munde.

Christian scheint heute ziemlich fit zu sein. Er läuft und läuft. Mir macht das nichts aus. Seit einer Woche wandern wir jeden Tag mindestens fünfunddreissig Kilometer. Heute geht es gar über die ganze Marathondistanz. Ab 16 Uhr merke ich, dass sein Gang leicht unregelmässig wird. Ein untrügliches Zeichen, dass seine Beine langsam müde werden. Er hält auch einige Male an, um ein ansprechendes Camp zu finden. Wegen mir muss er immer ein bisschen suchen. Ich habe zwar hässlich grosse Räder montiert, aber diese vertragen keine zu steinige Strecken. Christian findet einen wirklich hübschen Platz zwischen wunderschönen, alten Bäumen. Vom Highway geht es aber recht steil ein Stückchen runter. Mein Boss hat diese Steigung genau unter die Lupe genommen. Ich wäre hier nie und nimmer runtergefahren. Aber es ist ja Christian, der mich morgen Früh zurück auf die Strasse wuchten muss!

## Tag 82: Mittwoch, 17. August 2016, Kilometer 2436 (34)
## Tim Tam Cheese Cake

Halb 7 Uhr morgens. Ich habe Mrs. Molly bis kurz vor die Strasse gestossen. Nun kommt das harte Stück Arbeit. Die letzten zehn Meter durch den Strassengraben rauf auf das Asphaltband. «Sorry Molly, jetzt wird es kurz ein bisschen rumpeln.» Ich nehme regelrecht Anlauf und katapultiere uns zwei auf dem letzten Zacken zurück auf die Strasse. Der lose Kies in der Steigung fühlt sich an wie Glatteis. Ich bin glücklich, dass ich es schon beim ersten Mal schaffe. Ich war mir gestern Abend nicht so sicher, ob ich da wirklich runterfahren soll, hatte aber überhaupt keine Lust mehr noch weiter zu latschen. Im Extremfall hätte ich meine Ausrüstung Stück für Stück auf die Strasse tragen müssen. Vor diesem Szenario blieb ich bis jetzt verschont.

Noch immer geniesse ich die Unterstützung eines leichten Rückenwindes und das seit zwei Wochen! Viele Leute haben mich gewarnt, dass ich in die falsche Richtung gehe. Ich würde sehr viel Gegenwind haben, wurde mir prophezeit. Der Wind komme hauptsächlich aus Südost. Doch über die bisherige Strecke gesehen, halten sich Gegen- und Rückenwind die Waage.

Heute habe ich eine vergleichsweise kurze Strecke zu bewältigen. Nur dreiunddreissig Kilometer bis Glendambo. Das Knirschen in Mrs. Mollys linkem Vorderrad hat wieder zugenommen. Ich habe ein schlechtes Gewissen, hatte ich ihr in Coober Pedy doch versprochen, wieder eine Behandlung mit Ölspray zu organisieren, was ich schlicht und einfach vergessen habe. Aber warum in Gottes Namen sollte ich ein schlechtes Gewissen haben? Ich stosse nur ein Stück Metall mit vier Rädern durch den gesamten Kontinent. Ein simpler Einkaufswagen ohne Gefühle. Also was soll diese Gefühlsduselei? Doch Mrs. Molly ist für mich mehr als nur ein «shopping trolley». Sie ist mir ans Herz gewachsen. Sie hat mich bis heute durch dick und dünn begleitet. Zuverlässig und sicher!

Ich mache nur kurze Pausen, denn ich möchte möglichst früh in Glendambo eintreffen. Eine kurze Rast und schon kommt wieder Besuch. Ein Allradfahrzeug mit einem kleinen Anhänger stoppt vor mir. Chris, ein Mann in meinem Alter, sieht müde aus. Er hatte letzte Woche einen Unfall in der Nähe von Oodnadatta. Dieses Outbacknest liegt über zweihundert Kilometer östlich von Marla am berüchtigten Oodnadatta Track. Zwei Wagen waren involviert. Totalschaden. Glücklicherweise keine Verletzten. Nun fährt Chris die über tausend Kilometer von seinem Zuhause an den Unfallort, um sein zurückgelassenes Hab und Gut abzuholen. Seine Pechsträhne hat leider angehalten. Vorgestern ist ihm das Getriebe seines Zweitwagens in die Brüche gegangen. Der Schaden in Höhe von fünftausend Dollar hat seine Gemütslage nicht verbessert. Er scheint froh zu sein, mit jemandem sprechen zu können. Er ist so was von frustriert! Irgendwie kommen wir auf das Thema der Flüchtlinge in Europa und die Situation auf dem alten Kontinent im Allgemeinen. Er steigert sich in eine Hasstirade gegen den Islam und alle wichtigen Politiker weltweit. Er lässt sich nicht bremsen und wird richtig wütend und zornig! Zumindest kann er ein bisschen Dampf ablassen. Immer wieder ziehen Molly und ich solche Menschen an. Vorgestern Ben mit seinen biblischen Ausbrüchen und nun Chris, den ich ohne Probleme sehr weit rechts im politischen Spektrum ansiedeln kann. Ich lasse ihn seinen Monolog beenden. Wir werden uns höchstwahrscheinlich in wenigen Tagen wieder treffen. Dann nämlich, wenn er mit seinen Siebensachen wieder Richtung Süden fahren wird. Er verspricht, mir ein kühles Bier mitzubringen.

Eine kleine Raupe bringt Abwechslung in den Alltag. Das Tier mit seinem dunklen Pelz und den orangen Punkten ist auf dem Highway unterwegs. Nach dem Fotografieren bugsiere ich dieses Lebewesen sanft neben die Strasse. Auch eine junge Echse scheint die Wärme des Belages zu geniessen. Diese ist ein wenig flinker als die Raupe, aber auch mit ihr gelingen mir tolle Bilder.

Ein riesiges Windrad begrüsst mich von weitem in Glendambo. Vor der Tankstelle steht ein Roadtrain. Er ist mit Dutzenden zu kleinen Würfeln gepressten Autos beladen. Der Fahrer kommt gerade aus dem Laden und begrüsst mich lachend. Er habe mich schon viele Male auf der Strasse gesehen. Er fahre immer die Strecke von Adelaide nach Alice Springs und freue sich immer, mich gesund auf dem Highway zu treffen. Der Anblick von Molly und mir sei während seinen langen Arbeitstagen immer ein kleines Highlight.

Um 14 Uhr bin ich geduscht, die Kleider sind gewaschen und das Zelt aufgestellt. Ich geniesse den faulen Nachmittag in vollen Zügen. Meine Nachbarn, fünf Leute aus Melbourne, die mit zwei Wohnwagen reisen, laden mich zur «happy hour» ein. Wir sitzen gemütlich vor ihren Behausungen und trinken einige Bierchen. Gemeinsam geniessen wir später unser «dinner» im Pub. Ich könnte nach dem Hauptgang noch eine Nachspeise vertragen. Ein «today's special» sticht mir ins Auge: «Salted caramel Tim Tam cheesecake». Ich weiss zwar nicht genau was das ist, aber lecker tönt es für mich auf jeden Fall. Ob ich wirklich nicht wisse was «Tim Tam» sei, fragen mich meine Begleiter erstaunt. Nein, muss ich zu meiner Schande gestehen. Das sei ein berühmter, leckerer Keks, den alle Australier lieben. Die Delikatesse wird mir einige Minuten später zusammen mit einer Kugel Vanilleeis serviert. Absolut der Hammer! Einfach klasse! Nachdem ich den letzten Bissen heruntergeschluckt habe, dislozieren wir zurück zu den Wohnwagen. «Grumpy Peter», so hatte er sich schmunzelnd vorgestellt, hat schon ein Lagerfeuer entfacht. Wir sitzen bis spät in die Nacht um das wärmende Feuer.

**Tag 83: Donnerstag, 18. August 2016, Ruhetag**

## Stürmische Gemütlichkeit

Beinahe bereue ich, dass ich einen Ruhetag einlege. Der Wind bläst sehr kräftig aus Norden. Das wäre ein fantastischer Rückenwind! Doch der Ruhetag ist mir wichtiger, als perfekte Wanderverhältnisse. Um 7 Uhr bestelle ich in der BP Tankstelle das grosse Frühstück: Zwei Spiegeleier, zweihundert Gramm gebratener Speck, ein Würstchen, Tomatenspaghetti aus der Dose, zwei Scheiben mit Butter bestrichener Toast und eine halbe Tomate. Dazu frisch gebrühten Kaffee. Ich geniesse die Abwechslung zu meinem alltäglichen Porridge.

Nach dem Essen verabschiede ich mich von meinen neu gewonnenen Freunden und «Grumpy Peter». Er drückt mir nebenbei einen Sack mit Fressalien in die Hand: ein halbes Kilo Mandeln, eine Familienpackung Pralinen und zwölf kleine Becher mit einem leckeren Thunfisch-Mayonnaise-Aufstrich. Er habe Jahrzehnte lang für die Firma Kraft gearbeitet und habe noch immer gute Beziehungen dorthin. So kriege er ab und zu kostenlose Esswaren, von denen ich jetzt profitieren kann!

Anschliessend tätige ich meine Einkäufe und ergänze meinen Proviant für die nächsten Tage. Die Wasserflaschen fülle ich bereits für die nächste Etappe auf. Dann rufe ich Mike und Dolores in Adelaide an. Ich hoffe, dass sie mittlerweile von Darwin nach Adelaide umgezogen sind. Den beiden Sponsoren meines Einkaufswagens wollte ich schon lange einen Zwischenbericht meines Abenteuers abliefern. Mike kann es fast nicht glauben, dass ich gerade jetzt anrufe. Erst vor einer Stunde sei ich Thema bei ihrem «afternoon tea» gewesen. Sie freuen sich riesig, mich und Mrs. Molly in wenigen Wochen bei sich zu Hause begrüssen zu dürfen. Ich mich auch!

Den Rest des Tages mache ich vor allem eines: Nichts!

## Tag 84: Freitag, 19. August 2016, Kilometer 2470 (34)
## Unruhige Nacht

Der Wind hat in der Nacht nochmals mächtig zugelegt. In Orkanstärke fegt er über das Land. Mein kleines Einmannzelt wird regelrecht zusammengedrückt. Ich liege in meinem warmen Schlafsack und hoffe, dass das Gestänge dieser Belastung standhält. Der Wind pfeift durch das Geäst der Akazie, unter der ich mein Zelt aufgestellt habe. Die massiven Böen stauchen meine Behausung so zusammen, dass die Seitenwand auf meinen Kopf gedrückt wird. Zusätzlich ist es auch eine ziemlich staubige Angelegenheit. Überall dringt der Sand ein. Er wird unter das Zelt gewirbelt und das Innenzelt, das hauptsächlich aus einem Mückennetz besteht, bietet keine Barriere. Das ist aber meine kleinere Sorge. Ich bange wirklich um mein Zelt. Mit meinen Händen probiere ich die stärksten Windböen ein wenig abzufedern. Mit dem einsetzenden Regen nimmt die Windstärke ab. In weiser Voraussicht habe ich mein gesamtes Material im Trockenen. Auch Mrs. Molly, die die restliche Ausrüstung bunkert, habe ich mit dem weissen Plastik abgedeckt. Irgendwann schlafe ich ein. Um 3 Uhr muss ich raus, um meine Blase zu entleeren. Der Wind ist weg und der Regen hat aufgehört. Der Vollmond scheint durch die aufgelockerte Bewölkung. Das könnte ein intensiver, wolkiger Morgen werden denke ich und lege mich wieder hin. Zweieinhalb Stunden später stehe ich auf. Keine einzige Wolke zeugt von der unruhigen Nacht. Als wenn nichts gewesen wäre, begrüsst mich ein sternenklarer Morgen. Es ist ja auch nichts passiert. Das Zelt hat gehalten und den Sand werde ich auf einfache Weise los. Vor dem Verpacken schüttle ich alles so gut es geht aus.

Ich hatte schon um meinen schönen Rückenwind gebangt. Normalerweise kommt mit so einem Unwetter auch ein Wechsel der Windrichtung. Nicht dieses Mal! Wie die letzten zwei Wochen dürfen Mrs. Molly und ich mit einem leichten Rückenwind gegen Süden spazieren. Dafür ist die Temperatur zehn Grad kühler, als die letzten Tage. Bei fünfzehn Grad lege ich leichtfüssig die ersten zwanzig Kilometer aufs Parkett. Ich merke immer erst nach einem Ruhetag, wie gut mir dieser getan hat. Ich fühle mich richtig frisch. Wie neugeboren.

Im Verlaufe des Morgens tauchen, wie aus dem Nichts, hübsche Wolken auf. So richtig kleine, weisse Wattebäusche, die mit einer respektablen Geschwindigkeit unterwegs sind. So kann ich einmal mehr mein Stativ ausfahren, um einige Zeitraffer einzufangen.

Der Stuart Highway überquert heute wieder einmal die Bahnstrecke des «Ghan». Wie es der Zufall will, braust gerade, als ich über der Unterführung stehe, eine Zugskomposition heran. Zum Greifen nahe sind die Güterwagons, als sie unter mir im Tunnel verschwinden.

Bei einer «rest area» treffe ich eine kleine Reisegruppe an. An ihren Kleintransporter ist ein Anhänger gekoppelt. Dieser ist mit futuristisch aussehenden Offroad-Elektrobikes beladen. Es ist eine bunt zusammengewürfelte Truppe. Der australische Guide darf einer Französin, einer Spanierin, einer Japanerin, einem Deutschen und einem Holländer die Schönheiten seines Landes zeigen. Die Reise führt von Adelaide nach Darwin. Überall, wo sie Halt machen, werden sie die nähere Umgebung mit ihren speziellen Bikes erkunden. Im Moment sind sie aber nur eines, fasziniert von Mrs. Molly. Ich mag ihr das von Herzen gönnen, wieder einmal so richtig im Mittelpunkt zu stehen. Die ultramodernen Velos können ihr bei Weitem nicht das Wasser reichen! Eigentlich wollte die sportliche Truppe ihre Pause beenden, aber als sie mich gesehen hatten, waren ihre Vorsätze schnell vergessen. Wir albern fast eine Stunde herum. Dann ist es aber für die Gruppe Zeit aufzubrechen. Sie wollen es noch bis

Coober Pedy schaffen. Als ich ihnen erkläre, dass ich für diese Strecke acht lange Marschtage benötigt habe, begreifen sie, was es heisst, langsam unterwegs zu sein. Diese Strecke werden sie im Auto in lächerlichen zweieinhalb Stunden hinter sich gebracht haben.

Auch ich mache mich wieder auf die Socken. Die kleinen, weissen Wolken sehen nicht mehr so harmlos aus. Ich beobachte von hinten graue Vorhänge auf mich zu schweben. Das wird wieder einmal feucht, denke ich und grabe meine Regensachen aus der Packtasche. Auch Molly decke ich wieder zu. Insgesamt drei Mal werden wir von einzelnen Regenzellen kurz geduscht. Als Entschuldigung spannt sich kurze Zeit später ein wunderbarer Regenbogen über den Stuart Highway.

### Tag 85: Samstag, 20. August 2016, Kilometer 2509 (39)

## Angriff aus der Luft

Die Temperaturen spielen Jo-Jo. Es ist schätzungsweise zehn Grad wärmer. Ich komme bei fünfundzwanzig Grad wieder einmal leicht ins Schwitzen. Der Wind ist gänzlich verschwunden. Auch das ist eine Abwechslung. Dafür kommen die Biester zurück. Ihr Name: Fliegen! Zuerst begleitet mich nur eine Handvoll. Minütlich werden es mehr. Einfach ignorieren. Ich weiss wirklich nicht, wo diese ungeliebten Tiere herkommen. Am frühen Morgen werde ich nie belästigt. Da ist es ihnen noch zu kalt und sie verstecken sich an einem geschützten Ort. Ab 10 Uhr werden sie lebendig und suchen sich ihre Opfer. Offenbar haben sie es heute auf mich abgesehen. Frech lassen sie sich auf Molly und mir nieder und kutschieren so kostenlos durch die Landschaft! Um wirklich nicht zu übertreiben oder Falschinformationen zu verbreiten, habe ich die blinden

Passagiere gezählt. Der beliebteste Mitfahrort ist die grüne Hülle meiner Schlafmatte, die aussen auf der rechten Seite befestigt ist. Siebzig Exemplare sonnen sich dort. Auf der anderen Seite vergnügen sich fünfzig Fliegen auf meinem Zelt. Die gelbe Warnweste am Bug bietet weiteren sechzig abenteuerlustigen Kreaturen Platz! Wenn ich vorsichtig über meine Schultern schaue, entdecke ich auf jeder Seite mindestens zwanzig Stück. Das sind 220 Kamikazeflieger, die sich ausruhen. Nicht zu sprechen von den Dutzenden Insekten, die sich in nicht enden wollenden Angriffswellen auf mein Gesicht stürzen. Diese Biester sind wirklich perfekt organisiert. Sozusagen im Schichtbetrieb greifen sie an. Die frechsten von ihnen landen auf meinem Gesicht und versuchen mit allen Mitteln, unter meine enganliegende Sonnenbrille zu krabbeln. Bei Erfolg suhlen sie sich mit Vorliebe in meinen Augenwinkeln. Das ist immer der Moment, wo es Tote gibt. Mit dem Finger fahre ich unter die Brille und zerquetsche das dämliche Ding! Eine Stunde lang lässt es mein Dickschädel nicht zu, zum Fliegennetz zu greifen. Erstens sieht das schwarze Teil alles andere als sexy aus und zweitens wird es darunter immer unangenehm warm. Dann habe ich aber die Schnauze voll! Das Netz muss her. Ich schüttle möglichst alle Plagegeister ab und stülpe mir den Insektenschutz über Hut und Kopf. Welch eine Wohltat! Die Fliegen scheinen beleidigt zu sein und merken schnell, dass hier nichts mehr zu holen ist. Sie schwirren nicht mehr um mein Gesicht, aber lassen sich trotzdem weiter von mir chauffieren. Ich weiss nicht so genau, wie schwer eine Fliege ist, aber ich schätze, dass ich heute zusätzlich hundert Gramm Lebendmasse mit mir herumschleppe.

Ich bin schon auf der Suche nach einem Nachtlager, als das Schild für den nächsten Rastplatz auftaucht. Noch fünf Kilometer bis zum Lake Hart. Ich entschliesse mich, diese zusätzliche Wanderstunde anzuhängen. Der Platz liegt auf einer kleinen Anhöhe, mit fantastischer Aussicht auf den Salzsee. Schnell stelle ich mein Zelt auf, das noch tropfnass von letzter Nacht ist. Die Sonne steht schon tief und so beeile ich mich, zum See hinunterzukommen. Die Eisenbahnlinie führt am Ufer des Lake Hart entlang und so muss ich ihre Trasse überqueren. Weisse, mosaikartige Salzkrusten ergeben am Strand ein unwirkliches Bild. Erst nach zweihundert Metern fängt das Wasser an. Dieses ist nur einige Zentimeter tief, wäre also auch etwas für Nichtschwimmer. Im Hintergrund erheben sich braune Hügel, die sich im Wasser spiegeln. Einige wenige Wolken vervollständigen das perfekte Bild. Als Doppelsonne geht die orange Scheibe um 18 Uhr langsam unter.

### Tag 86: Sonntag, 21. August 2016, Kilometer 2535 (26)

## Singtalent

Ich bin um 6:30 Uhr wieder am See. Die Stimmung ist einfach mystisch. Vor dem Sonnenaufgang taucht die Landschaft immer in dieses geheimnisvolle, violette Licht. Zusammen mit den Formationen der Salzkrusten und der Spiegelung erziele ich geheimnisvoll anmutende Bilder. Zufrieden mit dem Start des Tages kehre ich zum Zelt zurück und geniesse meine doppelte Portion Porridge und den heissen Kaffee. Wegen der Fotosession am See sind Mrs. Molly und ich ein bisschen später auf der Strasse. Die Roadtrains sind schon länger unterwegs. Eines der grössten Transportunternehmen ist «Gilbert's Adelaide». Einige seiner Lastwagen begegnen mir jeden Tag. Immer wenn ich diese Lastenzüge zu Gesicht bekomme, denke ich an ein ganz spezielles Lied, ein altes Schweizer Soldatenlied. Es handelt von einer hübschen Serviertochter namens Gilberte. Im Ersten Weltkrieg hat sie im Bahnhofrestaurant von Courgenay die Soldaten bedient. Jeder war verliebt in sie und so haben die Wehrmänner ein Lied für die Schöne geschrieben: «C'est la petite Gilberte, Gilberte de Courgenay, elle connaît trois cent mille soldats et tous les officiers...». Meistens summe und trällere ich für eine Weile, bis es mir zu blöd wird. Es gibt noch andere musikalisch animierende Lastenzüge auf der Strasse. Nicht gerade originell ist der Name einer anderen grossen Firma: «ABC Transport». Auch dieser Schriftzug verleitet mich zum Singen. Dieses Mal ein Schullied, das wir in der ersten und zweiten Klasse geübt haben. Es sollte uns beim Erlernen des ABC's helfen: «C A F F E E, trink nicht so viel Caffee, nicht für Kinder ist der Türkentrank, schwächt die Nerven, macht dich blass und krank. Sei doch kein Muselmann, der ihn nicht lassen kann.» Sogar zweistimmig und im Kanon haben wir Dreikäsehochs diese Zeilen hingeschmettert! Dieses Lied kann leider in der Schule nicht mehr verwendet werden. In der heutigen Zeit, wo alles politisch korrekt sein muss, hat es keinen Platz für Wörter wie «Türkentrank» oder «Muselmann»! Schade, denn wir haben diese Lied geliebt und es aus vollen Kehlen gesungen.

Dank des Windes lassen mich die Fliegen heute in Ruhe. Es ist regelrecht kurvig. In der Ferne erhebt sich eine Hügelkette. Von hier aus ist es nicht ersichtlich, auf welcher Seite der Hügel die Strasse vorbeiführt. Ich wette mit Mrs. Molly, dass es rechts herumgeht. Molly bleibt still und neutral. Nach einer halben Stunde weiss ich, dass ich die Wette verloren habe. Es geht aber auch nicht links herum. Nein, die Strasse führt erstaunlicherweise in einer steilen, kurvigen Rampe den Hügel rauf! Um den Schwierigkeitsgrad zu erhöhen, haben die Strassenbauer mitten in der Rampe eine meiner beliebten «cattle grids» eingebaut.

Nach einer Dreiviertelstunde erreiche ich den Gipfel des Berges. Ja genau, so schnell wird aus einem Hügel ein Berg! Weniger als hundert Höhenmeter bringen mich in eine andere Welt.

Vor mir liegt eine, mit niedrigen Pflanzen bewachsene, Hochebene. Nach wenigen Kilometern kommt ein Rastparkplatz gerade richtig, um zu pausieren. Ich ziehe meine Schuhe aus und wechsle in die Sandalen. Meine Ankunft ist nicht unbemerkt geblieben. Nebenan hat sich ein älteres Ehepaar mit seinem Wohnwagen schon häuslich eingerichtet und lädt mich spontan auf ein Bier ein. Ich packe meinen Campingstuhl aus und geselle mich zu den netten Leuten aus Townsville. Wir diskutieren über zwei Stunden lang angeregt über Gott und die Welt. Natürlich bleibt es nicht bei einem Bier! Ich trinke dieses aber nicht wegen seiner berauschenden Wirkung. Nein, das würde ich nie tun! Beim Genuss des hopfenhaltigen Getränkes denke ich nur an die Kalorien, die ich meinem Körper zuführe. Und von diesen kann ich auf meiner Reise nicht genug bekommen. Ich verrate an dieser Stelle nicht wie viele Kalorien ich in flüssiger Form zu mir genommen habe. Auf alle Fälle nehme ich beschwingt noch einige Kilometer unter die Füsse. Fünfzig Meter neben der Strasse, für alle gut sichtbar, stelle ich mein Nachtlager auf.

## Tag 87: Montag, 22. August 2016, Kilometer 2565 (30)
# Neugierige Emus

Beim Aufwachen fühle ich mich ziemlich gerädert. Waren es die gestrigen Biere oder der steinige Boden? Ich genehmige mir einen extrastarken Türkentrank. Bei dieser einen Tasse bleibt es nicht. Nur langsam komme ich in die Gänge. Das ist sehr ungewöhnlich für mich. Fast fünf Viertelstunden benötige ich, bis Mrs. Molly vollständig beladen und abfahrbereit ist. Der Stuart Highway verläuft hier fast genau gegen Osten. Aus diesem Grund geht die Sonne für einmal frontal vor mir auf. Mit den ersten Strahlen entdecke ich zwei Emus, die gemütlich in der weiten Steppe grasen. Sie sind zirka zweihundert Meter entfernt. Ich versuche mein Glück, packe die Kamera mit dem Teleobjektiv und schleiche vorsichtig den flugunfähigen Vögeln entgegen. Sie bemerken mich, lassen sich aber nicht stören. So komme ich bis auf fünfzig Meter heran, knie mich nieder und fotografiere. Nun recken sie ihre Hälse und ich habe Bedenken, dass sie nun Reissaus nehmen. Doch das Gegenteil ist der Fall! Gemütlich trotten sie auf mich zu. Sie sind sich ihrer Sache nicht ganz sicher, aber die Neugierde überwiegt. Zehn Meter Distanz ist dann nahe genug. Sie geben komische, grunzende Geräusche von sich. Beobachtend umrunden sie mich einmal. Ich wage kaum zu atmen, drücke aber unentwegt auf den Auslöser. Jetzt stehen sie genau zwischen mir und der aufgehenden Sonne. Klick, klick, klick und coole Aufnahmen mit den Emus als schwarze Silhouetten sind im Kasten. Nun scheint ihre Neugierde gestillt zu sein. Sie stolzieren wieder in die ursprüngliche Richtung. Ich kann mich wieder entspannen und bedanke mich bei den beiden.

Die sechzehn Kilometer bis ins Pub von Pimba schaffe ich bis 10 Uhr. Im Fernsehen läuft die Schlusszeremonie der Olympischen Spiele in Rio. Mit einem «chili pie» und einer Cola setze ich mich vor die Glotze. Es ist schon lange her, dass ich vor einem TV-Gerät gesessen habe. Vermisst habe ich es nicht. In Brasilien dürfen alle wichtigen Leute eine Ansprache halten und mit einem farbenprächtigen Spektakel gehen diese Spiele zu Ende. Das war es dann schon. Ich wende mich meinem Tagebuch zu und arbeite zwei Stunden intensiv daran. Gleichzeitig werden die leeren Akkus geladen. Das Pimba Roadhouse kann sich nicht rühmen, eine grosse Auswahl an Proviant zu haben. Ich benötige Esswaren für die nächsten sechs Tage bis Port Augusta. Glücklicherweise sind meine Vorräte noch nicht ganz aufgebraucht. So muss ich nur einiges ergänzen und für das reicht die Auswahl gerade so. Vor dem Aufbruch schiebe ich noch eine «sausauge roll» nach. Dieses Blätterteiggebäck ist statt mit einem Würstchen mit massenhaft Hackfleisch gefüllt. Zum Nachtisch werfe ich ein leckeres Eis namens «Connaisseur cookie and cream» ein. Wenn ich in einem Roadhouse den Mittag verbringe, endet es meistens mit solchen wild durcheinandergewürfelten Schlemmerorgien. Wie schon einige Male erwähnt: Hauptsache Kalorien! Jetzt muss ich nur noch die Wasservorräte auffüllen. Für die Strecke bis Port Augusta betanke ich alle Gebinde, die ich besitze. Mit den fünfundzwanzig Litern ist Molly wieder «fully loaded».

Ich befinde mich noch immer auf dieser Hochebene. In der Zeit, in der ich im Pub war, haben sich nette Blumenkohlwolken gebildet. Nur ganz langsam bewegen sich diese gegen Nordosten. Die Strasse führt den ganzen Nachmittag stetig bergwärts. Mit dem Gegenwind, der mich begleitet und der vollbeladenen Mrs. Molly, heisst das für mich tüchtig arbeiten. Die kleine Schotterstrasse, die rechts abgeht, kommt wie gelegen. Der Wegweiser sagt: «Radio repeater station». So komme ich bequem von der Hauptstrasse weg und der kleine Sendemast hat garantiert auch nichts gegen meine Gesellschaft.

## Tag 88: Dienstag, 23. August 2016, Kilometer 2597 (32)
# Defekte Ausrüstung

Vor dem Abmarsch reisst der Schnürsenkel meines linken Trekkingschuhes. Der Oberbau der Schuhe ist sonst noch tadellos. Bei den Sohlen sieht es hingegen anders aus. Die geschlossenen Schuhe weisen an der Ferse nicht mehr viel Gummi auf. Die Sohlen der Sandalen sind seit geraumer Zeit gebrochen und die Löcher werden täglich grösser. Diese Beschädigungen beeinträchtigen mich beim Gehen im Moment zum Glück noch nicht. Meiner gesamten Ausrüstung merke ich langsam an, dass ich schon fast drei Monate auf der Strasse bin. Die Stirnlampe hat kürzlich den Geist aufgegeben und am Campingstuhl bin ich nun andauernd am Herumbasteln. Ob beim Kochen oder beim Fotografieren, ich arbeite viel in der Hocke. Dieser Spannung im Schritt hat meine blaue Hose nachgegeben. Zehn Zentimeter ist die Naht aufgerissen. Diese habe ich, so gut ich es gelernt habe, mit Nadel und Faden zugenäht. Eine fachgerechte Naht sieht anders aus, aber halten tut es. Der Sack meiner Liegematte ist leicht zerrissen und die Matte selber verliert während dem Schlafen Luft. Am Morgen liege ich dann und wann auf der harten Erde. Die zwei Gummizüge, die den Deckel von Mrs. Molly halten, sind total ausgeleiert und ich rechne täglich mit einem Riss. Der schlimmste Schaden betrifft mein Zelt. Ein Gestänge ist genau an einer Stelle gebrochen, wo ich es mit der Reparaturhülse nicht flicken kann. Die Bruchstellen habe ich dick mit Klebeband umwickelt, damit die scharfen Kanten das Aussenzelt nicht verletzten. Ich hoffe, dass ich nicht noch einmal einen orkanstarken Wind erleben muss. Trotz dieser Schäden werde ich die letzten fünfhundert Kilometer auch noch schaffen. Ich binde also den zerrissenen Schuhbändel mit einem Doppelknoten zusammen und nehme den achtundachtzigsten Tag unter die Füsse.

Irgendwann wird die Strasse wieder ins Tal führen, habe ich mir gestern gedacht. So ist es. Wenn Mrs. Molly eine Stimme hätte, würde sie jetzt jauchzen! Mit wehenden Fahnen stürzt sie sich in die Abfahrt! Sie nimmt gehörig Fahrt auf und ich muss im leichten Laufschritt kontrollieren, dass das Ganze nicht aus dem Ruder gerät. Runter geht es leider viel schneller als rauf. Eine Binsenweisheit. Im Tal empfangen uns wieder Bäume und Büsche. Erstaunlich wie wenige Höhenmeter es braucht, um die baumlose Zone hinter mir zu lassen. Alle sechs bis sieben Kilometer habe ich einen «grid» zu meistern. Der Grund, weshalb in Südaustralien eine grössere Anzahl dieser Hindernisse verbaut sind als im Northern Territory, ist simpel. Die Farmen im Süden sind flächenmässig viel kleiner. Die «cattle grids» trennen immer eine Farm von der anderen. Wenn wir in der Schweiz eine ähnliche Viehwirtschaft betreiben würden, unsere Strassen bestünden nur aus Viehrosten!

Den ganzen Nachmittag führt die Strasse wieder bergauf. Immer nur aufwärts! Es ist ein regelrechter Krampf! Port Augusta liegt auf Meereshöhe, warum nur geht es in die falsche Richtung? Es sind noch über hundert Kilometer bis dorthin, also genügend Platz, um ein paar zusätzliche Höhenmeter einzubauen. Urplötzlich sind die Büsche und Bäume wieder verschwunden. Ich befinde mich wieder auf einer Hochebene. Also noch einmal ein Nachtlager auf dem Präsentierteller.

**Tag 89: Mittwoch, 24. August 2016, Kilometer 2628 (31)**

## Sex und Tod im Weinberg

Nur die ersten Kilometer geht es nochmals ein wenig aufwärts. Dann scheint es, als hätte ich den Bergpreis erreicht. Jetzt geht es stetig und gleichmässig abwärts. Auf der rechten Strassenseite nimmt eine Gruppe Emus bei meinem Anblick Reissaus. Wie aufgescheuchte Hühner galoppieren sie davon. Nur wenig später erblicke ich auf der linken Seite ein rotes Riesenkänguru. Der Weidezaun versperrt ihm den direkten Fluchtweg. Es ist sich unschlüssig, in welche Richtung es hüpfen soll. So habe ich genügend Zeit, meine Kamera in Stellung zu bringen. Endlich gelingen mir ansprechende Aufnahmen eines lebenden Beuteltieres. Als es dem Tier zu doof wird, hüpft es mit einem kräftigen Sprung über den Stacheldrahtzaun und verschwindet schnell aus meinen Augen. Ich komme gar nicht zum Verschnaufen. Schon hält ein alter Kombi. Ein junges, deutsches Pärchen will wissen, ob bei mir alles in Ordnung sei. Sie sind mit einem «working/holiday visa» unterwegs. Mit Jobs als Helfer bei der Früchteernte haben sie ihre Reisekasse schon einige Male aufgefüllt. Zehn Monate sind sie im Land. Sie sind also schon lange genug hier, um eine schlechte Angewohnheit der Einheimischen angenommen zu haben. Sie stellen den Motor ihres Autos nicht ab. Wir quatschen zehn Minuten durchs offene Fenster und der Motor brummt und brummt. So läuft das fast immer ab, wenn ich Besuch kriege, doch das scheint ausser mir niemanden zu stören.

Die nächste Begegnung naht von hinten. Nach fast drei Wochen treffe ich zur Abwechslung wieder einmal einen Fahrradfahrer. Es ist Christopher aus England. Für die Strecke von Darwin über Adelaide nach Melbourne hat er sich nur einen Monat gegeben. Dieser Mann scheint fit zu sein, denn das sind mindestens 3500 Kilometer. Da bleibt keine Zeit für Abstecher oder sich lange mit einem Fussgänger zu unterhalten. Christopher schwingt sich nach drei Minuten wieder auf sein Rad. Er will unbedingt heute Abend in Port Augusta eintreffen. Ich rufe ihm nach, dass er mir das eine oder andere Bier übriglassen soll.

Im Tal treffe ich wieder auf die schönen, knorrigen Akazienbäume. Viele Wildblumen blühen in den roten Sanddünen. In einem kleinen Salzsee spiegeln sich die Wolken im Wasser. Ein Maler würde genau hier seine Staffelei aufbauen. Ich baue nur meinen Stuhl auf und geniesse mein Thunfischsandwich. Kurz nach meiner Mittagspause hält ein Pickup mit tasmanischen Kennzeichen. Die ältere Lady stellt sich als Rose vor. Eigentlich heisse sie Rosalinde, aber ihr gefalle die Kurzversion besser. Sie erkundigt sich, ob ich Bedarf an Früchten habe. Sie habe noch ein paar Exemplare vorrätig. Eigentlich hätte sie diese schon längst wegen der Früchtequarantäne liquidieren müssen. Nun bin ich der glückliche Abnehmer. Vier Äpfel und vier Tüten getrockneter Früchte aus dem eigenen Garten zaubern mir ein dankbares Lachen aufs Gesicht.

Ganze zwei Stunden kann ich entspannt marschieren, bis ein kleiner Campingbus anhält. Ein etwas aufgedunsen wirkender Mann steigt schwerfällig aus. Er stellt sich als John Smith (Name geändert) vor und fragt mich als Erstes, ob ich Zeit hätte. Er habe vor einer Stunde einen britischen Fahrradfahrer getroffen, der leider kein offenes Ohr hatte, da er in grosser Eile war. Zum Spass antworte ich ihm, dass ich heute ausnahmsweise keine Termine mehr einhalten muss und dementsprechend frei verfügbar sei. Ich ahne, dass dieser Mann einen Gesprächspartner braucht. Was er mir in den folgenden zwei Stunden am Strassenrand anvertraut, ist unglaublich! Unfassbar! Ich finde keine Worte. Als ich ihm erzähle, dass ich ein Buch schreibe, beginnt sein Wortschwall. Er arbeite an seiner Autobiographie. Der Titel sei: «Sex and murder in the vineyard». Und er erzählt mir die Geschichte seiner soziopathischen Ehefrau, die eine mehrfache

Mörderin sei. Sie sei schlimmer, als der bekannteste Massenmörder Australiens. Sie gehe ohne mit der Wimper zu zucken über Leichen. Auch ihn habe sie versucht zu vergiften. Mit einem Mittel, das man früher in den Weinbergen verwendet habe, im Volksmund bekannt unter dem Namen «widow maker», also «Witwenmacher». Als «Spray Seed» wurde das Herbizid vermarktet und enthält fünfzig Prozent «Paraquat» und fünfzig Prozent «Die-Quat». Heute sei es in vielen Ländern wegen seiner Gefährlichkeit verboten. Über Monate habe seine Frau ihn mit kleinen Dosen behandelt. Lange habe er davon nichts bemerkt. Beide haben ein Leben lang in einer bekannten Weinregion für die Weinindustrie gearbeitet und ein kleines Vermögen gemacht. Einige der ehrbaren Weinbarone hätten Dreck am Stecken. Mindestens drei seiner fünf Kinder seien von einem bekannten Mann dieser noblen Gesellschaft gezeugt worden. Vor zwei Jahren sei er todkrank nach Amerika gegangen, um zu sterben. Er habe die absurde Idee gehabt, ein Selfie mit einem Grizzlybären zu machen und so das Zeitliche zu segnen. Bevor er diese Reise angetreten habe, verschickte er fünfundzwanzig Kopien seines angefangenen Buches an die Leute, die darin die Bösen sind. Postwendend wurde er von dem Mann verklagt, der mit seiner Frau ein Verhältnis hatte. Da habe es bei ihm Klick gemacht und die Idee mit dem Bären war gestorben. Seitdem schreibe er wie ein Verrückter an seinen Memoiren. Ganze 1500 Seiten dick sei sein Werk schon. Er sei jetzt zweiundsiebzig Jahre alt und leide neben der Vergiftung auch am Asperger-Syndrom. Sein grösster Wunsch sei es, das Buch fertigzustellen und zu veröffentlichen, damit die Nachwelt von den niederträchtigen und grausamen Machenschaften erfahre. Ich weiss nicht, wo mir der Kopf steht. Total verwirrt verabschiede ich mich von John. Er drückt mir wortlos ein Teil des ausgedruckten Manuskriptes in die Hand. Ich soll es lesen und ihm via E-Mail ein Feedback geben.

In einer komischen Stimmung spaziere ich kraftlos dem

Abend entgegen. Ich fühle mich leer und mental wie ein Schwamm ausgepresst. Plötzlich ein Schweissausbruch! Das fahle Gefühl in meinem Bauch verstärkt sich. Was ist los mit mir? Ist John der Mörder? Hat er mich vergiftet? Absurde Gedanken schiessen durch mein Gehirn. Was ist, wenn das dicke Manuskript mit diesem giftigen Pulver präpariert war? Er hat mir gesagt, dass es bei einer genug starken Konzentration verdammt schnell wirke. Mir ist ganz elendiglich zumute. Wie durch Watte sehe ich das Schild für die «rest area». Perfekt. Ich biege links ab und finde einen idealen Platz für mein Zelt. In Rekordzeit habe ich mein Camp aufgebaut. Absitzen, durchatmen und etwas essen. Jetzt fühle ich mich schon wieder viel besser. Nebenan hat sich schon ein Paar aus Victoria in seinem Camper installiert. Neville kommt vorbei und fragt, ob ich irgendetwas brauche. «Nein danke, ich habe selber alles Nötige dabei», antworte ich. Schmunzelnd verrät er mir, dass er auch eine tolle Espressomaschine besitze. Ob ich Lust auf einen frisch gebrühten Cappuccino hätte? Da kann ich natürlich nicht widerstehen. Etwas später bringt er mir das wunderbare Getränk vorbei. Ein perfekter Milchschaum mit Schokoladenpulver garniert, macht diesen Kaffee zu etwas Besonderem. Das heisse Getränk ist mit Abstand das Beste, das ich am Stuart Highway vorgesetzt bekommen habe! Vor dem Eindunkeln bringe ich die saubere Tasse zurück und bleibe noch für ein paar Minuten in der Behausung von Neville und Glenys. Ich erzähle ihnen unter anderem von meiner unheimlichen Begegnung am Strassenrand. Wir lachen herzlich über meine Vergiftungsgeschichte. Mit einer Bitte wünsche ich den beiden eine gute Nacht. Sollte mein Zelt um 9 Uhr morgens noch immer dastehen, sollen sie bitte reinschauen. Dann würden sie sicherlich den leblosen und vergifteten Körper des «Trolley Man's» vorfinden. Schallendes Gelächter begleitet mich im Dunkeln auf dem Weg zum Zelt.

## Tag 90: Donnerstag, 25. August 2016, Kilometer 2661 (33)

# Flinders Range

Ich öffne die Augen und spüre den harten Boden unter mir. Ich benötige einen Moment bis ich weiss wo ich bin. Die gute Nachricht ist: Ich lebe! Keinen Schaum vor den Lippen. Ich bin kein Vergiftungsopfer! Die schlechte Nachricht: Ich sollte jetzt aufstehen! Während der nächsten Stunden schwirren meine Gedanken um John. Was kann ich glauben? Ist überhaupt etwas wahr an seiner Geschichte? Warum ist er nicht zur Polizei gegangen? Ist er ein gehörnter Ehemann, der nur Rache nehmen will? Diesen Eindruck hat er nicht auf mich gemacht. Ehrlich gesagt, habe ich ihm seine unglaubliche Story voll und ganz abgekauft. Ich habe bis spät in die Nacht in seinem Manuskript gelesen. Leider handelt dieses zum grössten Teil von seiner drei Monate dauernden Amerikareise. Nur am Rande geht er auf die Intrigen seiner Familie ein. Ich werde John, wie versprochen, ein Feedback via E-Mail geben und ihn bitten, mir den Rest des Textes zu senden.

Ein Hupen reisst mich aus meinem Grübeln. Es sind Neville und Glenys, die mich einholen. Ich muss mir selbstverständlich den Spruch anhören, dass ich die Nacht offensichtlich überlebt habe. Sie wollen noch ein Erinnerungsfoto mit mir und Mrs. Molly machen. Neville macht ganz viele Aufnahmen mit seinem Smartphone. Ob er mir nicht erzählt habe, dass er für die grosse Supermarktkette «Woolworth» arbeite? Sein Boss werde an diesen Aufnahmen seine helle Freude haben.

In der Nacht hat es leicht geregnet und es ist noch immer stark bewölkt. Die Temperatur klettert so nur knapp über zehn Grad – zum zügig Marschieren ideal. Die Strasse ist schnurgerade, wie mit dem Lineal gezogen. Im Verlauf des Tages bricht die Bewölkung auf und die Sonne zeigt sich wieder. Auf der linken Seite tauchen schon die ersten Berge der Flinders Range auf. Dieses wunderschöne Gebiet habe ich vor Jahren mit dem Auto bereist. Irgendwie kommen deswegen fast heimatliche Gefühle auf. Ich bin definitiv im Süden angekommen. Mein Zelt stelle ich bei der «Range View rest area» auf. Ein toller Platz mit einer wunderbaren Sicht auf die Hügelketten der Flinders Range.

**Tag 91: Freitag, 26. August 2016, Kilometer 2694 (33)**

## Viel Verkehr

Mitten in der Nacht werde ich von einem seltsamen Geräusch aus dem Schlaf gerissen. Ich kann die Laute zuerst nicht einordnen. Doch plötzlich wird mir klar was es ist. Auf der anderen Seite des Highways befindet sich der Parkplatz der Roadtrains. Zu später Stunde hat ein müder «truckie» seinen mit Rindern beladenen Lastenzug geparkt, um sich ein paar Stunden aufs Ohr zu legen. Der Lärm stammt von den unruhigen Rindern, die mit ihren Hufen auf dem Metallboden scharren und trampeln. Beruhigt drehe ich mich auf die andere Seite und schlafe schnell wieder ein.

Die Nacht war eiskalt. Das Zelt ist innen wie aussen triefend nass. Beim Zusammenpacken hält ein Motorradfahrer für eine kurze Pause an. Er friert erbärmlich. Kein Wunder, trägt er doch nur Jeans und eine lausig dünne Lederjacke. Er will wissen, wie ich mich warmhalte. Ich lache nur und sage ihm, dass ich beim Marschieren selten kalt habe. Er solle es doch auch mal wieder ausprobieren. Er verdreht nur die Augen und meint, er bevorzuge ein paar Pferdestärken mehr.

Seit Pimba hat es viel mehr Verkehr auf der Strasse. Mir war bis heute Morgen nicht klar, woher dieser Verkehr so plötzlich kommt. Massenweise Pickups, die mit grossen Nummern versehen sind, machen einen Teil aus. Auch viele zusätzliche Lastwagen brummen über die Strasse. Der Grund ist die «Olympic Dam Mine». Bei Pimba zweigt eine Strasse Richtung Nordosten ab. Über Woomera stösst man nach achtzig Kilometern auf die grösste Erz-Untertagmine Australiens. Es werden Kupfer, Uran, Gold und Silber abgebaut und an Ort und Stelle weiterverarbeitet. Nun weiss ich auch, wohin die weithin sichtbare Starkstromleitung führt. In grosser Entfernung hat mich diese seit Pimba auf der linken Strassenseite begleitet. Manchmal hat sie mich genervt. Immer diese blöden Masten in meinen Landschaftsaufnahmen zu haben, hat mir überhaupt nicht gefallen.

Heute spulen Mrs. Molly und ich einige Höhenmeter ab, glücklicherweise die bequemen. Praktisch den gesamten Tag geht es leicht talwärts oder flach geradeaus. Auf einem Parkplatz schwatze ich für eine halbe Stunde mit einem pensionierten Mann aus Canberra. Er sitzt gemütlich auf einer leeren Bierkiste und blättert in einem Magazin. Seine niedlichen zwei Hunde haben es sich im kleinen Campingbus auf seinem Bett gemütlich gemacht. Ich frage ihn, ob sich in Woomera noch immer eine Militärbasis befinde. Er verneint und lässt sich dann recht laut über die «Pommies» aus. Mit diesem abschätzigen Titel meint er die Briten, die in den Sechzigerjahren ihre Atombomben in diesem Gebiet getestet haben. Darum auch die riesige «Woomera Prohibited Area» durch die der Stuart Highway führt. Noch immer ist das Gebiet nuklear verseucht. Das ist sicherlich einer der Gründe, weshalb die Engländer in Australien nicht den besten Ruf geniessen.

Ich schlage mein Zelt in «Fast Food-Verpackungs-Wegwerf-Distanz» von Port Augusta auf. Nach dreissig Kilometern oder fünfzehn bis zwanzig Minuten scheinen die Durchschnittsbürger ihr schnelles Mahl beendet zu haben. Sie füttern ihre dicken Ärsche und die Speckrollen um die Hüften. Mit dem kleinen Finger betätigen sie nach Beendigung der Kalorienorgie den automatischen Fensterheber und werfen mit einer eingeübten Bewegung den Abfall aus dem Fenster. Die fettigen Finger werden mit einem sterilen, nach Zitronengeschmack riechenden Tuch gereinigt und dieses wird auf demselben Weg wie der Rest entsorgt.

**Tag 92: Samstag, 27. August 2016, Kilometer 2725 (31)**

## Das Ende des Stuart Highways

Ein eiskalter Morgen begrüsst mich. Schon beim Aufstehen habe ich ein Lächeln auf den Lippen. Mein letzter Tag auf dem Stuart Highway. Ich kann es fast nicht glauben. Aber ich sollte mich nicht zu früh freuen. Es sind noch einunddreissig Kilometer zu absolvieren. Meine Socken kommen nach längerer Pause wieder einmal zum Einsatz. Sie wärmen meine Hände in der ersten Stunde. Mich fröstelt. Mrs. Mollys Deckel ist mit Eis überzogen. Doch die aufgehende Sonne wärmt mich schnell auf. Ich mache nur kurze Pausen, da ich möglichst schnell an meinem grossen Zwischenziel ankommen will. Die Vorfreude ist riesengross. Kurz vor der Stadt steht ein grosses Schild, das mich sehr persönlich anspricht: «Welcome to Port Augusta. You've come a long way...so we have»! Warum wissen die, dass ich einen langen Weg hinter mir habe? Um genau zu sein, zweiundneunzig Tage lang! 2725 unglaubliche Kilometer zu Fuss liegen hinter mir! Ich denke nur: Wow, du hast es geschafft! Mit feuchten Augen klopfe ich Mrs. Molly auf ihren Deckel und sage: «Thank you Molly and well done!» Wie wird sich der Pionier Stuart wohl gefühlt haben, als er an seinem Ziel ankam? Er benötigte zwei Anläufe, um als erster Weisser den Kontinent zu durchqueren. Verglichen mit seiner Expedition ist mein Trip nichts mehr als eine Schulreise. Erst jetzt kann ich mir leise vorstellen, was es damals bedeutete, solch ein Wagnis einzugehen. Ich wusste ja immer, wo ich meine Wasserreserven und meinen Proviant auffüllen konnte. Auch war mir bekannt, wo ich die nächste Dusche geniessen konnte. Nicht so Stuart. Alles war Neuland. Mit dem Wissen loszumarschieren und vielleicht nicht lebend zurückzukommen, braucht sehr viel Mut. Ich ziehe meinen Hut vor der Leistung dieses Mannes und seinem Expeditionsteam!

Meine Reise ist hier aber noch nicht zu Ende. Zeitlich bin ich voll im Soll und so werde ich die letzten gut dreihundert Kilometer bis nach Adelaide auch noch unter die Füsse nehmen. Zuerst gönne ich mir hier in Port Augusta einen Ruhetag. Es kommt mir unwirklich vor, dass ich den ganzen australischen Kontinent zu Fuss durchquert habe. Ich habe das Gefühl, dass der Start der Reise Jahre zurückliegt. Doch es sind nur drei Monate. In diesen ist aber unglaublich viel passiert. Vom tropischen Norden, durch das rote Zentrum bis zu den Wüstengebieten im Süden habe ich verschiedene Klimazonen durchwandert. Ich durfte viele interessante Menschen kennenlernen, witzige und spannende, aber auch langweilige und aufdringliche. Häufig konnte ich mir meine Gesprächspartner nicht aussuchen. Auf meiner Reise zu Fuss kommen die Menschen und Geschichten zu mir und nicht umgekehrt. Die Strasse ist wie ein Präsentierteller, auf dem ich ungeschützt unterwegs bin. Ich bin ausgestellt, wie ein Tier im Zoo. So habe ich mich beim Start meiner Reise auch gefühlt. Die Menschen sind mit offenen Mäulern fotografierend an mir vorbeigefahren. Vor lauter Gaffen haben einige Autofahrer fast vergessen mir ein bisschen Platz zu geben. Zumindest werde ich in Hunderten von Familienalben meinen Platz haben. Eigentlich ist das eine komische Vorstellung. In Pixel verewigt und ausgedruckt, von fremden Menschen, die mich nicht kennen. Was schreiben diese Leute wohl unter mein Bild? Obdachloser mitten in der Wüste? Spinner mit Einkaufswagen? Trolley Man?

## Tag 93: Sonntag, 28. August 2016
# Ruhetag

Es ist sonntäglicher Ruhetag. Erwartet also nicht, dass ich heute ausser dieser zwei Sätze irgendetwas schreibe!

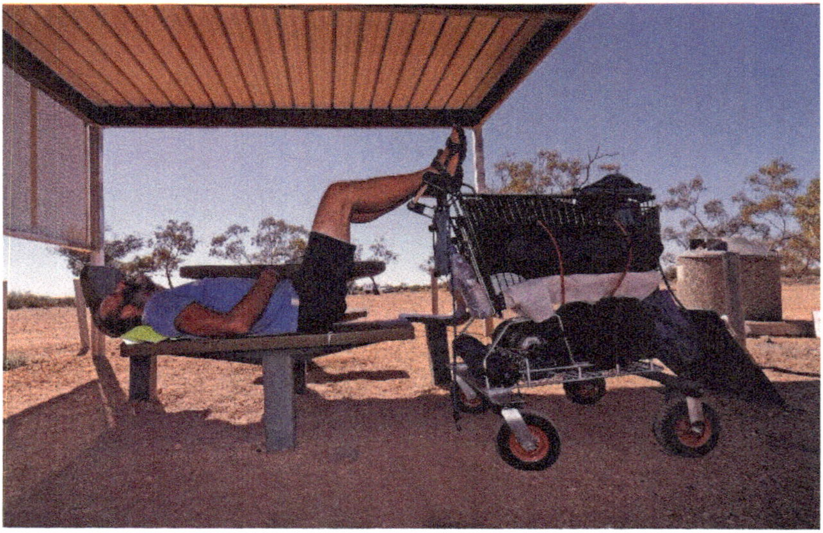

## Tag 94: Montag, 29. August 2016, Kilometer 2757(32)
# Horrocks Pass

Auf dem Campingplatz gibt es eine Geschwindigkeitsbeschränkung. Auf einem Schild steht: «Walking pace, 8 kmh». Ich staune nicht schlecht. Mrs. Molly und ich trainieren seit drei Monaten und bringen es nur auf gute fünf Stundenkilometer. Entweder sind die Besitzer bestens trainierte

Athleten oder Molly und ich einfach nur langsam. Selbstverständlich halten wir uns beim Verlassen des Platzes an diese strengen Regeln! Da ich am nördlichen Ende von Port Augusta übernachtet habe, muss ich heute Morgen durch die ganze Stadt marschieren. Nach einer Stunde befinde ich mich in der südlichen Gewerbezone. Ich überrasche Mrs. Molly mit einem Besuch beim Reifenhändler. Dieser hat seinen Laden schon um halb acht geöffnet. Der Chef findet es köstlich, dass ich mich so um meinen Einkaufswagen kümmere. Gerne borgt er mir den Ölspray aus. Grosszügig sprühe ich die Kugellager der vier Räder ein. Zu viel schadet nichts, oder? Das Knirschen der Achsen verschwindet wie von Zauberhand. Eine rund und sanft laufende Molly kann ich besonders heute gut gebrauchen.

Es ist stark bewölkt und ein unangenehm starker und böiger Wind pfeift mir um die Ohren. Ich muss mich wieder an den vielen Verkehr gewöhnen. Vor mir hält ein Auto mit einem kleinen Anhänger an. Ein Mann steigt aus und kontrolliert seine Ladung. Den kenne ich doch. Ja genau, es ist Morry, mit dem ich vor dem Roadhouse in Pimba ein paar Worte gewechselt habe. Er betreibt einen kleinen Betrieb, der auf Schweissarbeiten mit rostfreiem Stahl spezialisiert ist. Mit einem grossen Hallo begrüsst er mich. Er sei gerade mit seiner Frau unterwegs, um ein fertig fabriziertes Teil auszuliefern. Sie hätten krampfhaft nach mir Ausschau gehalten. Ich sei bei ihnen in den letzten Tagen immer wieder Gesprächsthema gewesen. Gestern hätten sie mit dem Taschenrechner sogar ausgerechnet, wie viele Kilometer ich pro Tage hinter mich bringen müsste. Auf dreissig seien sie gekommen. «Da habt ihr ganz gut gerechnet, inklusive meiner Ruhetage sind es tatsächlich gute dreissig Kilometer.» Seine Frau steigt mit einer Thermoskanne aus dem Auto und offeriert mir ein heisses Getränk. Eine Tasse Kaffee lang fragen mich die zwei neugierig aus. Sie haben an mir den Narren gefressen, bewundern meinen Willen und meine Leistung. Wir tauschen unsere Adressen aus, damit wir in Kontakt bleiben können.

Kurz vor der Abzweigung Richtung Wilmington mache ich auf einem Parkplatz Mittagspause. Zwei ältere Damen sitzen am einzigen Tisch. Ich geselle mich zu ihnen. Sie kommen gerade von einem freiwilligen Einsatz zurück. Seit einigen Jahren fahren sie regelmässig zu zweit in die Region von Alice Springs, um in einer «Aboriginal Community» tatkräftig und kostenlos anzupacken. Auch sie haben kein Patentrezept, wie man das Zusammenleben zwischen Schwarz und Weiss besser gestalten könnte. Wir kommen zum Schluss, dass es vor allem noch viel Zeit benötigt.

Keine fünfhundert Meter nach dem Parkplatz zweige ich links ab. Ich will nicht auf der verkehrsreichen A1 nach Süden marschieren. Meine Strasse führt gemäss Karte über den Horrocks Pass nach Wilmington. Von dieser Ortschaft aus werde ich parallel zur A1 nach Adelaide gelangen. Nun bläst mir der Wind voll ins Gesicht. Manchmal kann ich wegen der Böen kaum geradeaus wandern. Wie betrunken werde ich vom Wind durchgeschüttelt. Es wird unmerklich immer steiler. Ich stosse mit voller Kraft, komme aber nur im Schneckentempo voran. Ich benötige für sieben Kilometer sage und schreibe drei Stunden. Auf einer ebenen Anhöhe beschliesse ich, dass für heute genug gearbeitet ist. Die Sicht nach vorne verspricht ein letztes noch steileres Stück. Das spare ich mir gerne für morgen auf.

Unterwegs ist mir eine Idee gekommen, wie ich mein Zelt doch noch reparieren kann. Mit dem Taschenmesser schneide ich die elastische Schnur, die das Gestänge zusammenhält, durch. Nun ist es mir möglich die einzelnen Teile neu zu arrangieren und ich kann nun die Reparaturhülse über der gebrochenen Stelle befestigen. Perfekt! Meine Behausung steht wieder so, wie sie sollte. Keine Minute zu früh. Der Wind wird immer aggressiver. Im Eiltempo wärme ich eine Büchse Chili und löffle sie schnell aus. Ich muss aufpassen, damit mir nichts davonfliegt, zurre noch einmal mein Zelt fest, verpacke alles und decke Mrs. Molly mit dem Plastik ab. Ich verziehe mich in meine Behausung. Keine zehn Minuten später setzt der Regen ein. Es rauscht in den Wipfeln der mächtigen Eukalyptusbäume. Das Zelt wird von den kräftigen Böen richtiggehend zusammengestaucht! Normalerweise liebe ich es, bei einem Sturm in meinem warmen und bequemen Zelt zu liegen und den Naturgewalten zuzuhören. So ganz entspannen kann ich mich aber dieses Mal nicht. Hoffentlich hält das Gestänge diesem Druck Stand!

**Tag 95: Dienstag, 30. August 2016, Kilometer 2788 (31)**

## Nebliger Start

Ein Konzert, das ich schon lange nicht mehr gehört habe, reisst mich aus meinen Träumen. Zwei «Kookaburras» scheinen auf dem Baum über meinem Zelt zu sitzen und begrüssen den Tag mit ihren Rufen. Die Stimme des «Lachenden Hans» macht seinem Namen alle Ehre: «Huuuhahahahihihihuahahahihi». Ich liebe diese lustigen Vögel! Spontan stimme ich in das Lachen ein und kann nicht aufhören, bis mir die Tränen kommen.

Es regnet noch immer. Der Wind hat sich abgeschwächt und das Wichtigste ist, dass das Zelt nach wie vor wie eine Eins steht. Ich entschliesse mich, bis Tagesanbruch in meiner Behausung zu bleiben. Dann werde ich aufstehen, ob es regnet oder nicht. Um halb sieben ist es hell und der Himmel hat tatsächlich seine Schleusen geschlossen. Das scheint mein Glückstag zu sein. Nun kann ich wie gewohnt frühstücken und mein Camp abbauen. Nebelschwaden ziehen mit grosser Geschwindigkeit über die Hügelkuppen. Voll motiviert nehmen Molly und ich den Rest des Horrocks Pass in Angriff. Dieser Rest dauert aber nochmals drei Stunden! Ich kämpfe mich Schritt für Schritt die steilen Rampen hinauf. Riesige Eukalyptusbäume stehen auf der rechten Strassenseite im trockenen Bachbett. Fünf bis sechs Menschen bräuchte es, um die Stämme der mächtigsten Exemplare gemeinsam umarmen zu können. Kurvig windet sich die Passstrasse durch den immer dichter werdenden Nebel. Kurz nach 10 Uhr erreiche ich die Passhöhe. Geschafft! Das waren harte 462 Höhenmeter, die ich seit gestern bewältigen musste! Es ist kühl, aber mein dünnes, langärmliges Shirt ist vollständig durchgeschwitzt. Die Abfahrt geniesse ich in vollen Zügen. Ich folge Molly im leichten Laufschritt, denn bremsen will ich sie nicht. Es ist erstaunlich. Vor zwei Tagen habe ich mich noch im roten Outback nördlich von Port Augusta befunden. Nun bin ich in einer anderen Welt! Saftig grüne Wiesen mit blökenden Schafen erinnern mich ans schweizerische Emmental. Die nebelverhangenen Hügel lasse ich schnell hinter mir. Kurz vor Wilmington drückt die Sonne durch die Wolken. Wilmington ist ein richtig verschlafenes Nest. Eine Tankstelle, ein Pub und ein paar Läden säumen die Hauptstrasse. Menschen sind nur wenige zu sehen. Fast wie ausgestorben. An einer Wand hängt ein Schild, das besagt, dass hier jeden Dienstag um 10 Uhr der Bibliothekbus hält. Dann sollte bitte hier niemand sein Auto geparkt haben. Ich lasse das Dorf hinter mir und wandere Richtung Melrose. Jetzt komme ich mir wie im Seeland vor. Aber einfach alles einige Nummern grösser. Riesige Ackerbauflächen soweit das Auge reicht. Grüne Wiesen für die Schafe wechseln sich mit Getreidefeldern ab. Das Korn steht schon einen halben Meter hoch. Ich bin von den mächtigen «gum trees» fasziniert. Sie säumen stolz die Strasse. Einige Exemplare dieser Eukalyptusbäume standen garantiert schon vor der weissen Besiedlung da.

Vier Kilometer vor Melrose steht ein Denkmal für den Landvermesser General George Woodroffe Goyder. Dieser hat 1865 eine geographische Linie bestimmt, die hier in der Nähe durchführt. Diese Linie trennt die Gebiete, die von Trockenheit betroffen und für die Landwirtschaft weniger geeignet sind. In der frühen Besiedelung war diese «Goyder Line» eine wichtige Hilfe.

Schwarze Wolken nähern sich und ich beschliesse, neben dem Gedenkstein des Generals mein Zelt aufzuschlagen. Ich habe das richtige Näschen. Kaum steht das Zelt, schüttet es in Strömen. Nach zehn Minuten ist der Spuk schon wieder vorbei. Ein grandioser Regenbogen spannt sich über das Weideland.

### Tag 96: Mittwoch, 31. August 2016, Kilometer 2825 (37)

## Freiwilligenarbeit

Es hat während der Nacht immer wieder geregnet. Am Morgen ist es wieder trocken. Die Sonne kämpft sich durch die schwarzen Wolken. Das ergibt grandiose und intensive Lichtstimmungen. Die gelbblühenden Rapsfelder leuchten um die Wette. Schon vor 8 Uhr treffe ich in Melrose ein. Das soll die älteste Ortschaft in den Flinders sein. So früh am Morgen ist noch alles geschlossen. Ich habe gehofft, dass vielleicht das Café schon Betrieb hat. Aber auch diese Türe ist noch verrammelt. Plötzlich fragt mich eine Stimme, ob ich etwas Bestimmtes suche. Zwei Mädels sitzen nebenan mit einer Tasse Kaffee auf ihrer Veranda und haben mich beobachtet. «Eigentlich bin ich auf der Suche nach einem öffentlichen WiFi», antworte ich. «Da wirst du in Melrose kein Glück haben, aber du kannst dich zu uns gesellen und unser Netz benützen.» Ich lasse Mrs. Molly auf dem Bürgersteig stehen, öffne das Gartentor und werde von einem Hund stürmisch begrüsst. Die Besitzerin des Vierbeiners stellt sich als Chris vor. Die zweite Frau hat sich ins

Haus zurückgezogen. Chris will wissen, wie ich meinen Kaffee gerne hätte. «Stark, ohne Zucker und mit ein wenig Milch, bitte.» Was für ein Service! Mit dem heissen Getränk bringt sie mir auch den Code zum Einloggen. Dieses WLAN ist beängstigend schnell! Bis jetzt war ich etwas Anderes gewohnt. Eine Stunde bin ich am Surfen und unterhalte mich gleichzeitig mit meiner Gastgeberin. Sie hat erst kürzlich ihren Job im Kindergarten aufgegeben und hilft nun temporär im Café nebenan aus. Eigentlich möchte sie gerne wieder an die Uni gehen, um etwas in Richtung Sozialarbeit zu studieren, will sich jedoch mit dieser Entscheidung ein wenig Zeit lassen. Nächstes Wochenende werde in und um Melrose ein achtzehnstündiges Fahrradrennen veranstaltet, erzählt sie mir. Ganze Teams werden diese Strecke unter die Räder nehmen. Chris wird vor ihrem Haus einen Douhnut-Stand betreiben und den Erlös einer lokalen, gemeinnützigen Organisation zukommen lassen. Etwas später bedanke ich mich bei meiner spontanen Gastgeberin und mache mich wieder auf meine Reise.

Murray Town scheint seine besten Zeiten schon lange hinter sich zu haben. Im Murraytown Hotel sind seit geraumer Zeit keine Gäste mehr abgestiegen. Auch aus dem Zapfhahn ist schon Jahre kein Bier geflossen. Ein altes Schild über der Tür verrät, wer die letzten Betreiber waren: Karl Horst Diljonas & Else Magdalene Diljonas. Darunter steht: «Licensed to sell ales, wines & spirits». So muss ich leider den nächsten Streckenabschnitt ohne Erfrischung unter die Füsse nehmen.

Wirrabara ist schon eine Nummer grösser. Die Fahrbahnen der Strasse werden durch eine hübsche Blumenrabatte getrennt. Eine alte Frau kniet im Blumenbeet und reisst Unkraut aus. Sie scheint froh zu sein, mich zu sehen. So hat sie einen Grund eine kurze Pause einzulegen. Sie pflege freiwillig und kostenlos den Blumenstreifen durchs Dorf, mache das sehr gerne und freue sich, wenn es hübsch aussieht. Nachdem ich ihr kurz von meiner

Reise erzählt habe, komme ich für eine Viertelstunde nicht mehr zu Wort. Ich erfahre von ihr, welche Länder sie und ihr Mann in den letzten zehn Jahren bereist haben. Und da kommen einige zusammen. Auch in der Schweiz seien sie schon zweimal gewesen! Ich kann ihrem Wortschwall fast nicht folgen. Ich vermute, dass der Freiwilligenjob für die Dame ein nicht unwichtiger Nebeneffekt hat. Sie trifft viele Menschen auf der Strasse, mit denen sie einen Schwatz halten kann. Zumindest ist sie so nicht zu Hause am versauern!

Ich beschliesse, ausserhalb von Wirrabara irgendwo wild zu campieren, muss jedoch eine ganze Weile suchen, bis ich etwas Vernünftiges finde. Beim Aufstellen des Zeltes mache ich eine unangenehme Entdeckung. Ich habe tatsächlich einen Teil des Gestänges verloren. Das gibt es doch nicht! Ich habe mir ganz bewusst eingetrichtert, dass ich verdammt gut auf die losen Stücke achtgeben muss. Und schon am zweiten Tag nach der Reparatur passiert genau das! Der grosse Bogen ist jetzt einfach dreissig Zentimeter kürzer. Ich kann das Zelt mit viel Improvisationskunst aufbauen und es hält sogar. Der Anblick meiner Behausung ist aber ein trauriger. Ganz schräg, schlaff und windschief steht sie in der Landschaft.

## Tag 97: Donnerstag, 1. September 2016, Kilometer 2860 (35)

## Auf ein Bier mit Brian

Es regnet, als ich aufwache, Zeit zum Aufstehen. Ich kuschle mich noch einmal in meinen warmen Schlafsack. Laut sage ich: «Lieber Regen, ich möchte, dass du spätestens in zehn Minuten aufhörst.» Du glaubst es nicht, aber der Himmel hat auf die Minute genau seine Schleusen geschlossen. Bin ich ein Glückspilz oder gar ein Wetterflüsterer? Ich will nicht übertreiben. Ich bin einfach froh, dass ich meine Sachen bei Trockenheit einpacken kann.

Bis Laura sind es dreizehn flache Kilometer. Die Ortschaft ist hübsch und gepflegt. Einige alte viktorianische Steingebäude stehen im Zentrum. Ich stosse Mrs. Molly durch die Lauben der Geschäfte. Vor dem Café sitzen einige ältere Herrschaften, die natürlich wissen wollen, wer da durch ihre Stadt spaziert. Auch vor dem Handwerkerladen komme ich nicht unerkannt vorbei. Dem kleinen Lebensmittelladen nebenan statte ich einen Besuch ab und ergänze meinen Proviant.

Bis zum Mittag schaffe ich es bis in das nächste Dorf Gladstone. Zu seinen Glanztagen war dieser Ort ein Eisenbahnknotenpunkt. Wie die ganze Region lebt Gladstone von Ackerbau und Viehwirtschaft. Vor allem Weizen, Gerste, Erbsen, Linsen und Bohnen werden angebaut. Das Gladstone Hotel steht direkt neben dem Bahnübergang. Gemütlich sitzt die Chefin des Pubs, mit einer Tasse Tee draussen auf der Bank; der ältere Mann, der ihr Gesellschaft leistet, nuckelt an einem Bier. Ich parke Molly und lasse mich auf einem bequemen Stuhl an der Sonne nieder, schliesse mich Brian an und hole mir ein Bier an der Bar. Der 74-Jährige ist mit seiner Frau nach seiner Pensionierung von Adelaide hierhergezogen. Er habe sein ganzes Leben als Sanitärinstallateur gearbeitet. Das hektische Stadtleben vermisse er überhaupt nicht. Es sei friedlich im Ort und vor allem seien die

Leute nett. Er sitze gerne vor dem Pub und beobachte das Treiben. Der Bahnübergang und der Kreisel davor bieten immer gute Unterhaltung. Dreizehn Züge tuckern täglich durch den Ort. Gerade fährt der Indian Pacific durch. Dieser verbindet die West- mit der Ostküste. Mit 4352 Kilometern gehört diese Bahnstrecke zu der längsten der Welt. Der Zug fährt mitten durch die Ortschaft, aber der Bahnübergang ist unbewacht, keine Barriere, die sich schliesst. Nur ein paar harmlose Blinklichter, die ihren Dienst verrichten. Es passiere sehr selten etwas, meint Brian. Ich weiss nicht, ob sein rotes Gesicht von der Sonne, vom hohen Blutdruck oder vom Bier kommt. Die schneeweissen Haare fallen so noch viel mehr auf. Seine blauen Augen funkeln unter seiner Baseballmütze hervor. Wir unterhalten uns blendend und ich könnte noch stundenlang mit ihm plaudern, doch ich will es noch bis Georgetown schaffen.

Kurz hinter Gladstone steigt die Strasse recht ruppig an. Oben angekommen schweift mein Blick über riesige, grüne Landwirtschaftsflächen. Zwölf Kilometer weit geht es durch endlose Weizen- und Gerstenfelder. Weisse Wolken kontrastieren mit dem satten Grün. Dann stehe ich vor dem Ortsschild: «Welcome to Georgetown». Ich stelle mein Zelt neben dem Spielplatz in eine ruhige Ecke. Zeit für die «happy hour». Das Pub ist gleich um die Ecke und ich mische mich unter die Einheimischen. Vor allem Farmer geniessen ihr Feierabendbier. Mir scheint, das halbe Dorf sei hier versammelt. Alle kennen sich. Nur ein Fremder sitzt in der Runde. Das bin ich. Schnell bin ich nicht mehr ein vollkommen Unbekannter. Die Geschichte des «Trolley Man» macht die Runde. Viele hatten mich in den letzten Tagen schon auf der Strasse gesehen. Jetzt können sie bei einem Glas Bier ganz ungezwungen ihre Neugierde befriedigen.

Ich finde das Bezahlsystem in den Pubs immer sehr praktisch. Man setzt sich an die Bar und legt zum Beispiel einen Fünfzigdollarschein auf den Tresen. Immer, wenn man etwas bestellt, nimmt der Barkeeper ohne zu fragen, so viel vom Geld, wie er haben muss. Es geht natürlich auch anders. Ich habe mir meine ganze Zeche aufschreiben lassen und bezahle bei Feierabend bequem mit meiner Kreditkarte.

### Tag 98: Freitag, 2. September 2016, 2897(37)

## Krimskrams in Yacka

Schon früh am Morgen treffe ich einen Bekannten auf der Strasse. Treffen ist das falsche Wort. Wir winken uns gegenseitig zu. Es ist der junge Bursche, der gestern im Pub zwei Stunden lang an einer Büchse Cola herumgenuckelt hat. Heute sitzt er dafür garantiert nüchtern hinter dem Steuer seines Roadtrains. Er fährt riesige Strohballen durch die Gegend.

Noch vor drei Tagen konnte ich mich gar nicht sattsehen an den saftig grünen Feldern. Die Region gefällt mir nach wie vor, doch das Auge gewöhnt sich sehr schnell an eine neue Umgebung. Seit rund achtzig Kilometern befinde ich mich inmitten riesiger Weizen- und Gerstenfeldern. Sozusagen ein grüner Outback. Jeder Schweizer Bauer würde beim Anblick der Grösse der landwirtschaftlichen Fläche feuchte Augen kriegen!

Mit kurzen Pausen marschiere ich bis Yacka durch. Am Mittag betrete ich den einzigen Laden des Dorfes. Ein wenig Kunst, ein bisschen Krimskrams und einige lokale Produkte werden zum Kauf angeboten. Mich interessiert aber nur das Kühlregal. Ich kaufe mir einmal mehr einen «iced coffee». Die alte Dame kassiert den gewünschten Betrag und notiert von Hand fein säuberlich meinen Einkauf in ihrem dünnen Schulheft. Der Laden läuft, denn meine drei Dollar und fünfzig Cent sind heute der zweite Eintrag! Draussen setze ich mich auf die Bank und belege mein Brot mit Käse und Salami. Dunkle Wolken hängen über dem «General Store» auf der gegenüberliegenden Seite. Das marode Steingebäude sieht ziemlich windschief aus und wird offensichtlich seit Jahren nicht mehr unterhalten. Die Farbe blättert langsam ab. Das Kaff ist ausgestorben, doch die Lady im Laden hält die Stellung. Ich sitze eine geschlagene Stunde auf der Bank. Von anderen Kunden fehlt jede Spur. Bevor ich wieder losmarschiere, gucke ich durchs Schaufenster in den Laden. Die gute Frau sitzt noch immer mit stoischer Ruhe tapfer auf ihrem Stuhl. Geduld ist definitiv etwas, das man in Yacka lernen kann und muss!

Heute habe ich wieder Mühe, eine Übernachtungsmöglichkeit zu finden. Der Highway führt durch riesige, grüne Felder. Die Zäune kommen links und rechts bis drei Meter an die Strasse heran. Nirgends geht ein Weg ab. Eigentlich wollte ich nach dreissig Kilometern Feierabend machen. Erst nach weiteren sieben Kilometern finde ich auf einer Anhöhe eine Seitenstrasse, die allerdings auf ein Privatgrundstück führt. Weit und breit kann ich kein Gebäude ausmachen. Ein Briefkasten steht am Wegrand. Ich stelle mein Zelt neben dem Zaun auf. So wie ich die Australier bis jetzt kennengelernt habe, wird das kein Problem darstellen. Tatsächlich kommt zwei Stunden später der junge Bauer mit dem Traktor angefahren. Er winkt aus dem fahrenden Landwirtschaftsfahrzeug, lacht und zeigt mit dem Daumen nach oben. No worries!

## Tag 99: Samstag, 3. September 2016, Kilometer 2927 (30)

# Mad Bastard

Ich befinde mich mitten im Nebel. Dieser zieht aber mit rasanter Geschwindigkeit über die Landschaft. Einzelne Sterne lassen sich blicken. Mit dem Sonnenaufgang erlebe ich eine grandiose Morgenstimmung. Der Mix aus Wolken, Nebel und Sonne ist unglaublich. Die Rapsfelder leuchten manchmal nur für einige Sekunden intensiv in der Morgensonne. Dann kommen die dunklen Wolken und mit ihnen der Regen. Ich packe mich und Mrs. Molly gut ein. Die Regengüsse prasseln in Intervallen auf mich nieder. Kaum habe ich das Gefühl, dass der Regen vorbei ist, kommt eine nächste Front. So geht es den ganzen Tag. Abgesehen von den Füssen bleibe ich in meiner Ausrüstung trocken. Das Wasser läuft mir von der Jacke und den Hosen in die Schuhe. Schon nach wenigen Minuten kann ich ein schmatzendes Geräusch wahrnehmen.

Ein Polizist mit seinem Dienstwagen stoppt auf meiner Höhe und will wissen, ob bei mir alles im grünen Bereich sei. Ich kann ihm nur bestätigen, dass bei mir alles rund läuft. Einige Leute seien besorgt, weil ich auf der Strasse marschiere, meint er zu mir. Ich könne leider noch nicht fliegen, entgegne ich. Ich frage ihn, ob diese Leute besorgt oder verärgert seien. Er gibt mir auf diese Frage keine direkte Antwort. Ich verdrehe ein bisschen meine Augen und erkläre dem sympathischen Gesetzeshüter, dass es immer einige Verständnislose auf der Strasse gäbe. Auch diese Bemerkung lässt er unkommentiert. Zum Abschied meint er nur, dass ich alles korrekt mache und vor allem auf der richtigen Seite gehe, damit ich den entgegenkommenden Verkehr im Auge habe.

Erst kurz vor Clare tauchen die ersten Rebberge auf. Leider sind diese noch nicht grün. Sie befinden sich noch immer in der Winterruhe. Ich ignoriere alle Wegweiser zu den Weingütern.

Bis auf einen: «Mad Bastard Wines of Finery». Das Bild unter dem Schriftzug zeigt ein fettes Gesicht, das in einem Vogelkäfig steckt. Aus dem Mund ragen einige Federn des Kanarienvogels, der den Käfig bewohnt hatte. Das ist so schräg, dass es schon fast genial ist. Gelegentlich fühle ich mich persönlich auch als «verrückter Hund». Ich mühe mich die sechshundert Meter bis zum Anwesen hinauf. Warum müssen alle Weingüter auf einer Anhöhe gebaut sein? Die Chefin empfängt mich mit ungläubigen Augen. Annette ist die Frau des «Mad Bastards». Sein Name: Mark Barry. Er stammt aus einer Clare Valley Weindynastie. Bis ins Jahr 2005 war er der «chief winemaker» des Familienunternehmens, das von seinem Vater Jim gegründet wurde. Danach beschloss er, eine Auszeit zu nehmen. 2010 kehrte er ins Clare Valley zurück. Seine Freunde konnten nicht glauben, dass er sich selbstständig machen wollte. Er sei doch verrückt. So ist der Firmenname entstanden. Als Einmannbetrieb produziert Mark nur kleine Mengen, dafür ausschliesslich Qualitätsweine. Ich degustiere mich durch die gesamte Palette. Zwei Sorten Riesling, ein fruchtiger und ein trockener. Darauf folgen drei Shiraz und ein Cabernet Sauvignon. Auch Portwein haben sie im Angebot. Annette kredenzt mir sogar den dreissigjährigen Port, den Mark noch zusammen mit seinem Vater produziert hat. Wie Samt rinnt dieser durch meine Kehle. Nach Walnüssen und Honig schmeckt der edle Tropfen. Die Qualität, die Mark hervorbringt ist wirklich beeindruckend. Ich kaufe zwei Flaschen Rotwein, mein Mitbringsel für meine Freunde in Adelaide, denn Mike und Dolores sind auch ein bisschen «Mad Bastards»! Natürlich nur positiv gemeint! Annette hat mir die Flaschen gut gepolstert, damit sie den Transport mit Mrs. Molly unbeschadet überstehen.

Ich bin gerade wieder auf der Hauptstrasse, als ich auf der linken Seite eine Gruppe von fünfundzwanzig Kängurus sichte. Ungestört grasen sie auf einer Weide. Ich packe meine Kamera und komme recht nahe an die Tiere heran. Da scheint sich eine ganze Sippe im saftigen Gras wohlzufühlen.

Wegen der Degustation ist es schon ein bisschen später geworden und in Clare sind praktisch alle Läden geschlossen. Ich frage mich, wo hier der Campingplatz ist. Das Schild am Ortseingang hatte in diese Richtung gezeigt. Am Ortsausgang stehe ich vor dem Kreisel. Nun habe ich vier Möglichkeiten. Nichts ist ausgeschildert. Glücklicherweise kommt mir eine Fussgängerin entgegen, die ich fragen kann. Sie zeigt Richtung Süden. Sie meint, das sei noch eine ganze Strecke bis dorthin. Wie es sich herausstellt, genau drei Kilometer. Doch das sorgt bei Molly und mir für keine Aufregung.

### Tag 100: Sonntag, 4. September 2016, Ruhetag

## Beschwipster Father's Day

Heute ist in Australien «Father's Day». Für mich persönlich ist es der hundertste Tag unterwegs! Gründe genug, um ein bisschen zu feiern. Ich starte den Tag gemütlich. Um 11 Uhr spaziere ich auf dem «Riesling Trail» zurück nach Clare. So kann ich den Weg begutachten, den ich morgen in die andere Richtung unter die Schuhe nehmen werde. Ehrlicherweise muss ich gestehen, dass ich nicht weit komme. Die «Tim Adams Winery» ruft nach mir! So biege ich schon nach achthundert Metern vom Trail ab. Ich bin der erste Kunde des Tages und die nette Angestellte nimmt sich viel Zeit für mich. Ich koste mich durch das gesamte Sortiment, starte mit den zwei Rieslings, dem «Klassischen» und dem «Reserve». Das Clare Valley ist vor allem wegen seinem Riesling berühmt geworden. Doch auch herrlicher Rotwein wird gekeltert. Nach dem Semillon aus dem französischen Eichenfass wechsle ich auf Rot. «The Fergus» ist ein Blend aus Tempranillo, Grenache und Malbec. Auf diesen folgen Reserve Tempranillo, Cabernet Malbec und drei verschiedene Shiraz! Die Verkäuferin weiss mittlerweile auch, dass ich zu Fuss unterwegs bin. Sie kann annehmen, dass ich nichts kaufen werde. Trotzdem werde ich zuvorkommend bedient. Sie verhält sich auch beim Einschenken ziemlich grosszügig! Auch hier hätte ich gerne einige Kisten Wein gekauft. Die hätten sich sehr gut in meinem Weinkeller gemacht.

Auch ohne dass ich mich an Mrs. Molly festhalten kann, schaffe ich es ohne weiteren Zwischenstopp bis Clare. Wein verkosten macht hungrig! Gestern ist mir ein indisches Lokal ins Auge gestochen. Wegen des «Vatertages» hat es ausnahmsweise an einem Sonntag über den Mittag geöffnet. Als Vorspeise bestelle ich mir Samosa mit Fleischfüllung, gefolgt von Chicken Tandoori mit Safranreis und einem Naan-Brot mit Knoblauch. Dazu ein indisches Bier. Für eine Nachspeise hat es keinen Platz mehr. Ich kugle mich aus dem Lokal und überlege mir, was ich mit dem angebrochenen Tag anstellen könnte. Was macht man an einem Sonntagnachmittag in Clare? Mehr Wein verkosten? Na klar! Die «Knappstein Winery and Brewery» kommt mir da gerade gelegen. Sie ist quasi um die Ecke. 1878 kam die Brauerei mit dem Kupferboom in die Region. Die Firma ist durch schwierige Zeiten gegangen. Als das Kupfergeschäft nicht mehr lief, haben die Minenarbeiter Clare verlassen und sind weitergezogen. Heute steht die Firma Knappstein wieder in voller Blüte. Ich arbeite mich fast durch ihre ganze Palette! Der «Sparkling Shiraz», den sie produzieren, gefällt mir ausgezeichnet. Sehr fruchtig, aber nicht zu süss. Bei den Weissweinen verkoste ich nur die zwei Rieslingweine. Ich stehe grundsätzlich mehr auf Rotwein. Der Shiraz und der Cabernet Sauvignon munden mir sehr gut. Hier wollte ich eigentlich abschliessen, doch die nette

Dame hinter dem Tresen überredet mich, ihren Portwein zu testen. Auch sehr lecker. Der Abschluss macht dann noch das Knappstein Reserve Lagerbier. Genug ist genug. Ich verlasse das unter Denkmalschutz stehende Gebäude. Hätte ich doch nur Mrs. Molly mitgenommen. Ich könnte mich so gut an ihr festhalten!

Ich statte dem Supermarkt einen kurzen Besuch ab und kaufe einigen Proviant ein. Mit dem schweren Plastiksack voller leckerer Sachen schlendere ich durch Clare. Ich habe keine Lust die drei Kilometer bis zum Campingplatz zu spazieren. Ich mache etwas, das ich seit dreissig Jahren nicht mehr gemacht habe: Daumen raus, um per Anhalter mitgenommen zu werden. Ich benötige keine Minute und schon werde ich aufgegabelt. Besser als ein Taxi! Zurück bei meinem Zelt packe ich den eingekauften Proviant weg. Die Tourist Information ist keine hundert Meter entfernt. Ich weiss, dass da ein warmes Feuer im grossen Kamin lodert. Auch das Internet ist viel schneller, als auf dem Campingplatz. Ich mache es mir also an der Wärme gemütlich und arbeite an meinem Tagebuch. An der Bar sitzen einige Leute und geniessen ein Glas Wein. Um nicht auf dem Trockenen zu sitzen, bestelle ich mir ein Glas Cabernet Sauvignon von der «Pikes Winery». So lässt es sich viel angenehmer schreiben! Leider schliesst die Info heute schon um 17 Uhr und ich muss wieder in die Kälte raus.

## Tag 101: Montag, 5. September 2016, Kilometer 2949 (22)

# Bei den Mönchen in Sevenhill

Nach nur drei Kilometern auf dem «Riesling Trail» zieht es Mrs. Molly nach links. Was ist denn jetzt los? Ah, du willst zu den Mönchen. Gestern hatte ich laut aus dem Prospekt vorgelesen und das hatte ihr offensichtlich gefallen. Ich mache meinem Einkaufswagen den Gefallen und biege links ab. Dreihundert Meter muss ich Molly den Hügel hinaufstossen, bis wir vor dem Gotteshaus stehen. Sevenhill wurde 1851 von Jesuiten gegründet. «Sevenhill Cellars» ist somit das älteste Weingut im Clare Valley. Noch heute sind die Jesuiten die Besitzer des grossen Anwesens und leben hier. In die Weinproduktion ist die religiöse Gemeinschaft nicht mehr stark involviert. Ursprünglich wurde hier nur Messwein gekeltert. Heutzutage produziert das Unternehmen Weine der Spitzenklasse. Die letzten sieben Chefönologen waren noch alles Jesuiten. Zum ersten Mal hat nun eine Frau als «winemaker» das Kommando. Das tönt fast unglaublich. Ein konservativer und katholischer Zirkel lässt eine Frau ans Ruder! Die australischen Jesuiten sind offensichtlich recht liberal und fortschrittlich eingestellt. Nach dem Besuch der Kirche stosse ich Mrs. Molly direkt in die Weinkellerei. Zwischen riesigen Eichenfässern zirkle ich meine Dame auf vier Rädern bis in den Verkaufsraum. Hier muss sie leider brav warten. Ich schaue mir in aller Ruhe den Gewölbekeller an. Überall darf man ohne Begleitung seine Nase reinstrecken. Hier riecht es förmlich nach Geschichte. Nach meinem Rundgang geht es an die Verkostung. Über eine Stunde lang schwelge ich in den verschiedenen Weinsorten. Hier finde ich zum ersten Mal auch Chardonnay, Verdejo und Gewürztraminer. Noch immer stehen übrigens Rebstöcke aus den Gründungsjahren in den Rebbergen. Sie liefern nach wie vor Jahr für Jahr die besten Trauben für die Weinproduktion.

Nach meinem Sandwich mache ich mich wieder auf den Weg. Der «Riesling Trail» darf nur von Fussgängern und Fahrradfahrern benutzt werden. Er befindet sich auf der ehemaligen Trasse der Erzeisenbahn. Es ist zwar ein kiesiger Weg, doch so fein und glatt wie asphaltiert. Ich geniesse es, nicht auf den Verkehr achten zu müssen. Mir begegnet den ganzen Tag nur ein Velofahrer! Wo ich hinblicke sehe ich riesige Rebberge. Es sind natürlich nicht eigentliche Rebberge, wie wir sie in der Schweiz kennen. Man könnte sie eher als «Rebfelder» oder «Rebhügel» bezeichnen. Hier und dort sind die Bauern am Beschneiden der letzten Rebstöcke. Die Pflanzen sind noch ohne Laub, aber die Knospen drücken langsam. Nicht mehr lange und sie werden sich öffnen. Überall blüht es und die Luft ist geschwängert von süssen Düften.

Bis Auburn schaffe ich gerade zweiundzwanzig Kilometer. Doch es ist schon Zeit Feierabend zu machen. Ich quartiere mich auf dem lokalen Campingplatz ein, wo der Platzwart schon ein Feuer entfacht hat. Ich geselle mich zu der Runde. Ein Dutzend Menschen aus jeder Ecke Australiens hat sich zur «happy hour» um das wärmende Feuer versammelt.

**Tag 102: Dienstag, 6. September 2016, Kilometer 2979 (30)**

## Freibier

In Auburn geht der «Riesling Trail» in den «Rattler Trail» über. Dieser schlängelt sich auf der alten Bahnstrecke bis nach Riverton. Das Clare Valley liegt nun hinter mir und die Rebstöcke sind verschwunden. Ackerbau und Schafzucht sind wieder Trumpf. In Rhynie verlasse ich den «Rattler Trail». Dieser macht beim ehemaligen Bahnhof eine scharfe Kurve gegen Osten, um nach weiteren sieben Kilometern auf Riverton zu treffen. Das wäre ein ziemlicher Umweg für mich. So reihe ich mich wieder auf dem Horrocks Highway in den schwachen Verkehr ein.

Im Rhynie Hotel lasse ich mich draussen an der Sonne auf einem bequemen Sessel nieder und schaue bei einem kühlen Softdrink dem Verkehr zu. Die Wirtin will mir das Getränk spendieren, doch ich bestehe darauf es zu bezahlen. Diese kleinen Pubs haben es nicht leicht zu überleben. Viele Verkaufsschilder an den Häusern zeugen vom Drang der Menschen in die Stadt zu ziehen. Die Chefin interessiert sich noch für mein heutiges Ziel. Bis in die Gegend von Tarlee, antworte ich. Sie gibt mir einen guten Tipp für eine kostenlose Übernachtungsmöglichkeit. Auch der Gasthof sei in dieser Ortschaft sehr zu empfehlen. Man kennt sich und schiebt sich so die Gäste zu.

Ich werde einige Male von grossen, schwarz-weissen Vögeln angegriffen. «Magpies» ist ihr Name. Diese Elsternart ist zurzeit am Brüten und verteidigt ihr Revier, wobei sie ganz schön aggressiv werden können. Einheimische haben mich vorgewarnt. Die scharfen Schnäbel der Vögel können recht schlimme Verletzungen verursachen. Ich trage meinen Hut auf dem Kopf und mache, dass ich einfach möglichst schnell durch die heiklen Zonen komme. Immer wieder kreisen die Vögel über mir und fliegen einige Scheinangriffe. Zu einem Zusammenstoss kommt es glücklicherweise nicht.

Drei Stunden benötige ich, um in Tarlee einzutreffen. Beim Dorfeingang wird es ein bisschen eng auf der Strasse. Die Leitplanken verhindern, dass ich Platz machen kann. Es ist auch nicht nötig. Ein entgegenkommendes Auto tuckert im Schritttempo auf mich zu. Das Fenster wird von einer älteren Lady heruntergekurbelt. Sie streckt mir aus dem fahrenden Auto eine grosse Büchse Bier entgegen und fragt mich noch, wo ich hinwill. Die Antwort muss ich bereits schreien, damit sie es noch versteht, denn sie ist schon wieder am Beschleunigen. Verdutzt stehe ich mit meinem Freibier auf der Strasse. Ich klemme die Halbliterbüchse unter den Gummizug und holpere zum Sportplatz. Hier ist der hübsche, kostenlose Campingplatz, der mir empfohlen wurde. Die öffentlichen Toiletten runden den Service ab. Auch das Pub ist nur zweihundert Meter entfernt. Perfekt. Ich baue mein Zelt auf und geniesse in der Nachmittagssonne mein kostenloses Bier. Wie schön kann doch das Leben sein!

## Tag 103: Mittwoch, 7. September 2016, Kilometer 3016 (37)
## Der dritte Tausender

Je weiter ich gegen Süden marschiere, desto offener wird die Landschaft. Die Hügel werden kleiner, die Ackerflächen dementsprechend immer grösser. Der Verkehr nimmt ständig zu. Glücklicherweise gibt mir die Strasse einen zusätzlichen Meter Asphalt neben der Sicherheitslinie. So kann ich ziemlich unbehelligt und sicher vor mich hinschreiten.

Frühling liegt in der Luft. Es wird über fünfundzwanzig Grad warm. Zur Abwechslung schwitze ich wieder mal. Ein weisser Pickup kommt eine kleine Seitenstrasse runtergebraust. Er wirbelt auf der ungeteerten Strasse mächtig Staub auf. Eine Person steigt aus und wechselt in einen bereits wartenden Wagen. Ich komme mit dem Farmer ins Gespräch. John Rhode bewirtschaftet einen grossen Betrieb. Neben Ackerbau würden über 60000 Hühner gemästet! Es sei bis jetzt ein überaus gutes Jahr mit genügend Niederschlägen und nun wird es auch schon wärmer. So spriesst und wächst es wie verrückt. Er baue vorwiegend Weizen und Gerste an. «Morgen wird es regnen» meint er bei der Verabschiedung.

Nach dem Mittag ist es soweit. Der dreitausendste Kilometer ist geschafft! Wie immer klopfe ich auf Mollys Deckel und sage «well done Mrs. Molly!» Zwei Tage vor meinem Zieleinlauf habe ich sozusagen eine Schallmauer durchbrochen. Dreitausend Kilometer oder zirka 3,3 Millionen Schritte! Sprachlos schiebe ich meine treue Begleiterin weiter gegen Süden.

Kurz vor Roseworthy komme ich doch noch dazu meine Liegestützen zu machen. Ich muss zugegeben, dass ich die letzten beiden Wochen nicht mehr so fleissig war. Nur noch jeden dritten Tag konnte ich mich motivieren meine Arm- und Brustübung durchzuführen. Aber auch dieses reduzierte Training hat meinen Oberkörper ein wenig gestählt. Immerhin schaffe ich jetzt mit meiner Dreierserie 32/25/18 Liegestützen.

Ich wollte eigentlich nur bis Roseworthy spazieren. Doch hier gibt es keinen Campingplatz. Wild campieren ist in dieser schon recht dicht besiedelten Gegend schlecht möglich. Den nächsten Platz finde ich im fünf Kilometer entfernten Gawler.

**Tag 104: Donnerstag, 8. September 2016, Kilometer 3039 (23)**

## Drive in

Die Wetterprognose von Farmer John hat sich bewahrheitet. Es hat in der Nacht geregnet. Um 6 Uhr lässt er nach, das Zeichen für mich aufzustehen. Heute habe ich es nicht eilig, denn ich habe für die letzten dreiundvierzig Kilometer noch zwei Tage zur Verfügung. Um 8 Uhr bin ich bereit zum Abmarsch. Ich gebe die Schlüssel für die Toiletten an der Rezeption zurück. Der Chef persönlich bedient mich und drückt mir dreissig Dollar in die Hand. Verblüfft schaue ich ihn an. «Ich finde toll, was du machst. Wenn Menschen wie du bei uns auf den Campingplatz kommen, ist es schon fast Tradition, dass wir sie kostenlos übernachten lassen.» Er gibt mir noch einige Tipps, wie ich am besten nach Adelaide komme. Ich bedanke mich herzlich für diese generöse Geste!

Die ersten dreissig Kilometer werde ich auf oder neben der «Main North Road» hinter mich bringen. Kaum bin ich auf der Strasse, fängt es wieder an zu regnen. Ab und zu schüttet es aus Kübeln. Die erste Stunde habe ich wunderbar Platz auf der Strasse. Neben der weissen Sicherheitslinie sind noch zusätzliche zwei Meter asphaltiert. So fühle ich mich trotz des starken Berufsverkehrs sicher. Trotzdem bin ich gestresst. Der Regen, die Gischt, die von den Autos spritzt, der Lärm, das alles ist ein Cocktail, der nichts für schwache Nerven ist. Plötzlich lösen sich meine privaten zwei Meter Strasse in Nichts auf. Was nun? Mühsam suche ich mir den Weg durch die Quartiere. Manchmal taucht aus dem Nichts für einige Kilometer ein Fahrradweg auf, bis sich auch dieser irgendwo in Luft auflöst. Der Regen will nicht aufhören.

Unter dem Vordach eines Gebäudes mache ich eine kurze Pause. Ein halbes Dutzend Leute stehen draussen und warten auf irgendetwas. Sie beachten mich kaum. Ein älterer Herr kommt zu mir und will mir einen Gutschein in die Hand drücken. «Bist du auch hier, um Gratisessen abzuholen?» Ich verneine und so wechselt der Gutschein seinen Besitzer nicht. Erst jetzt schaue ich mir das Gebäude näher an. «Life Outreach Center» steht da geschrieben. Das scheint eine Art Freikirche zu sein. Nun erkundige ich mich bei einem Wartenden, was das für eine Organisation sei. Ja, das sei eine christliche Gemeinschaft, die zweimal in der Woche Essen und nützliche Dinge für den täglichen Bedarf an Bedürftige abgebe. Jetzt wird mir klar, warum der Herr von vorhin mir einen Gutschein überreichen wollte. Er hat mich für einen Obdachlosen mit Einkaufswagen gehalten! Der Regen lässt ein bisschen nach und so setze ich meine Reise fort.

Es ist Mittagszeit. Da kommt mir die Firma mit dem grossen goldenen «M» gerade gelegen. Ich möchte Mrs. Molly etwas Besonderes bieten und reihe mich in den «Drive in» ein. Brav warte ich hinter den Autos in «Lane 1». Als ich an die Reihe komme, bleibt der Lautsprecher stumm. Auf der anderen Seite in der «Lane 2» werden die Kunden freundlich bedient. Also wechsle ich hinüber. Jetzt stehe ich wieder vor dem Bestelllautsprecher und dieser bleibt wieder stumm. Ich winke in die Kamera. Alles «Hallo, ich habe Hunger und möchte etwas bestellen» hilft nichts. In der Zwischenzeit werden die Autos auf der anderen Seite frisch fröhlich abgefertigt. Ich wechsle wieder die Seite. Es passiert wieder nichts! Nun bleibe ich hartnäckig und spreche solange in das Mikrofon, bis sich die Dame doch noch ein Herz fasst und sich meldet. «Ich kann sie aus Sicherheitsgründen hier draussen leider nicht bedienen. Wenn sie etwas essen wollen, müssen sie ins Lokal reinkommen.» Ich versuche ihr begreiflich zu machen, dass meine Molly ein «Special Purpose Vehicle» sei! Es nützt leider nichts. Wir ziehen ziemlich beleidigt von dannen und gehen ganz sicher nicht da hinein, wenn sie uns draussen nicht bedienen wollen.

Gegenüber befindet sich ein anderer Fastfood-Schuppen. Dort verkaufen sie Hühnchen aus Kentucky. Mit neuer Hoffnung stechen wir in den «Drive in». Hier werden wir gänzlich ignoriert. Alles Winken und Sprechen nützt nichts. Molly und ich sind triefend nass. Wenn sie uns draussen nicht bedienen wollen, dann werden wir den Angestellten einige Gründe liefern, ihren Boden reinigen zu müssen! Frech steuere ich meine Dame ins Innere der topmodernen und klinisch reinen Imbissbude. Niemand stört sich an uns. Auch die grosse Wasserlache, die wir hinterlassen, scheint in Ordnung zu sein. So komme ich doch noch zu meinem wohlverdienten Mittagessen.

Bis 15 Uhr stückle ich mir meinen Weg zusammen. Manchmal ein wenig auf der Hauptstrasse, dann wieder durch die Quartiere. So komme ich nicht sehr zügig vorwärts. An der Hauptstrasse komme ich an einer Übernachtungsmöglichkeit vorbei. Im «Old Spot Hotel» erkundige ich mich, ob sie noch ein freies Zimmer haben. «Sorry, we are fully booked» kriege ich zur Antwort. Ich frage den Rezeptionisten, ob ich im gegenüberliegenden kleinen Park campieren dürfe. Er verdreht die Augen. Wenn ich das täte, würde ich ziemlich sicher verhaftet! Nun bin ich es, der die Augen verdreht. Ich verlasse das Gästehaus und beschliesse, mich hinter dem Hotel in die Büsche zu schlagen. Ich verstecke mein Zelt und Mrs. Molly so gut es geht und koche meine letzten zwei Nudelsuppen. Zum Nachtisch gibt es wie üblich heisse Schokolade und trockene Kekse. Kaum habe ich meine Pfannen gewaschen, fängt es an zu regnen. Schnell verstaue ich alles wasserdicht und schaffe es gerade vor dem Platzregen ins Zelt. Schwere Tropfen prasseln auf meine Behausung. Nun fängt es auch noch zu donnern und zu blitzen an. Ein schweres Gewitter zieht über mich hinweg, in meinem Heim fühle ich mich aber sehr geborgen.

### Tag 105: Freitag, 9. September 2016, Kilometer 3059 (20)

## Finaltag

Niemand hat mich belästigt oder verhaftet. Ich habe herrlich geschlafen. Mein Glück bleibt mir hold und ich kann im Trockenen frühstücken und mein Camp zum letzten Mal zusammenpacken. Kaum bin ich unterwegs, muss ich mich wieder in mein Regenzeug werfen. Nach wenigen Kilometern auf der «Main North Road», biege ich links ab und benutze nun ruhigere Strassen. Jetzt bin ich definitiv in den gesichtslosen Vororten von Adelaide angekommen. Es ist sehr interessant, wie die Menschen mich anders wahrnehmen als noch vor wenigen Tagen. Hier in der Stadt meinen die Leute, ich sei tatsächlich ein Obdachloser. Sie gucken neugierig. Wenn ich ihre Blicke erwidere, schauen sie beschämt in eine andere Richtung. Nun weiss ich ansatzweise, wie sich Randständige fühlen müssen. Ein nicht wirklich gutes Gefühl!

Die Adresse, die mir Mike gegeben hat, liegt fünf Kilometer östlich des Stadtzentrums. Dort eröffnet Mikes Frau Dolores Anfang Oktober ein neues Geschäft. Nun kann ich das «map app» meines Smartphones gut gebrauchen. Es navigiert mich zuverlässig durch den Stadtdschungel. Kurz nach dem Mittag ist es soweit. Ich treffe bei der angegebenen Adresse ein. Auch die Hausnummer stimmt. Es ist ein Ladenlokal. Mit leuchtender

Schrift steht da geschrieben: «Waterski and Wakeboard». Da bin ich wohl falsch. Ich schaue dann aber doch schnell in den Laden hinein. Und wer guckt mich verdutzt durch die Scheibe an? Dolores! Ich betrete das Lokal und werde von Dolores und Mike herzlich begrüsst! Wie ich können sie es fast nicht glauben, dass ich wieder in ihrem Geschäft stehe. Es scheint Jahre her seit ich meinen etwas speziellen Spaziergang begonnen habe. Es sind aber nur 105 Tage vergangen, seit ich meine unglaubliche Reise bei den zweien in Darwin gestartet habe. 3059 Kilometer später stehen wir uns wieder gegenüber. Der Kreis hat sich geschlossen.

Mike und ich schieben gemeinsam Mrs. Molly in das Ladenlokal. Nun stehen wir alle gemeinsam um meinen Einkaufswagen. Viele Fragen prasseln auf mich ein. Ich weiss gar nicht, wo mein Kopf steht. Ich habe das Gefühl, dass das Ende meiner Reise viel zu schnell gekommen ist. In den letzten Tagen habe ich mich sehr auf diesen Augenblick gefreut, doch nun fühlt es sich nicht so fantastisch an, wie ich es mir vorgestellt habe. Mein Körper ist in Adelaide angekommen, aber meine Gedanken und Gefühle sind noch immer im Reisemodus! Ich habe das Gefühl, dass es Mrs. Molly ähnlich ergeht. Sie steht zwar, wie so viele Male im Mittelpunkt, aber auch für sie geht eine aufregende Zeit zu Ende.

## Mrs. Molly hat das letzte Wort

Die beiden letzten Tage war Christian viel nachdenklicher als üblich. Wie immer gut gelaunt, doch ich habe gespürt, dass ihn etwas beschäftigt hat. Es war nicht ganz einfach, unseren Weg durch den dichten Verkehr zu finden. Immer wieder mussten wir Umwege in Kauf nehmen. Der starke Regen hat uns beiden zwar nicht viel ausgemacht, doch irgendwie hat das Wetter ein bisschen zu seiner Gemütslage gepasst. Christian hat zwar immer wieder gelacht und zu mir gesagt, dass wir im Endspurt seien, aber das konnte den leicht traurigen Unterton seiner Stimme nicht überdecken. Ich weiss, dass er sich schon erkundigt hat, wie er mich in sein Heimatland mitnehmen könnte, aber offensichtlich hat er noch keinen vernünftigen Weg gefunden. Nun sind wir also wirklich in Adelaide angekommen. Ich bin ziemlich erschrocken, als ich diesen Mike wiedergesehen habe. Zuerst hat er Christian umarmt und gemeinsam haben sie mich anschliessend in den Shop geschoben. Es war Mike, der mir meine eleganten Räder vor über drei Monaten weggenommen hatte und mich von einer «shopping queen» in einen Monster Trolley verwandelt hat. Ich bin also ein bisschen nervös. Zu fünft stehen sie um mich herum. Staunend begutachten sie mich. Christian muss viele Fragen beantworten und er erzählt seinen Freunden von unseren gemeinsamen Abenteuern. Nach der ersten Aufregung stehen nur noch Mike und Christian neben mir. Ich höre die Wörter «Schiffsfracht» und «Schweiz». Die zwei diskutieren eine ganze Weile miteinander. Später kommt Christian zu mir und verrät, dass er mich auf eine lange Reise schicken werde. Gut eingepackt werde ich in einem Frachtschiff über den Ozean schaukeln. Die Endstation wird die Heimat meines Bosses sein. Christian hat mir schon viel über die Schweiz erzählt und ich bin schon ganz aufgeregt. Er meint nur noch, dass dort, in nicht allzu ferner Zukunft, das nächste Abenteuer auf uns warten wird…